Jw_cad 8を仕事で
フル活用するための
88の方法

メソッド

Obra Club=著

本書をご購入・ご利用になる前に必ずお読みください

- 本書の内容は、執筆時点（2019年4月）の情報に基づいて制作されています。これ以降に製品、サービス、その他の情報の内容が変更されている可能性があります。また、ソフトウェアに関する記述も執筆時点の最新バージョンを基にしています。これ以降にソフトウェアがバージョンアップされ、本書の内容と異なる場合があります。
- 本書に記載しているソフトウェアの価格や利用料金などは、すべて税別（税抜）の金額です。
- 本書は、「Jw_cad」の解説書です。本書の利用に当たっては、「Jw_cad」がインストールされている必要があります。
- 「Jw_cad」をはじめ本書で解説・収録しているフリーソフトについては無償のため、作者、著作権者、ならびに株式会社エクスナレッジはサポートを行っておりません。また、ダウンロードやインストールについてのお問合せも受け付けておりません。有料のソフトウェアについては、各開発元のサポートをご利用ください。
- 本書は、パソコンやWindows、インターネットの基本操作ができる方を対象としています。
- 本書は、Windows 10がインストールされたパソコンで「Jw_cad Version 8.03a」（以降「Jw_cadバージョン8.03a」と表記）を使用して解説を行っています。そのため、ご使用のOSやソフトウェアのバージョンによって、画面や操作方法が本書と異なる場合がございます。
- 本書および付録CD-ROMは、Windows 7/8/10に対応しています。
- 本書で解説・収録しているソフトウェアの動作環境については、各ソフトウェアのWebサイト、マニュアル、ヘルプなどでご確認ください。なお、本書ではWindows 10でJw_cad Version 8.03aを使用した環境で動作確認を行っております。これ以外の環境での動作は保証しておりません。
- 本書に記載された内容をはじめ、付録CD-ROMに収録された教材データ、プログラムなどを利用したことによるいかなる損害に対しても、データ提供者（開発元・販売元・作者など）、著作権者、ならびに株式会社エクスナレッジでは、一切の責任を負いかねます。個人の責任においてご使用ください。
- 本書に直接関係のない「このようなことがしたい」「このようなときはどうすればよいか」など特定の操作方法や問題解決方法、パソコンやWindowsの基本的な使い方、ご使用の環境固有の設定や機器に関するお問合せは受け付けておりません。本書の説明内容に関するご質問に限り、p.287のFAX質問シートにて受け付けております。

以上の注意事項をご承諾いただいたうえで本書をご利用ください。ご承諾いただけずお問合せをいただいても、株式会社エクスナレッジおよび著作権者はご対応いたしかねます。あらかじめご了承ください。

Jw_cadについて

Jw_cadは無料で使用できるフリーソフトです。そのため当社、著作権者、データの提供者（開発元・販売元）は一切の責任を負いかねます。個人の責任で使用してください。Jw_cad Version 8.03aはWindows Vista/7/8/10上で動作します。本書の内容についてはWindows Vista/7/8/10での動作を確認しており、その操作画面を掲載しています。また、Microsoft社がWindows Vistaのサポートを終了しているため、本書はWindows Vistaでの使用は保証しておりません。ご了承ください。

● **Jw_cadバージョン8.03aの動作環境**
Jw_cadバージョン8.03aは以下のパソコン環境でのみ正常に動作します。
OS（基本ソフト）：上記に記載 ／ 内部メモリ容量：64MB以上 ／ ハードディスクの使用時空き容量：5MB以上 ／ ディスプレイ解像度：800×600以上 ／ マウス：2ボタンタイプ（ホイールボタン付き3ボタンタイプを推奨）

- Jw_cadの付録CD-ROMへの収録と操作画面の本書への掲載につきましては、Jw_cadの著作権者である清水治郎氏と田中善文氏の許諾をいただいております。
- 本書中に登場する会社名や商品、サービス名は、一般に各社の登録商標または商標です。本書では、®およびTMマークは表記を省略しております。

カバー・本文デザイン	坂内 正景
編集協力	鈴木 健二（中央編集舎）
Special Thanks	清水 治郎 ＋ 田中 善文
印刷	シナノ書籍印刷株式会社

はじめに

- デジカメで撮影した写真をJw_cad図面に貼り付けたい
- スキャナで取り込んだ図面をJw_cadで利用したい
- Excelの表をJw_cad図面に貼り付けたい
- AutoCADのDWGやPDFファイルの図面をJw_cadで開きたい
- Jw_cad図面をWordに貼り付けたい
- Jw_cad図面をJPEG画像やPDFファイルにしたい

いずれもJw_cadの標準機能ではできません。しかし、Jw_cad以外のアプリケーションを組み合わせて使うことで、これらは可能になります。

本書は、Jw_cadをすでにお使いの方を対象に、このようなさまざまなデータをJw_cadで利用する方法やJw_cadの図面を他に渡す方法のほか、「画像編集」「ソリッド（塗りつぶし）」「ハッチング」や「外部変形」や「線記号変形」を利用した便利な機能について紹介しています。

既刊『Jw_cadで神速に図面をかくための100のテクニック』がJw_cadの作図・編集を効率よく行うことを目的としているのに対し、本書は、作図・編集以外の機能、およびJw_cadの標準機能では難しい他のアプリケーションとのデータの相互利用をスムーズに行うことを目的としています。

Jw_cadユーザーの皆様の実務に本書をお役立ていただければ幸いです。

Obra Club

※ 本書は2014年12月発行の「Jw_cadを仕事でフル活用するための88の方法」の改訂版ですが、大幅に内容を変更しています。

CONTENTS
[目次]

付録CD-ROMについて ……………………………… 8
Jw_cadの画面と各部名称 ………………………… 10
レイヤとレイヤグループについて ………………… 11
表記と凡例 …………………………………………… 12

CHAPTER 1　他から受け取った図面や画像、表をJw_cadで活用する方法 …… 13

METHOD 1	データがJw_cadで利用できるかを判断する ……………………………	14
METHOD 2	スキャナーで取り込んだ図や写真をJw_cadに読み込むには …………	18
METHOD 3	Jw_cad図面にJPEG画像を挿入する ……………………………………	20
METHOD 4	スキャナーで取り込んだ図をCADデータに変換する …………………	24
METHOD 5	WordやPDFの文字（テキスト）をJw_cad図面にコピーする …………	28
METHOD 6	Excelの表をJw_cad図面にコピーする …………………………………	32
METHOD 7	Word・Excel・PDFの図や画像をJw_cadの図面で利用する …………	36
METHOD 8	PDFの図面を閲覧・印刷する ……………………………………………	40
METHOD 9	PDFの図面をJw_cadで利用するには ……………………………………	44
METHOD 10	PDFの図面をJPEG画像に変換する ………………………………………	46
METHOD 11	PDFの図面をDXFファイルに変換する …………………………………	48
METHOD 12	図形ファイル（JWS・JWKファイル）をJw_cad図面に読み込む ……	52
METHOD 13	他の図面の一部を作図中の図面にコピーする …………………………	56
METHOD 14	Jw_cadでDXFファイルを開く ……………………………………………	60
METHOD 15	DXFファイルを標準線色・線種のJWWファイルに変換する …………	64
METHOD 16	DWG・DXFファイルを閲覧する …………………………………………	66
METHOD 17	DWG・DXFファイルを印刷する …………………………………………	70
METHOD 18	DWGファイルをDXFファイルに変換する ………………………………	74
METHOD 19	Jw_cadでSXFファイルを開く ……………………………………………	78

CHAPTER 2 Jw_cadの図面を書き出す・印刷する・他に渡す方法 ……81

METHOD 20	図面の一部をカラー（赤）で印刷する	82
METHOD 21	ファイル名・更新日時・印刷日時などを図面に印字する	86
METHOD 22	手描き風の線で図面を印刷する	90
METHOD 23	図面を連続印刷する	92
METHOD 24	CADをもたない相手に図面をメール送信するには	96
METHOD 25	Jw_cad図面をPDFファイルに変換する	98
METHOD 26	Jw_cad図面をセキュリティのかかったPDFファイルに変換する	102
METHOD 27	Jw_cad図面をJPEG画像に変換する	104
METHOD 28	Jw_cad図面をWord・Excelに貼り付ける	108
METHOD 29	Jw_cad図面をOLEオブジェクトとしてWord・Excelに貼り付ける	110
METHOD 30	Jw_cad図面に同梱された画像を取り出す	114
METHOD 31	図面ファイルを旧バージョンのJw_cadで開けるように保存する	116
METHOD 32	Jw_cad図面をDXFファイルとして保存する	118
METHOD 33	Jw_cad図面の一部をDXFファイルとして保存する	122
METHOD 34	複数のJw_cad図面のファイル形式を一括変換する	124
METHOD 35	Jw_cad図面をSXF（SFC）ファイルとして保存する	126
METHOD 36	2.5Dデータを3DのDXFファイルとして書き出す	128

CHAPTER 3 Jw_cadで画像編集・着色・ハッチング・文字加工をする方法 ……131

METHOD 37	画像の大きさを指定範囲にフィットするよう変更する	132
METHOD 38	画像を傾いた範囲にフィットさせる	134
METHOD 39	画像を移動する	136
METHOD 40	複数の画像を大きさや傾きを指定して移動・複写する	138
METHOD 41	画像の必要な部分を切り取る（トリミングする）	140
METHOD 42	画像を円形にトリミングする	142
METHOD 43	指定範囲を格子状にハッチングする	144
METHOD 44	指定範囲を網掛け状にハッチングする	148
METHOD 45	閉じた図形の内部を塗りつぶす	150

METHOD 46	指示点に囲まれた内部を塗りつぶす	152
METHOD 47	円・弧を塗りつぶす	154
METHOD 48	中抜き状に塗りつぶす	156
METHOD 49	範囲選択指示で閉じた図形を中抜きして塗りつぶす	158
METHOD 50	ドーナツ状に塗りつぶす	160
METHOD 51	塗りつぶし色を指定・作成する	162
METHOD 52	塗りつぶし（ソリッド）の色を変更する	164
METHOD 53	印刷時にのみ網掛けや塗りつぶしを施す	168
METHOD 54	塗りつぶし（ソリッド）上に白抜き文字を記入する	172
METHOD 55	円・楕円に沿って文字を配置する	174
METHOD 56	文字を囲む影付き枠を作図する	176
METHOD 57	雲マークを作図する	178
METHOD 58	断面記号を一括作図する	180

CHAPTER 4　Jw_cadでDXF・SXFファイルを利用する方法　　183

METHOD 59	補助線と仮点を一括消去する	184
METHOD 60	DXFファイルを利用する前に確認・修正する手順	186
METHOD 61	PDFから変換したDXFファイルを利用する	188
METHOD 62	図面上の距離を測定する	192
METHOD 63	図の大きさを正しい寸法に調整する	194
METHOD 64	図の大きさを縮尺変更で調整する	196
METHOD 65	図面の縮尺を変更する	198
METHOD 66	ブロック図形を解除する	202
METHOD 67	曲線属性を解除（クリアー）する	204
METHOD 68	寸法端部の小さい円を実点に一括変換する	206
METHOD 69	SXF図面の部分図を編集する	208
METHOD 70	寸法図形を解除する	212
METHOD 71	SXF対応拡張線色・線種を標準線色・線種に一括変更する	214
METHOD 72	個別線幅を基本幅に一括変更する	218
METHOD 73	ユーザー定義線種を標準線種に変更する	220

CHAPTER 5　Jw_cadをもっと便利に使うための方法 ……… 223

METHOD 74	要素の属性（長さ・角度・半径）を確認する …………………………… 224
METHOD 75	図面ファイル・図形ファイルの名前を変更する …………………………… 226
METHOD 76	図面ファイルの表示順を変更する ……………………………………… 228
METHOD 77	デスクトップやネットワーク上のフォルダーを利用する ………………… 230
METHOD 78	ネットワーク上のフォルダーを「ファイル選択」ダイアログで利用する …… 232
METHOD 79	インターネットで提供されるデータをダウンロードする ………………… 236
METHOD 80	ZIPファイル（圧縮ファイル）を展開する ……………………………… 240
METHOD 81	LZHファイル（圧縮ファイル）を展開する ……………………………… 242
METHOD 82	図面ファイルとフォルダーをZIP形式で圧縮する ……………………… 244
METHOD 83	JPEG・PNG画像をBMP画像に変換する ……………………………… 246
METHOD 84	JexPadでWord・Excelに貼り付けた図面を編集する ………………… 248
METHOD 85	開いたPDF図面にメモ（注釈）を書き込む …………………………… 250
METHOD 86	SXF図面を閲覧・印刷する …………………………………………… 254
METHOD 87	画面を撮影・保存する（スクリーンショット） ………………………… 256
METHOD 88	BeLookで図形・図面ファイルの一覧を印刷する ……………………… 258

CHAPTER 6　ソフトウェアのインストールとダウンロード ……… 261

Jw_cadをインストール・バージョンアップする …………………………………… 262
付録CD-ROMに収録されたソフトをインストールする ………………………… 266
本書で紹介したソフトをWebサイトからダウンロード・インストールする ……… 280

INDEX ……………………………………………… 284
FAX質問シート …………………………………… 287

付録CD-ROMについて

本書の付録CD-ROMには、Jw_cadと本書で使用する教材データなどを収録しています。以下の囲み記事およびp.2の「本書をご購入・ご利用になる前に必ずお読みください」の内容をよくお読みになり、ご承諾いただけた場合のみ、付録CD-ROMをご使用ください。

Jw_cadについて

Jw_cadは無料で使用できるフリーソフトです。そのため当社、著作権者、データの提供者（開発元・販売元）は一切の責任を負いかねます。個人の責任で使用してください。Jw_cadバージョン8.03aはWindows Vista/7/8/10上で動作します。本書の内容についてはWindows 10での動作を確認しており、その操作画面を掲載しています。また、Microsoft社がWindows Vistaのサポートを終了しているため、本書はWindows Vistaでの使用は保証しておりません。ご了承ください。

● **Jw_cadバージョン8.03aの動作環境**

Jw_cadバージョン8.03aは、以下のパソコン環境でのみ正常に動作します（Windowsの動作環境とは別です）。
OS（基本ソフト）：上記に記載 ／内部メモリ容量：64MB以上 ／ハードディスクの使用時空き容量：5MB以上 ／ディスプレイ（モニタ）解像度：800×600以上 ／マウス：2ボタンタイプ（ホイールボタン付き3ボタンタイプを推奨）

付録CD-ROMの内容

下図に示すように、付録CD-ROMを開くと、3つのフォルダーと、1つのEXE（.exe）ファイルが収録されています。

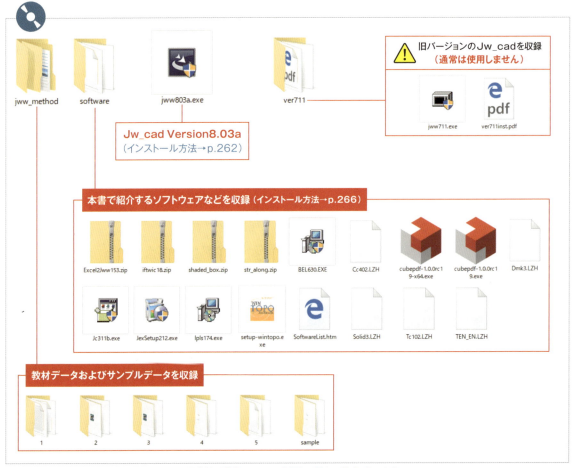

※ 各ファイルのアイコンは、パソコンのファイル関連付け設定によって、上図とは異なる場合があります。

教材データのコピー

教材データは、「jww_method」フォルダーごとパソコンのCドライブにコピーして、ご利用ください。

1 付録CD-ROMを開く。
2 CD-ROMに収録されている「jww_method」フォルダーを🖱。
3 表示されるメニューの「コピー」を🖱。

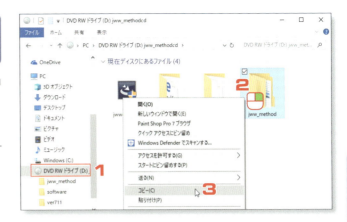

4 フォルダーツリーでパソコンのCドライブ（右図では「Windows (C:)」）を🖱。
5 何もない位置で🖱。
6 表示されるメニューの「貼り付け」を🖱。

Cドライブに「jww_method」フォルダーがコピーされます。

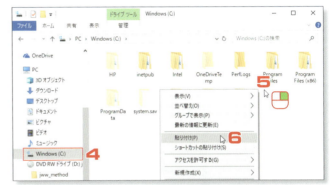

教材データおよびサンプルデータの本書での記載について

本書の解説内容と同じ操作が行えるように、教材データを用意した項目（各METHOD）の開始ページのタイトル下部に、教材データの収録場所とファイル名を記載しています。

POINT ファイル名の末尾が「.jww」のファイルはJw_cadの図面ファイルです。「開く」コマンドで開いてご利用ください。それ以外の末尾（「.jws」「.jpg」など）のファイルは、その使い方を本文で説明しています。それに従ってご利用ください。

[例]

 教材データ：「jww_method」-「2」フォルダーの「25_29.jww」。この方法で作成したサンプルデータ「S27.jpg」を「jww_method」-「sample」フォルダーに収録

実際に操作を行わなくてもその結果を確認できるよう、サンプルデータを用意している場合は、そのファイル名と収録場所を記載しています。

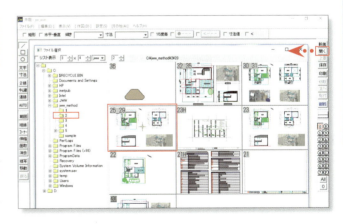

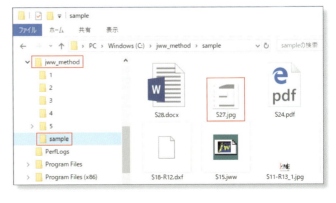

付録CD-ROMについて

9

Jw_cadの画面と各部名称

以下は、Windows 10の環境で「ツールバーの表示設定」の設定を行い、基本的なコマンドのみの配置に変更したJw_cadの画面です。本書ではこの画面で説明します。画面のサイズ、タイトルバーの表示色、ツールバーの並びなどは、Windowsのバージョンやパソコンでの設定によって下図とは異なる場合があります。

Jw_cadの各種設定→p.265

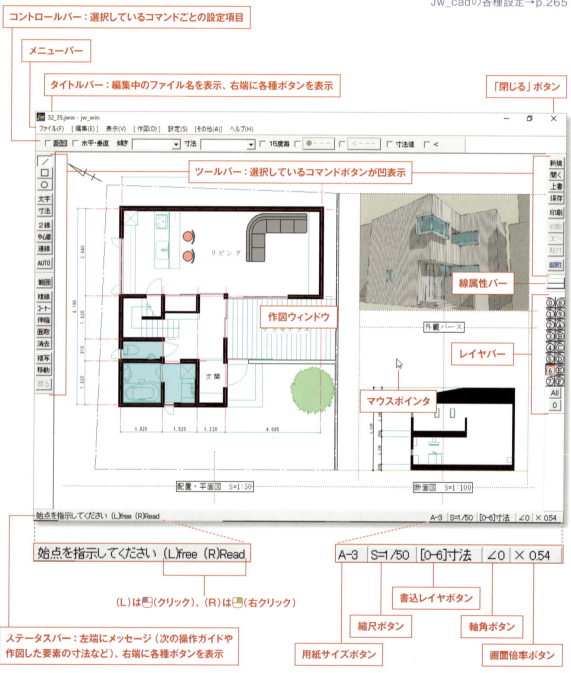

レイヤとレイヤグループについて

Jw_cadには、0～9、A～Fの16枚の「レイヤ」があり、この16枚のレイヤを1セットにした「レイヤグループ」があります。レイヤグループも0～9、A～Fの16セットあり、レイヤグループごとに縮尺を設定できます。Jw_cadでは、16レイヤグループを使い分けることで16の異なる縮尺の図面を1枚の用紙に作図できます。

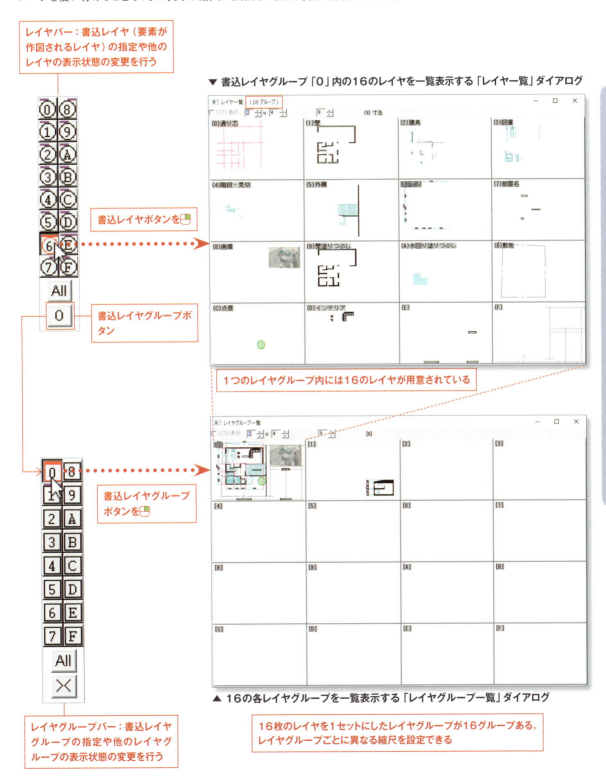

表記と凡例

マウス指示操作の表記

Jw_cadは、マウスの左右ボタンの使い分けや、ボタンを押したままマウスを移動するドラッグ操作に特徴があります。本書では、マウスによる指示を下記のように表記しています。

▼ クリック

- クリック　　：左ボタンをクリック。
- 右クリック：右ボタンをクリック。

▼ ダブルクリック

- ダブルクリック　　：左ボタンを続けて2回クリック。
- 右ダブルクリック：右ボタンを続けて2回クリック。

▼ ドラッグ

押すボタンとマウスを移動する方向を組み合わせて、以下のように表記する。

- 両ドラッグ：左右両方のボタンを押したまま右下方向にマウスを移動。
- 右ドラッグ：右ボタンを押したまま右方向にマウスを移動。

▼ クロックメニュー

作図ウィンドウでドラッグすることで表示されるクロックメニューは左右ボタンの別、ドラッグ方向、AM/PMメニューの別、コマンドが割り当てられた時間（0時～11時）から以下のように表記します。

↓AM6時 属性取得 ：

左ボタンを押したまま下にドラッグし、クロックメニュー6時の 属性取得 が表示されたらボタンをはなす。

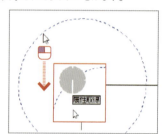

キーボード入力操作の表記

寸法や角度などの数値や文字は、所定の入力ボックスを入力状態にしたうえで、キーボードからキー入力します。本書では、入力する数値や文字に「　」を付けて表記しています。
また、キーボードの特定のキーを押す操作はキーの名称を□で囲んで表記します。2つ以上のキーを同時に押す操作はCtrl+Sキーのように「＋」を使って表記します。

コマンド選択操作の表記

コマンドの選択は、メニューバーとツールバーで、それぞれ下記のように表記しています。

［例］メニューバー［作図］－「円弧」を選択する。

メニューバー「作図」を し、表示されるメニューの「円弧」を

［例］「○」コマンドを選択する。

ツールバーの「○」コマンドボタンを

「POINT」と「HINT」

POINT 覚えておきたい重要なポイントや注意事項

HINT 知って得する知識や応用操作

CHAPTER | 1

他から受け取った図面や画像、表をJw_cadで活用する方法

メソッド

他から受け取ったデータファイルがJw_cadで使用できるかどうかを判断する方法や、データファイルの種類別に、Jw_cadで利用する方法を紹介します。

METHOD 1 データがJw_cadで利用できるかを判断する

他から受け取った図面データファイルやインターネットでダウンロードしたデータファイルがJw_cadで利用できるかどうかは、そのファイルの種類を示す拡張子で判断します。

ファイルの種類を区別する拡張子

Jw_cadの図面ファイル形式であるJWWファイルの他にもJw_cadで扱えるCADデータファイルがあります。ここでは、そうしたCADデータファイルや、他のCADと図面ファイルを交換するときやメーカー提供の製品データをダウンロードしたときに使用するデータファイルについて紹介します。

ファイルの種類は、ファイル名の「．」(ドット)より後の文字列(「拡張子」と呼ぶ)で区別します。それぞれのファイルのアイコンは、ファイルの種類ごとに関連付けられているプログラムによって異なります。

▼ データファイル

拡張子「jww」はJw_cadの図面のファイル

アイコンは関連付けされているプログラムによって異なる
Jw_cadに関連付けされているJWWファイルは、表示サイズにより、左上図のいずれかのアイコンで表示される

▼ プログラムファイル

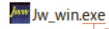

拡張子「exe」はプログラムファイル

POINT Jw_cadに限らず、拡張子「exe」はプログラムファイルです。プログラムファイルは、ソフトウェアを動かすために欠かせない重要なファイルです。Windows標準搭載の「エクスプローラー」などを操作するとき、プログラムファイルを移動・削除することのないように注意してください。

拡張子を表示する設定

エクスプローラーを起動しましょう。

1「スタート」ボタンを🖱し、表示されるメニューの「エクスプローラー」(Windows 7では「エクスプローラーを開く」)を🖱。

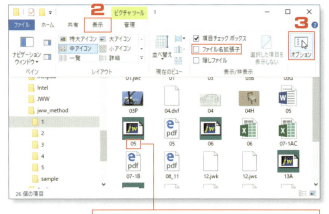

タスクバーの「エクスプローラー」を🖱してもよい

ファイルの拡張子を表示するように設定しましょう。

2「表示」リボンタブを🖱。

3 表示されるリボンの「オプション」を🖱。

POINT Windows 7では、メニューバー[ツール]－「フォルダーオプション」を🖱してください。メニューバーが表示されていない場合は、Altキーを押すことで一時的に表示されます。

POINT Windows 8/10では、**3**～**6**の操作の代わりに、「表示」リボンの「ファイル名拡張子」にチェックを付けることでも、拡張子が表示されます。

初期値ではJw_cad図面の拡張子は表示されない

4「フォルダーオプション」ダイアログの「表示」タブを🖱。

5「詳細設定」欄の表示画面をスクロールし、「登録されている拡張子は表示しない」を🖱し、チェックを外す。

6「OK」ボタンを🖱。

以上で完了です。
エクスプローラーで、Jw_cadの図面ファイルの拡張子「.jww」が表示されます。

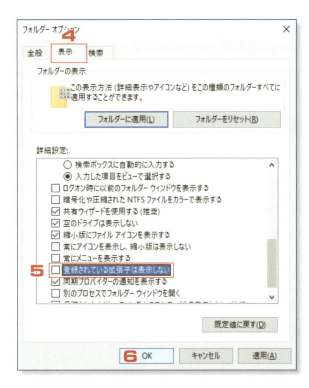

CHAPTER 1 他から受け取った図面や画像、表をJw_cadで活用する方法

知っておきたいファイルの種類と拡張子

JWWファイル ▶ 拡張子「jww」

03.jww　　03.jww

Jw_cadの図面ファイルおよびその形式。
Jw_cadに関連付けられているため、左図のいずれかのアイコンで表示される。Jw_cadの「開く」コマンドを選択して開く。またはエクスプローラーなどでJWWファイルを🖱🖱することでも開くことができる。

JWCファイル ▶ 拡張子「jwc」

01.jwc

現在のJw_cadの前身であるDOS版JW_CADの図面ファイルおよびその形式。
メニューバー[ファイル]－「JWCファイルを開く」を選択して開く。DOS版JW_CADで作図した図面と100%同じ状態で開くことができる。JWWファイルのデータ精度が倍精度（有効桁数15桁）なのに対し、単精度（有効桁数8桁）であること、線色は6色で印刷線幅・印刷色の設定情報がないこと、任意サイズの文字種はなくフォント情報がないこと、ブロック・寸法図形・ソリッド・画像は扱えないなどの点がJWWファイルとは異なる。初期設定では、エクスプローラーから🖱🖱で開くことはできない。

JWSファイル ▶ 拡張子「jws」

12.jws

JWKファイル ▶ 拡張子「jwk」

12.jwk

JWSファイルはJw_cadの図形ファイルおよびその形式。
JWKファイルはDOS版JW_CADの図形ファイルおよびその形式。
いずれもメニューバー[その他]－「図形」を選択して編集中の図面に読み込んで利用する（→p.54/55）。エクスプローラーで🖱🖱して開くことはできない。

DXFファイル ▶ 拡張子「dxf」

14_15-R12.dxf

オートデスク社のCADソフトである「AutoCAD」の異なるバージョン間でファイル交換するための中間ファイルおよびその形式。
異なるCAD間でのファイル交換にも広く利用されている。メニューバー[ファイル]－「DXFファイルを開く」を選択して開く（→p.60）。

SXFファイル ▶ 拡張子「sfc/p21」

19.sfc

電子納品を目的に、国土交通省主導で開発された中間ファイルの形式で、国際基準に準じた電子納品用の「P21」形式と、簡易的な関係者間での図面ファイル受け渡し用の「SFC」形式がある。メニューバー[ファイル]－「SFCファイルを開く」を選択して開く（→p.78）。

バックアップファイル ▶ 拡張子「bak」

44.BAK

図面ファイルの上書き保存時に、上書き前の図面ファイルの拡張子を「BAK」に変更して残したもの。誤って上書き保存したときに、上書き前の図面を取り戻すためのものである。
Jw_cad以外にも、上書き前のファイルの拡張子をBAKに変えて残すアプリケーションは多々あるため、拡張子「BAK」のファイルがすべてJw_cad図面のバックアップファイルとは限らない。

自動保存ファイル ▶ 拡張子「jw$」

【自動保存】44.jw$

Jw_cadで一定時間ごとに自動的に保存される図面ファイル。
停電などの不慮の事故時に作図途中の図面を取り戻すためのものである。元はJWWファイルであるため、拡張子「jw$」を「jww」に変更することで、Jw_cadで開ける図面ファイルになる。

DWGファイル ▶ 拡張子「dwg」

📄 16_18.dwg

AutoCADの図面ファイルおよびその形式。
Jw_cadで開くことはできない。Jw_cadで利用するには、DXFファイルに変換する。　　閲覧・印刷→p.66、70 ／ DWGからDXFに変換→p.74

PDFファイル ▶ 拡張子「pdf」

📄 05.pdf

世界標準ともいえる電子文書フォーマットファイルおよびその形式。
内容を確認するための形式で、基本的に内容の編集はできない。Jw_cadで開くこともできない。アドビシステムズ社が無償提供するAdobe Acrobat Readerで閲覧・印刷できる（→p.40）。

テキストファイル ▶ 拡張子「txt」

📄 01.txt

文字要素だけで構成されたファイルおよびそのの形式。文字の大きさやフォントの指定情報などもない。OSやソフトの違いに関係なく共通して利用できる。Windows標準搭載の「メモ帳」で開いて編集できる。

Wordファイル ▶ 拡張子「docx/doc」

📄 05.docx

「Microsoft Word」の文書ファイルおよびその形式。
開くにはMicrosoft Wordが必要である。
　　　　　　　　　　　Word文書の文字をJw_cadの図面にコピー →p.29

Excelファイル ▶ 拡張子「xlsx/xls」

📄 06.xlsx

「Microsoft Excel」の文書ファイルおよびその形式。
開くにはMicrosoft Excelが必要である。
　　　　　　　　　　　Excelの表をJw_cadの図面にコピー →p.32

ZIPファイル ▶ 拡張子「zip」

📄 80.zip

複数のファイルを1つにまとめてサイズを小さくした圧縮ファイルおよびその形式。元のファイル形式に戻して（「展開」や「解凍」と呼ぶ）から利用する。ZIPファイルは世界標準の圧縮ファイル形式で、Windows標準搭載の機能で展開（→p.240）・圧縮（→p.244）ができる。

LZHファイル ▶ 拡張子「lzh」

📄 81.lzh

LZHファイルは日本で広く利用されていた圧縮ファイル形式で、「展開」するにはLZH用の展開ソフトが別途必要になる（→p.242）。

BMPファイル ▶ 拡張子「bmp」

📄 03B.bmp

Windows標準の画像ファイルおよびその形式。
BMP形式の画像ファイルに限り、メニューバー［編集］－「画像編集」で編集中の図面に挿入できる。

JPEGファイル ▶ 拡張子「jpg」

📄 03G.jpg

PNGファイル ▶ 拡張子「png」

📄 03P.png

デジタルカメラやインターネットなどで広く利用されている画像ファイルおよびその形式。
いずれの形式も標準のJw_cadでは利用できない。別途、それぞれの形式に対応した「Susie Plug-in」をセットすることで、BMP形式の画像ファイルと同様に図面に挿入できる（→p.20）。

※ PNGファイルには透過機能があるが、Jw_cadの図面ファイルに挿入した場合は透過されない。

TIFFファイル ▶ 拡張子「tif/tiff」

📄 19.tif

METHOD 2

スキャナーで取り込んだ図や写真をJw_cadに読み込むには

Jw_cadはイメージスキャナーから直接、画像を取り込むことはできません。イメージスキャナーで取り込んだ図は、いったんBMP形式またはJPEG形式の画像ファイルとして保存したうえで、ここで紹介するいずれかの方法でJw_cadに読み込みます。

1および2の方法でJw_cad図面に取り込んだサンプル「S02.jww」を「jww_method」－「sample」フォルダーに収録

1 | 画像として挿入

スキャナーで取り込んだ図や写真をBMP形式の画像ファイルとして保存すれば、Jw_cadの「画像挿入」コマンドでJw_cad図面に挿入することができます。
この方法で、Jw_cad図面に挿入した図や写真は画像要素であるため、Jw_cadで編集することや、点を読み取ることはできません。
スキャナーで読み取った写真や、編集が不要な図をJw_cad図面に取り込む場合に適した方法です。

Jw_cadで画像挿入→p.20

2 | ラスター⇒ベクター変換してから開く

スキャナーで取り込んだ図をBMP形式やJPEG形式の画像ファイルとして保存します。それをラスター⇒ベクター※変換ソフトでDXFファイルに変換することで、Jw_cadで開いて利用できます。
Jw_cadで開いたのち、実寸法に合うように大きさ変更などをする必要があります。CADデータファイルに変換されているため、通常の図面同様に編集が可能です。
ただし、紙の図面上の水平線が必ずしも1本の水平線に変換されるとは限りません。斜線や短い複数の線に変換される場合もあり、CADで作図した図面同様に仕上げるには、Jw_cadでの多くの修正作業が必要になります。

「WinTopo」を使ってラスター⇒ベクター変換 →p.24

※ ラスター：小さな点（ドット）で構成される絵や写真。画像データはラスターデータである。
※ ベクター：座標点をもった線などの要素で構成される絵や図。CADデータはベクターデータである。

イメージスキャナーで取り込み保存した画像をJw_cadに挿入

スキャナーで取り込み、BMP（またはJPEG）形式で保存した画像を、Jw_cadの「画像編集」コマンドで画像挿入します。
挿入する画像がBMP形式の場合は、標準のJw_cadで画像挿入できます。JPEG形式の場合は、別途JPEG画像を扱うためのプログラム「Susie Plug-in」をセットする必要があります。
画像は、横幅100mm（図寸）の大きさで挿入されます。挿入後、必要に応じて大きさ調整を行います（→p.132）。
Jw_cad図面における画像が大きすぎると、プリンターによっては印刷できないことがあります。その場合は、画像の表示サイズを小さくしてください。

▼ S02.jww

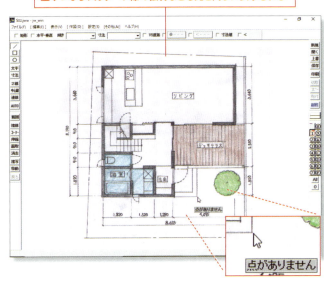

塗りつぶし、カラー、線の強弱なども元と同じに表示される

画像要素のため、で点を読み取ることや図を編集することはできない

WinTopoでラスター⇒ベクター変換したDXFをJw_cadで開く

変換されたDXFファイルには正しい実寸法の情報はありません。Jw_cadで開いた後、大きさを調整する必要があります（→p.194）。
線も円・弧も曲線も文字も、すべて単一線色の実線の線要素に変換されます。
破線・鎖線は、途切れた複数の実線に変換されます。ひと続きの線要素はJw_cadにおける曲線属性になっている場合があり、「コーナー」コマンドなどで編集するには曲線属性をクリアする必要があります（→p.205）。
元は1本の線であるはずの水平・垂直線や斜線が、短い複数の線の連なりに変換されることもあります。

▼ S02.jww

すべて1色の実線に変換される

一点鎖線の長線部と短線部は別々の実線になる

塗りつぶし部分も線に変換される

文字は線要素に変換される

点の読み取りや図の編集が可能

CHAPTER 1　他から受け取った図面や画像、表をJw_cadで活用する方法

19

METHOD 3　Jw_cad図面にJPEG画像を挿入する

WIC Susie Plug-in
［収録ファイル名］iftwic18.zip　インストール方法→p.270
［バージョン］1.8
［開発元］TORO
［対応OS］Windows 2003/XP以降
　　　　　※Windows 10（64bit版）で動作確認済み
［料金］無料
［URL］http://toro.d.dooo.jp/
JPEG、PNG、GIF、TIFFなど各種画像ファイルを利用するための Susie Plug-in

Jw_cadで挿入できる画像の形式

標準のJw_cadで挿入できるのは、BMP形式の画像に限られています。JPEG画像を挿入するには、JPEGに対応した「Susie Plug-in」を「JWW」フォルダにセットする必要があります。ここで紹介する「WIC Susie Plug-in」をセットすることで、JPEGに加え、GIF・PNG・TIFFなど、他の形式の画像ファイルもJw_cadに挿入できるようになります。

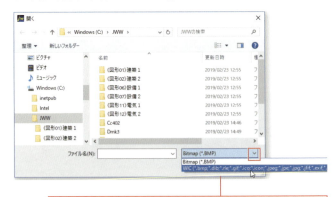

WIC Susie Plug-inをセットすることでリストに追加される

BMP画像　　PNG画像

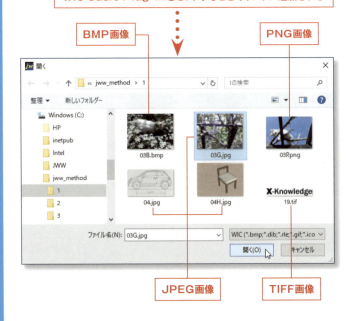

JPEG画像　　TIFF画像

標準のJw_cadでは、BMP形式の画像に限り、図面に挿入できます。デジタルカメラやインターネットなどで広く利用されているJPEG形式の画像は、標準では挿入できません。JPEG形式に対応した「Susie Plug-in」をセットすることでJPEG形式の画像の挿入が可能になります。

教材データ：「jww_method」－「1」フォルダーの「03G.jpg」「03.jww」

20

Jw_cadの図面にJPEG画像を挿入

教材図面「03.jww」を開き、ハガキの印刷枠に画像「03G.jpg」を挿入しましょう。

1 メニューバー[編集]－「画像編集」を選択する。

2 コントロールバー「画像挿入」ボタンを🖱。

3 「開く」ダイアログの「ファイルの種類」ボックスの∨を🖱し、リストから「WIC (*.bmp;*.dib…」を🖱で選択する。

POINT 「WIC Susie Plug-in」がインストールされていない場合リストに「WIC (*.bmp;*.dib…」は表示されません。

4 フォルダーツリーで、画像の収録場所(「jww_method」－「1」フォルダー)を指定する。

5 画像「03G.jpg」を🖱で選択する。

6 「開く」ボタンを🖱。

7 基準点(画像の左下角)として、右図の線端点を🖱。

前ページ**7**で指示した基準点に画像の左下角が位置するよう、画像が横幅100mm（図寸）で挿入されます。画像の大きさは、挿入後に変更できます。
　　　　　　　　　　　　画像の大きさを変更する→p.132

挿入した画像を図面ファイル（*.jww）とともに保存するには、図面を保存（または上書き保存）する前に、次項の「画像同梱」を行ってください。

「画像同梱」を実行

画像を図面とともに保存するため、画像同梱の指示をしましょう。

1　「画像編集」コマンドのコントロールバー「画像同梱」ボタンを🖱。

2　右図の同梱を確認するメッセージが表示されるので、「OK」ボタンを🖱。

3　同梱結果のメッセージが表示されるので、「OK」ボタンを🖱。

図面を上書き保存しましょう。

4　「上書」コマンドを🖱。

POINT　「画像同梱」を行わずに図面を保存した場合、作図ウィンドウ左上に 同梱されていない画像データがあります。Jwwデータを受け渡す場合、画像ファイルも一緒に受け渡す必要があります。とメッセージが表示されます。

Jw_cadの画像表示のしくみと画像同梱

Jw_cadで図面上に挿入した画像は、画像データとして図面上に存在しているのではなく、外部に存在しています。図面上の画像表示位置には、外部の画像ファイルを表示するための表示命令文が記入されています（右図は「画像同梱」前の表示命令文）。
そのため、表示命令文で指定している場所に指定の画像ファイルが存在しないと図面上に画像は表示されません。
これでは、画像を挿入した図面ファイルを他者へ渡す場合や、他のパソコンで開く場合などに不都合が生じるため、Jw_cadバージョン7から「画像同梱」機能（→前ページ）が追加されました。

「画像同梱」を行っていない図面ファイルでは、挿入した元の画像ファイルを移動または削除した場合、画像挿入位置に画像は表示されず、その表示命令文と大きさを示す点線枠が表示される

Jw_cadの図面ファイルとは別のファイルであった画像ファイルが、「画像同梱」により図面ファイルと一体化します。それに伴い、Jw_cad図面ファイルのファイルサイズも大きくなります。

画像同梱した図面ファイルをJw_cadで開くと、「JWW」フォルダー内に隠しフォルダーが一時的に作成され、そのフォルダー内に同梱画像がBMPファイルとして展開されます。
右図のように、「JWW」フォルダー下にツリー表示される、数字の羅列による名前のフォルダーが隠しフォルダーです。このフォルダーはJw_cad終了時に自動的に消されます。覚えのないフォルダーだからといって、Jw_cadの起動中にこのフォルダーを削除しようとしないでください。

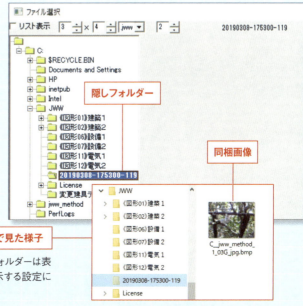

※ エクスプローラーの標準設定では隠しフォルダーは表示されない。図は、隠しフォルダーを表示する設定にしてある。

METHOD 4

スキャナーで取り込んだ図をCADデータに変換する

WinTopo Freeware
［収録ファイル名］setup-wintopo.exe
インストール方法→p.272
［バージョン］1.76
［開発元］SoftSoft Ltd
［対応OS］Windows XP/NT/2000/Vista/7/8/10
［料金］無料
［URL］http://wintopo.com/

ラスターイメージ（TIFF、JPG、PNG、GIF、BMP）をCADで扱えるベクターデータに変換する。無料の「WinTopo Freeware」と、より高度な機能をもつ有償の「WinTopo Professional」がある

紙の図面をスキャナーで取り込み
WinTopoでCADデータに変換する手順と注意点

1 イメージスキャナーで紙の図面を取り込む
- 汚れのない白黒のコントラストのはっきりした原稿を用意する。
- CAD上で大きさを調整するときの目安になる線（例：実寸1000mm相当の水平・垂直線）などを原稿に作図しておく。
- 鎖線・破線は実線に書き直しておくことで、CADでの修正処理作業を多少省くことができる。
- 水平方向、垂直方向を極力合わせて、原稿をセットする。

↓

2 スキャナーで読み取った図をJPEG（またはBMP）形式の画像として保存する
- 本来の水平線が斜めに読み取られた場合は、できれば画像処理ソフトなどで回転して水平に修正する。
- 線に変換しない着色部などがある場合、それらの色を取り除く。
→ p.27 HINT

↓

3 WinTopoでラスター⇒ベクターデータに変換し、DXF形式で保存する → 次ページ

↓

4 Jw_cadでDXFファイルを開く → p.60

↓

5 大きさの調整などを行う → p.194

イメージスキャナーで取り込み、画像ファイルとして保存した図は、ラスター⇒ベクター変換ソフト「WinTopo」を使って、Jw_cadで開けるDXFファイルに変換できます。

 教材データ：「jww_method」―「1」フォルダーの「04.jpg」「04H.jpg」。「04.jpg」を「WinTopo」でDXFファイルに変換したサンプル「S04.dxf」を「jww_method」―「sample」フォルダーに収録

24

JPEG画像をWinTopoでベクター変換し、DXFファイルとして保存

変換元の画像ファイルを開きましょう。

1「WinTopo」を起動し、「Open Image」（画像を開く）コマンドを🖱。

2「ファイルを開く」ダイアログの「ファイルの場所」を、画像ファイルの収録場所（「jww_method」－「1」フォルダー）にする。

3 変換対象の画像ファイル「04.jpg」を🖱で選択する。

4「開く」ボタンを🖱。

POINT JPEGのほか、BMP・PNG・GIF・TIFF形式の画像を開くことができます。

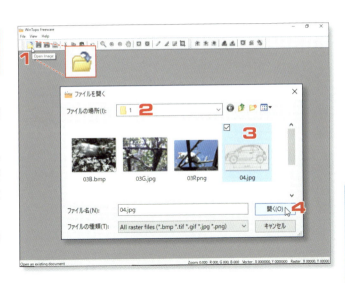

変換前に変換オプションを設定しましょう。

5「Set One-Touch Vectorisation Options」（ワンタッチ変換のオプション指定）コマンドを🖱。

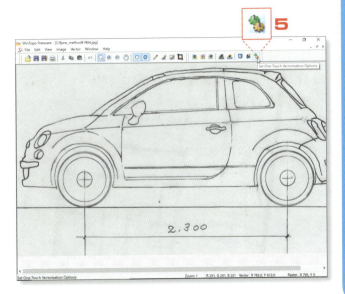

6「One-Touch Vectorise Options」ダイアログの「Raster Thinning」（ラスターの細線化）タブで「Stentiford」を選択し、「OK」ボタンを🖱。

POINT ベクター変換前に画像上の線を細線化するためのモードを選択します。曲線の多い線画を変換する場合は「Stentiford」、直線の多い線画を変換する場合は「Zhang/Suen」を選択します。「Edge Detection (Boundary/Outline)」の「Canny」を選択すると、下図のようにアウトラインをとってベクターデータにします。

 ▸

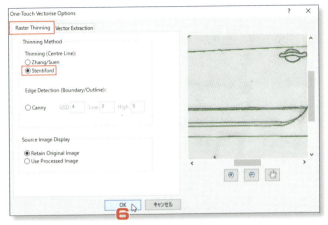

ベクター変換しましょう。

7「One-Touch Vectorisation」(ワンタッチ変換)コマンドを🖱。

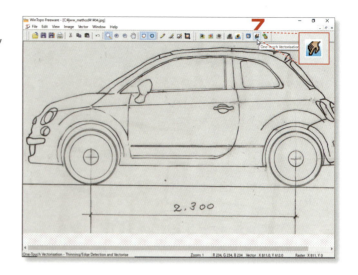

変換されたベクターデータだけを表示して確認しましょう。

8「Show Image」(画像表示)ボタンを🖱し、非表示にする。

POINT「Show Image」(画像表示)と「Show Vector」(ベクター表示)は、🖱でオン(表示)⇔オフ(非表示)切り替えできます。**8**の操作でベクター(緑で表示されている線)のみを表示します。

変換されたベクターデータをDXFファイルとして保存しましょう。

9「Save Vector As」(ベクター保存)コマンドを🖱。

10「名前を付けて保存」ダイアログで「保存する場所」を指定し、「ファイルの種類」が「AutoCAD DXF(*.dxf)」であることと「ファイル名」を確認し、「保存」ボタンを🖱。

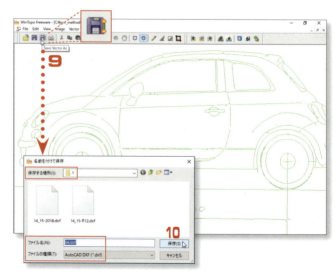

保存したDXFファイルはJw_cadで開き(→p.60)、大きさの調整(→p.194)などを行い、適宜編集してご利用ください。

「WinTopo」でベクター変換する前の画像修正

変換対象の画像が着色されている場合は、変換前に「WinTopo」の画像修正機能で残したい色（ここでは外形線の黒）以外を消去したうえで、変換を行います。
教材データ「04H.jpg」を例に説明します。

1 画像「04H.jpg」を開き、メニューバー［Image］-「Thresholding」（しきい値処理）を選択する。

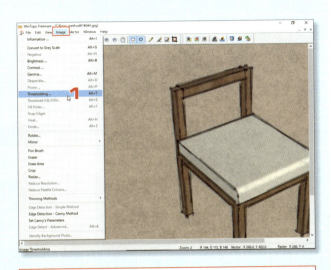

2 「Threshold Colours」（しきい値指定）ダイアログで、「Keep」（指定した色を残す）を選択する。

POINT 「Remove」（指定した色を除く）を選択すると「Lightest：」（最も明るい）～「Darkest：」（最も暗い）の範囲の色が消去されます。

3 「Darkest：」（最も暗い）の3つのボックスの数値が「0」「0」「0」（黒）であることを確認してから、「Lightest：」（最も明るい）の3つのボックスの数値を右のプレビューウィンドウで残る色を確認しながら、変更する。

POINT 「Red」「Green」「Blue」の3つのボックスの数値が同じ場合、色は無彩色（グレートーン）です。指定できる数値は「0」（黒）～「255」（白）で、数字が大きいほど明度の高い（明るい）色になります。

4 「OK」ボタンを🖱。

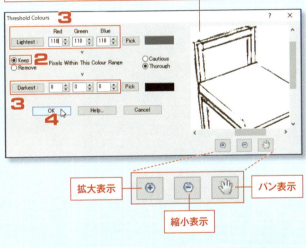

黒から**4**で指定した範囲の色を残して、他の色が消去されます。

POINT 「Lightest：」と「Darkest：」の色は、右のプレビューウィンドウから取得することもできます。「Lightest：」の「Pick」ボタンを🖱🖱すると、右のプレビューウィンドウが元の画像の色になります。再度「Pick」ボタンを🖱し、スポイト形状のマウスポインタで残したい外形線のうちの明度の高い色の部分を🖱します。その色の数値が、「Lightest：」の3つの数値ボックスに取得されます。

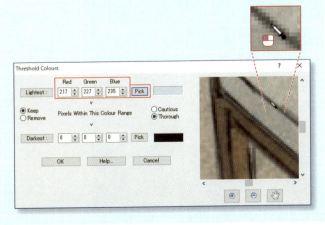

METHOD 5

WordやPDFの文字（テキスト）をJw_cad図面にコピーする

Jw_cadはOLE※には未対応のため、Word・Excel・PDFなどのデータを、直接Jw_cad図面にコピー&貼り付けすることはできませんが、文字（テキスト）のみをJw_cad図面に貼り付けることは可能です。

教材データ：「jww_method」－「1」フォルダーの「05.docx」「05.pdf」「05.jww」

WordからJw_cad図面へコピーできる要素とできない要素

通常、WordやPDFなどの他のアプリケーションからJw_cad図面にコピーできるのは、文字（テキスト）のみです。画像や図、ワードアートで作成した文字などは、Jw_cad図面にコピーすることはできません。また、コピー対象の文字（テキスト）のフォント（書体）や色、大きさなどの情報はJw_cad図面には反映されません。

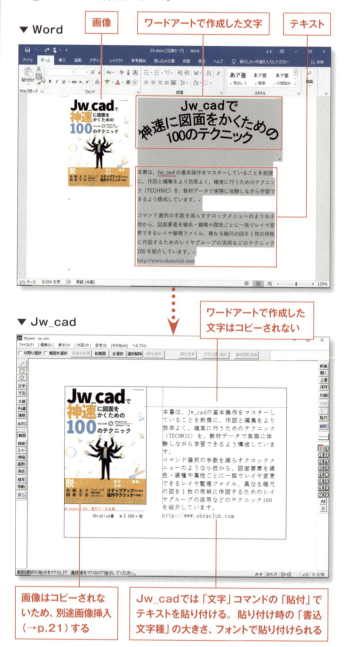

▼ Word

画像／ワードアートで作成した文字／テキスト

▼ Jw_cad

ワードアートで作成した文字はコピーされない

画像はコピーされないため、別途画像挿入（→p.21）する

Jw_cadでは「文字」コマンドの「貼付」でテキストを貼り付ける。貼り付け時の「書込文字種」の大きさ、フォントで貼り付けられる

※ OLEは「Object Linking and Embedding」の略で、複数のWindowsアプリケーション間で相互にデータの挿入やリンクをする技術のこと。

Word文書からテキストを Jw_cad図面にコピー

WordでWord文書を開き、テキストをコピーしましょう。

1 Word文書「05.docx」を開き、コピー対象を選択する。

2 「コピー」コマンド（メニューバー［編集］－「コピー」）を🖱。

POINT 2の操作で、選択した要素がクリップボードにコピーされます。

3 タイトルバー右の ― （最小化）ボタンを🖱し、Wordを最小化し、次ページ **4** へ進む。

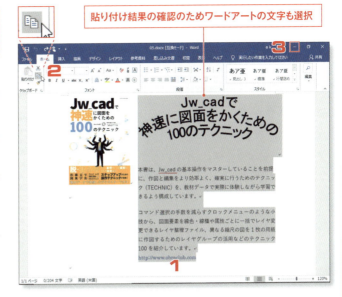

貼り付け結果の確認のためワードアートの文字も選択

HINT PDFからテキストをコピーする場合

「Adobe Acrobat Reader」（→p.40）でPDFファイルを開き、コピー操作を行います。

1 「Adobe Acrobat Reader」でPDFファイル「05.pdf」を開き、「選択」ツールでドラッグしてコピー対象の文字を選択する。

2 メニューバー［編集］－「コピー」を選択する。

POINT 2の操作で、選択した要素がクリップボードにコピーされます。

3 タイトルバー右の ― （最小化）ボタンを🖱し、「Adobe Acrobat Reader」を最小化し、次ページ **4** へ進む。

POINT 次ページ **4**～**10** の方法でテキストをJw_cad図面に貼り付けると、Word文書からコピーした場合と異なり、右図のようにPDFにおける1行がJw_cad図面での1文字列（1行）として貼り付けられます。

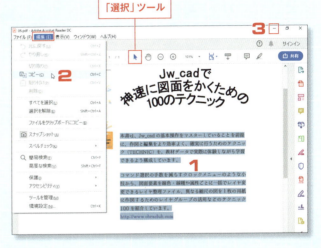

「選択」ツール

CHAPTER 1 他から受け取った図面や画像、表をJw_cadで活用する方法

29

Jw_cad図面を開き、コピーしたテキストを貼り付けましょう。

4 Jw_cadを起動し、貼り付け先の図面「05.jww」を開く。

5 「文字」コマンドを選択する。

6 コントロールバー「書込文字種」ボタンを🖱。

7 「書込み文字種変更」ダイアログで、フォントを「MS明朝」とし、「文字種[6]」を🖱。

POINT Word文書での文字のフォントや大きさの情報はコピーされません。貼り付ける文字の大きさやフォントは「書込文字種」で指定します。

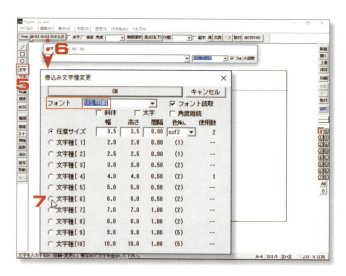

8 コントロールバー「貼付」ボタンを🖱。

9 コントロールバー「行間」ボックスを🖱し、「8」を入力する。

POINT コントロールバー「行間」ボックスに、貼り付ける複数行の文字列の行間を図寸(mm)で指定します。

10 コントロールバー「基点（左下）」を確認し、文字を貼り付ける位置として、右図の交点を🖱。

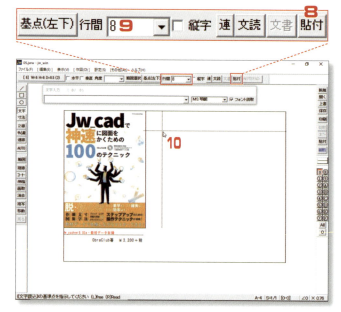

POINT Word文書における改行マークまでがJw_cadの1文字列（1行）として貼り付けられます。Word文書で指定している文字サイズ、フォント、文字飾りなどの情報は無視され、Jw_cadで指定（上記7）の文字サイズ（文字種）とフォントで貼り付けられます。

文字枠を表示し、貼り付け結果を確認しましょう。

11 ステータスバー「画面倍率」ボタンを🖱。

12 「画面倍率・文字表示　設定」ダイアログの「【文字枠】を表示する」と「文字のスペースを表示する」にチェックを付け、「設定OK」ボタンを🖱。

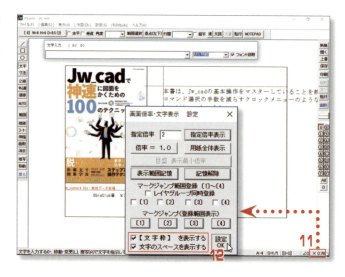

30

POINT 文字枠は画面表示上のもので、印刷はされません。🅱は空白（スペース）の存在を示します。Word文書上での改行マークの位置には、改行命令を示す「^m」が表示されます。

以下のHINTの方法で貼り付け直すため、「戻る」コマンドを🖱して、文字の貼り付け操作を取り消してください。

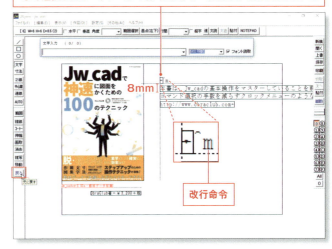

HINT 1行あたりの文字数を指定して貼り付ける方法

枠から文字がはみ出さないように、1行あたりの文字数を指定して貼り付けることができます。

1 「文字」コマンドのコントロールバー「貼付」ボタンを🖱。

2 コントロールバー「行間」ボックスに、「行間，1行の文字数」として「8,18」を入力する。

POINT 図面の縮尺に関わらず、行間は図寸（mm）で指定します。行間「8」の後ろに、「，」（カンマ）で区切り、1行あたりの文字数（全角で換算）を入力します。

3 貼り付け位置として、右図の交点を🖱。

基準点に1行目の左下を合わせ、行間8mm・1行あたり18文字（全角）になるように貼り付けられます。1行が18文字未満の行は、改行命令（^m）が記載されている行です。

POINT 文字枠表示の設定は、Jw_cadを終了した後も有効です。不要になったら、前ページ **11**〜**12** の手順で、「画面倍率・文字表示　設定」ダイアログの「【文字枠】を表示する」と「文字のスペースを表示する」のチェックを外してください。

METHOD 6 Excelの表をJw_cad図面にコピーする

Excel to Jw_win
[収録ファイル名] Excel 2Jww153.zip
インストール方法→p.267
[バージョン] 1.53
[開発元] 土器手茂
[料金] 無料
[URL] http://www.vector.co.jp/soft/dl/win95/business/se308016.html

Excelで作成した表をJw_cadにコピーするためのExcel用アドインソフト。Excel 2010（32bit/64bit）/2013（64bit）/2019（64bit）で動作を確認している

Excelの表をJw_cadに貼り付ける手順

▼ Excel

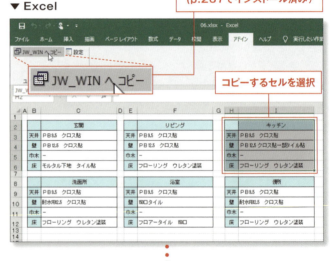

アドインExcel to Jw_win（p.267でインストール済み）
コピーするセルを選択

▼ Jw_cad

貼り付け先を指示

▼ 注意点
Excelで指定されている文字のサイズ・フォント・色・飾り、セルの網掛けなどの情報はコピーされません。なお、Excel上で選択した範囲に非表示にしているセルがあった場合、そのセルに記入されている文字もコピーされます。

Jw_cadはOLE（→p.28）には未対応のため、Excelの表を「コピー」&「貼り付け」で直接Jw_cad図面に貼り付けることはできません。ここでは、Excel用アドインソフト「Excel to Jw_win」を利用して、Excelの表をJw_cad図面に貼り付ける方法を紹介します。

教材データ：「jww_method」-「1」フォルダーの「06.xlsx」「06.jww」

Excelでのアドイン設定

「Excel to Jw_win」のインストール（→p.267）を完了したら、Excelでのアドイン設定を行います。

1 Excelを起動し、「ファイル」タブを🖱し、「オプション」を🖱。

POINT ここでは、「Excel 2019」にp.267のとおりにインストールした前提で説明します。

2 「Excelのオプション」ウィンドウの左の「アドイン」を🖱。

3 「管理」ボックスが「Excel アドイン」になっていることを確認し、「設定」ボタンを🖱。

4 「アドイン」ウィンドウの「参照」ボタンを🖱。

POINT 「アドイン」ウィンドウに「Jw_winへコピーver1.53」がある場合は、**4**の操作を行わずに**7**へ進んでください。

5 「ファイルの参照」ダイアログのフォルダーツリーで、「Excel to Jw_win」のインストール先（Cドライブの「Program Files (x86)」－「Microsoft Office」「Office16」フォルダー）を🖱。

6 「ExcelToJw_win153.xla」を🖱し、「OK」ボタンを🖱。

7 「アドイン」ダイアログで、「有効なアドイン」ウィンドウに表示される「Jw_winへコピーver1.53」にチェックを付け、「OK」ボタンを🖱。

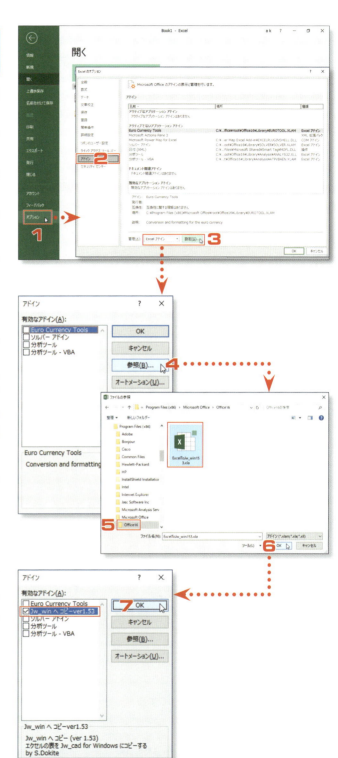

8 「アドイン」タブを🖱し、「JW_WINへコピー」が追加されたことを確認する。

Excelの表をJw_cad図面にコピー

「Excel to Jw_win」のインストールとアドイン設定（→前ページ）が完了している前提で、操作手順を説明します。

1 Excelを起動し、コピー対象のExcelデータ「06.xlsx」を開く。

「Excel to Jw_win」でコピーするときの縮尺・表のサイズなどの設定をしましょう。

2 「アドイン」タブを🖱。

3 「JW_WINへコピー」の「設定」ボタンを🖱。

4 「設定」ダイアログの「全般」タブの「縮尺・サイズの指定」ボタンを🖱。

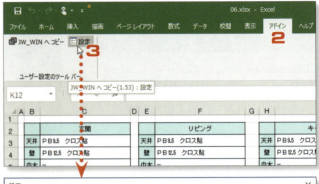

5 「縮尺・サイズ」ダイアログの「縮尺」を、貼り付け先の図面「06.jww」と同じ1/50にする。

6 「図寸」を選択する。

7 貼り付ける表の横幅として、「幅指定」ボックスに「45」（図寸mm）を入力する。

8 「OK」ボタンを🖱。

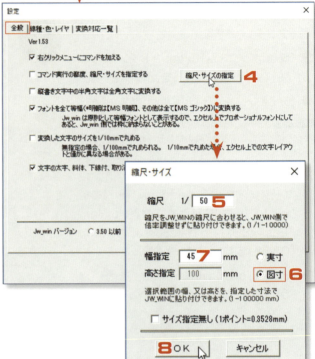

9 「線種・色・レイヤ」タブを🖱。

10 「xlContinuous」の「JW線種」を「線種1」にする。

11 「xlThin」「xlMedium」「xlThick」の「JW線色」を「線色2」にする。

12 「全ての文字色」を「線色2」にする。

13 「設定」ボタンを🖱。

POINT 「線種・色・レイヤ」タブでは、Excelの罫線や文字をJw_cadのどの線種、線色、レイヤに変換するかを設定します。

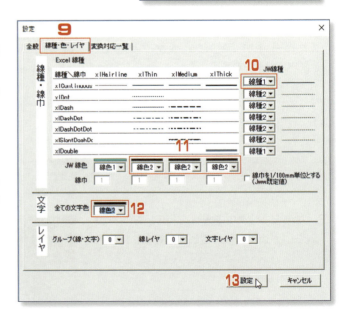

コピー対象を選択し、コピー指示をしましょう。

14 コピー対象の表範囲（ここではセル「H2」～「I6」）を選択する。

POINT コピー対象の表の文字が枠（セル）内にすべて表示されていないと、Jw_cadに貼り付けたときに表からはみ出します。適宜、セル幅を広げて文字をすべて表示したうえで**15**の操作を行ってください。

15 「アドイン」タブの「JW_WINへコピー」ボタンを🖱。

16 タイトルバーの━（最小化）ボタンを🖱し、Excelを最小化する。

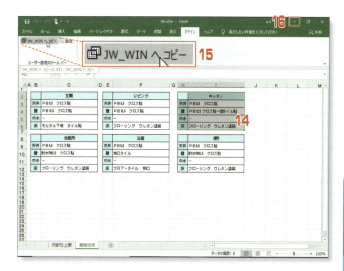

Jw_cadでコピー先の図面を開き、貼り付けましょう。

17 Jw_cadを起動し、貼り付け先の図面「06.jww」を開く。

18 「貼付」コマンドを🖱。

19 作図位置として、右図の補助線端点を🖱。

POINT 表の大きさを変更する場合は、**19**の前にコントロールバー「倍率」ボックスに倍率を指定します。そのとき、「作図属性」ボタンを🖱し、「作図属性設定」ダイアログの「文字も倍率」にチェックを付けることで、コントロールバーで指定した倍率と同じ倍率で文字の大きさも変更できます。

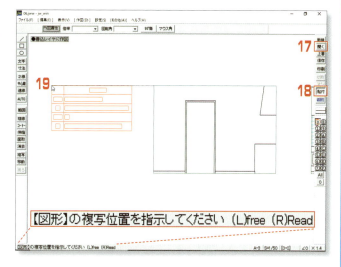

右図のように、**7**で指定した横幅45mmの大きさで貼り付けられます。

POINT 他のコマンドを選択するまでは、作図位置を指示することで同じ要素を続けて貼り付けできます。「貼付」コマンドを終了するには「／」コマンドを選択してください。

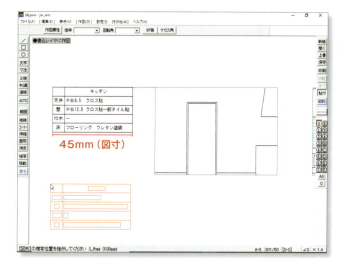

CHAPTER 1　他から受け取った図面や画像、表をJw_cadで活用する方法

35

METHOD 7　Word・Excel・PDFの図や画像をJw_cadの図面で利用する

Jw_cadはOLE（→p.28）には未対応のため、Word・Excel・PDFなどの図や画像を、コピー&貼り付け機能で、Jw_cadの図面に直接貼り付けることはできません。コピーしたい図や画像を、いったん画像ファイルとして保存したうえで、Jw_cadの図面に挿入します。

「jww_method」－「1」フォルダーの「07-1AC.xlsx」「07-1B.pdf」

図や画像を図面で利用する手順

Word・Excel・PDFの図・画像をコピーし、Windows標準搭載の「ペイント」に貼り付け、画像ファイルとして保存することで、Jw_cadの図面に挿入できます。ここでは、以下の手順の1と2について教材データを使って説明します。

1　Word・Excel・PDFで図や画像を選択し、コピー

- コピー対象の図や画像が複数の場合
  Word・Excel →次ページの〈1-A〉
  PDF →次ページの〈1-B〉
- コピー対象の図や画像が1つの場合 →p.38の〈1-C〉

選択した図や画像が
Windowsのクリップボードにコピーされる

2　クリップボードにコピーした画像をペイントに貼り付け、画像ファイルとして保存する →p.38の〈2〉

※ ここでは、Windows標準搭載のペイントを使って説明しますが、一般的な画像処理ソフトでも同じことが行えます。

3　Jw_cadの図面を開き、「画像編集」コマンドを使って、2で保存した画像ファイルを挿入する

画像ファイルの挿入→p.20

〈1-A〉Excel上の図と画像をコピー

ここではExcelの例で説明しますが、Wordの場合も手順は同じです。Excelで「07-1AC.xlsx」を開き、コピー対象を選択してコピーしましょう。

1 コピー範囲の左上から🖱↘し、コピー対象を選択する。

POINT 選択した表・グラフ・図・ワードアートの文字などは、すべて1つの画像ファイルになります。

2 「コピー」コマンド（メニューバー［編集］－「コピー」）を選択する。

1で選択した要素がWindowsのクリップボードにコピーされます。
➡ 次ページ「〈2〉コピーした要素をペイントに貼り付け、画像ファイルとして保存」へ

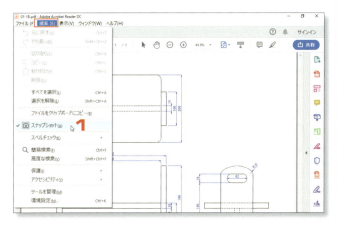

〈1-B〉PDF図面の一部分をコピー

アドビシステムズ社の「Adobe Acrobat Reader DC」（→p.40）でPDF図面「07-1B.pdf」を開き、画像ファイルとして保存する部分を選択してコピーしましょう。

1 メニューバー［編集］－「スナップショット」を選択する。

2 コピー範囲の左上から🖱↘し、画像として保存する図を選択して（ハイライト表示になる）、ボタンをはなす。

3 選択範囲の図が画像としてクリップボードにコピーされ、右図のウィンドウが表示されるので「OK」ボタンを🖱。

2で選択した要素がWindowsのクリップボードにコピーされます。
➡ 次ページ「〈2〉コピーした要素をペイントに貼り付け、画像ファイルとして保存」へ

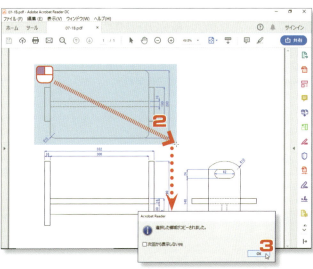

〈1-C〉1つの図と画像をコピー

ここではExcelの例で説明しますが、WordやAdobe Acrobat Reader DCで開いたPDFの場合も、手順は同じです。Excelで「07-1AC.xlsx」を開き、1つの図や画像を選択して、コピーしましょう。

1 Excelで、コピー対象の図を🖱。

2 表示されるメニューの「コピー」を🖱。

POINT Adobe Acrobat Reader DCでは、対象の画像を🖱で選択したあと、🖱して表示されるメニューの「画像をコピー」を🖱します。

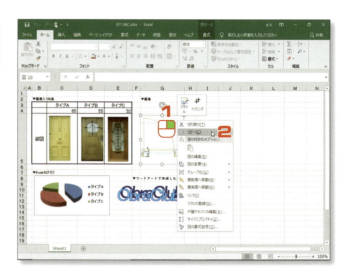

🖱した要素がWindowsのクリップボードにコピーされます。
→ 次項「〈2〉コピーした要素をペイントに貼り付け、画像ファイルとして保存」へ

〈2〉コピーした要素をペイントに貼り付け、画像ファイルとして保存

ペイントを起動し、クリップボードにコピーした図を貼り付けましょう。ここでは、前ページ「〈1-A〉Excel上の図と画像をコピー」の続きの例で説明します。

1 Windowsキーを押したままRキーを押す。

2 「ファイル名を指定して実行」ウィンドウが開くので、「名前」ボックスに「mspaint」を入力し、「OK」ボタンを🖱。

POINT **1**〜**2**の操作の代わりにp.246の方法でもペイントを起動できます。

3 起動したペイントで、「貼り付け」(または「クリップボード」−「貼り付け」)を🖱。

POINT Windowsのバージョンによって「ペイント」の画面や機能・操作方法は異なります。ここでは、Windows 10に標準搭載されているペイントで説明します。

貼り付けた図の外の余白を削除しましょう。

4 「トリミング」を🖱。

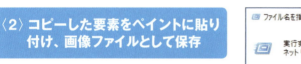

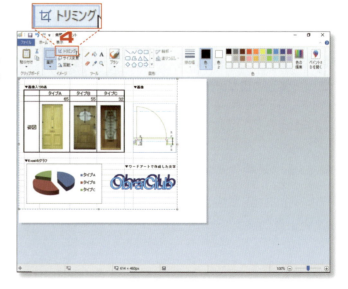

トリミングした図をBMP画像として保存しましょう。

5「ファイル」タブを🖱。

POINT Windows 7は「ペイント」タブを🖱してください。

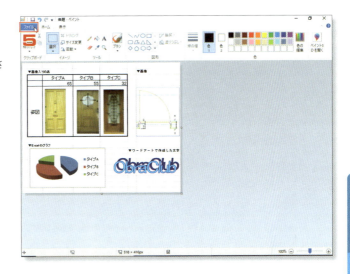

6「名前を付けて保存」にマウスポインタを合わせ、さらに表示されるメニューの「BMP画像」を🖱。

POINT BMPファイルとして保存した場合、標準のJw_cadで画像挿入できます。「JPEG画像」を選択した場合は、別途、JPEG画像を扱うための「Susie-Plugin」（→p.20）をセットする必要があります。

7「名前を付けて保存」ダイアログで「保存場所」を指定する。

8「ファイル名」を指定（または確認）し、「保存」ボタンを🖱。

3で貼り付けた図がBMP画像として保存されます。Jw_cad図面を開き、保存した画像を挿入します（→p.20）。

METHOD 8 　PDFの図面を閲覧・印刷する

Adobe Acrobat Reader DC
［開発元］アドビシステムズ社
［動作環境］アドビシステムズ社のWebサイトで確認のこと
［料金］無料
［URL］http://get.adobe.com/jp/reader/

PDFファイル形式を開発したアドビシステムズ社が無償で提供するPDFファイルの閲覧・印刷を行うソフトウェア

※「Adobe Acrobat Reader DC」は付録CD-ROMには収録していません。必要に応じて各自ダウンロードしてください（→p.280）。

PDFファイルとAdobe Acrobat Reader DCの画面

PDFはアドビシステムズ社が開発した電子文書の標準形式です。ファイルサイズがコンパクトなこと、元のCADで印刷した図面と同じ状態の図面を閲覧・印刷できることから、参照用のCAD図面を始めとする設計図書の受け渡しにも広く利用されています。
PDFファイルが下図のアイコンで表示される場合、「Adobe Acrobat Reader」がインストールされており、PDFファイルを🖱🖱することで開けます。

08_11.pdf

▼ Adobe Acrobat Reader DCの画面

ツールパネルウィンドウの表示⇔最小化を切り替え

文書ビュー　　ツールパネルウィンドウ

PDFの図面や書類を閲覧・印刷するにはPDF閲覧ソフトが必要です。ここではアドビシステムズ社が無償提供する「Adobe Acrobat Reader DC」でPDFファイルを閲覧・印刷する手順を説明します。「Adobe Acrobat Reader DC」では、PDF図面に注釈を記入することも可能です（→p.250）。

 教材データ：「jww_method」－「1」フォルダーの「08_11.pdf」

PDFファイルを開く

「Adobe Acrobat Reader DC」を起動して、PDFファイル「08_11.pdf」を開きましょう。

1. 「Adobe Acrobat Reader DC」のメニューバー［ファイル］－「開く」を選択する。
2. 「開く」ダイアログのフォルダーツリーで、PDFファイルの収録場所（「jww_method」－「1」フォルダー）を🖱。
3. 「1」フォルダー内の「08_11.pdf」を🖱で選択する。
4. 「開く」ボタンを🖱。

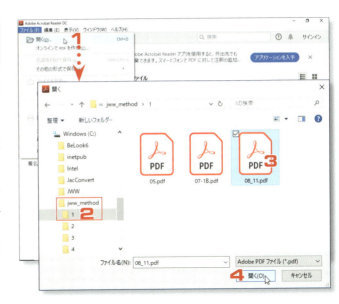

POINT 下図のような「パスワード」ウィンドウが表示されるPDFファイルを開くには、パスワードを入力してください（パスワードを入力しないと開けません）。

5. 画面を広く使うため、▶を🖱し、「ツールパネル」ウィンドウを最小化する。

PDF図面に注釈を記入する方法は、「METHOD 85」で説明しています。

HINT 表示された図面の回転

PDFファイルを作成するソフトの違いや作成時の設定で、右図のように縦方向に表示される場合があります。その場合は、メニューバー［表示］－「表示を回転」－「右90°回転」（または「左90°回転」）を選択することで、横方向表示にできます。

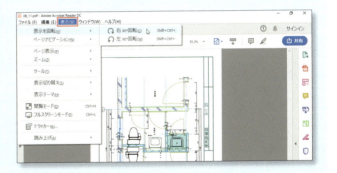

41

図面の等倍印刷

元図面と同じ大きさ（縮尺）で印刷しましょう。

1 「印刷」コマンドを選択する。
2 「印刷」ダイアログの「プリンター」ボックスのプリンター名を確認する。
3 「ページサイズ処理」欄で「サイズ」を選択する。
4 「実際のサイズ」を選択する。

POINT 3、4の設定により、元の図面と同じ大きさ（等倍）で印刷されます。

5 用紙サイズを変更するため、「ページ設定」ボタンを🖱。

6 「ページ設定」ダイアログの用紙欄の「サイズ」ボックスで用紙サイズ（ここではA3）を選択し、「OK」ボタンを🖱。

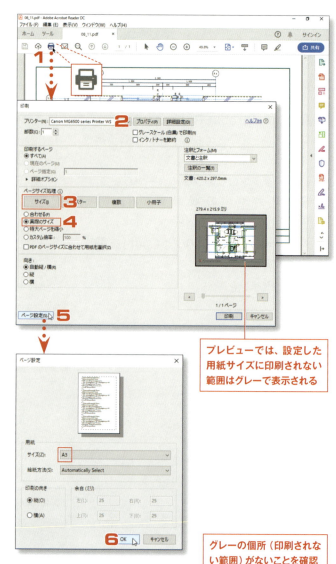

プレビューでは、設定した用紙サイズに印刷されない範囲はグレーで表示される

グレーの個所（印刷されない範囲）がないことを確認

7 「印刷」ダイアログでプレビューを確認し、「印刷」ボタンを🖱。

元図面と同じ大きさで印刷されます。

POINT 4で「特大ページを縮小」にチェックを付けることで、設定している用紙サイズよりも大きい図を、用紙サイズに収まる大きさに縮小して印刷できます。

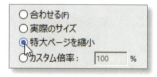

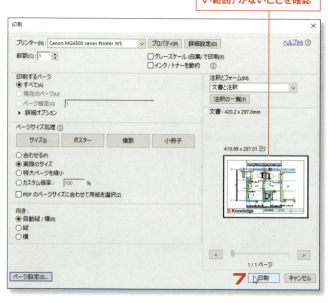

Adobe Acrobat Reader DCのズーム操作

ツールバーには右図のようなズーム機能のツールが配置されています。配置されていない場合は、ツールバーを🖱し、表示されるメニューの「ツールバーをリセット」を🖱してください。

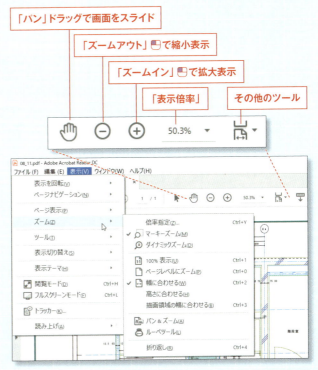

メニューバー［表示］－「ズーム」には、右図のようなズーム機能が用意されています。また、文書ビューで🖱することで表示されるメニューにも、ズーム機能が用意されています。

拡大したい範囲を囲んで指定する「マーキーズーム」を使って拡大表示してみましょう。

1 文書ビューで🖱。

2 表示されるメニューの「マーキーズーム」を🖱。

POINT **1**～**2**の操作の代わりに、メニューバー［表示］－「ズーム」－「マーキーズーム」を選択しても、同じです。

3 拡大する範囲の始点から🖱し、拡大する範囲を囲み、ボタンをはなす。

指定した範囲が拡大表示されます。

POINT メニューバー［表示］－「ズーム」－「ダイナミックズーム」を選択した場合、🖱↑で拡大、🖱↓で縮小表示になります。図面全体の表示にする場合は、ツールバー「その他のツール」を🖱し、表示されるメニューの「1ページ全体を表示」を🖱します。

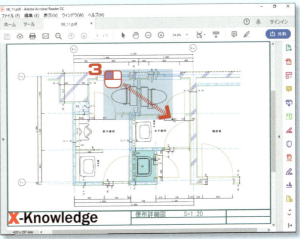

METHOD 9

PDFの図面をJw_cadで利用するには

PDFファイルを直接Jw_cadで開くことはできません。図面がPDFファイルの場合、PDFファイルの状態や図の用途に合わせ、ここで紹介するいずれかの方法でJw_cadで利用します。

PDFファイル「08_11.pdf」をJPEGに変換して挿入したJw_cad図面「S09-1.jww」とDXFファイルに変換してJw_cadで開いた「S09-2.jww」を「jww_method」－「sample」フォルダーに収録

1 PDFを画像に変換し、「画像挿入」で挿入する

PDFファイルをBMP形式（またはJPEG形式）の画像ファイルに変換することで、「画像挿入」コマンドを使ってJw_cad図面に挿入できます。そのようにしてJw_cad図面上に挿入した図は画像要素であるため、Jw_cadで編集することや点を読み取ることはできません。編集が不要な図をJw_cad図面に読み込む場合に適した方法です。

PDFファイルを画像ファイルに変換→p.46
PDFファイル内の一部を画像ファイルとして取り出す→p.37

2 PDFをCADデータに変換し、Jw_cadで開く

PDF作成アプリケーションで作成したPDFファイルでは、文字はテキストデータ、線画はベクターデータ、画像はラスターデータと区別されています。図面部分がベクターデータのPDFファイルであれば、DXF形式などのCADデータファイルへの変換が可能です。

それに対して、紙の図面をスキャナーで取り込みPDFファイルにしたものは、図面部分も画像と同じラスターデーであるため、CADデータへの変換はできません[※]。

また、PDFファイルには、ファイルの閲覧や印刷、編集を制限するセキュリティ機能があります。セキュリティのかかったPDFファイルは変換できません。

PDFの図面をDXFファイルに変換→p.48

※ PDFファイルをBMP（またはJPEG）形式の画像ファイルに変換したうえで、「METHOD 4」の方法でDXFファイルに変換することは可能です。

PDFファイルを画像に変換し、「画像挿入」でJw_cadに挿入

挿入する画像がBMP形式の場合は、標準のJw_cadで画像挿入できます。JPEG形式の場合は、別途JPEG画像を扱うためのプログラム「WIC Susie Plug-in」をセットする必要があります（→p.20）。
画像ファイルの図面は、実寸法に準じた大きさにはなっていないため、画像挿入後、適宜、大きさ調整を行う必要があります（→p.132）。
A2用紙全面の大きさで画像を表示する場合など、画像サイズが大きいと、出力機によっては印刷できないことがあります。

▼ PDFをJPEGファイルに変換し、Jw_cad図面に挿入した場合（S09-1.jww）

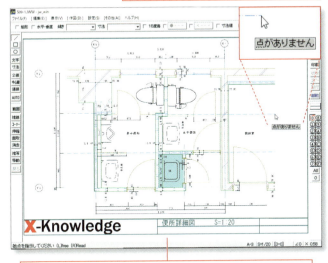

図面全体が画像要素のため、🖱で点を読み取ることや、線・文字などの編集はできない

画像、塗りつぶし、線の強弱、線色も元のPDFと同じに表示される

PDFからCADデータに変換した図面ファイルをJw_cadで開く

変換時の設定で実寸法に近い大きさになりますが、Jw_cadで開いた後、寸法を確認し、適宜大きさ調整を行うことをお勧めします（→p.194）。
破線・鎖線は途切れた複数の実線に変換されます。CADデータのため、🖱での点の読み取り、各要素の編集が可能です。また、元は1本の線であるはずの水平・垂直線や斜線も、短い複数の線に変換されることもあります。
ひと続きの線要素は、Jw_cadにおける曲線属性になっていることがあります。その場合、「コーナー」コマンドなどで編集するには曲線属性をクリアする必要があります（→p.205）。

▼ PDFをAdobe IllustratorでDXFファイルに変換し、Jw_cadで開いた場合（S09-2.jww）

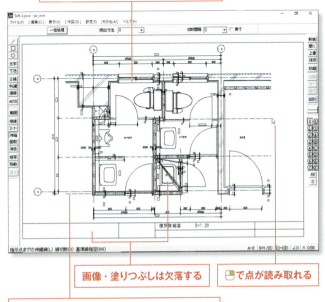

線色・線幅は元のPDFと同じにならない

画像・塗りつぶしは欠落する　🖱で点が読み取れる

一点鎖線の長線部と短線部は別々の実線になる

METHOD 10
PDFの図面をJPEG画像に変換する

CubePDF

［収録ファイル名］
cubepdf-1.0.0rc19.exe/cubepdf-1.0.0rc19x64.exe
インストール方法→p.268
［開発元］CubeSoft
［対応OS］Windows 7以降
　　　　　※ Microsoft.NET Framework 3.5以上
［料金］無料
［URL］http://www.cube-soft.jp/cubepdf/

さまざまなアプリケーションから印刷操作でPDFファイルを書き出すPDF作成ソフト。JPEGファイルやBMPファイルの書き出しも可能。基本操作についてはp.98を参照

CubePDFを利用したPDF⇒JPEG変換

Adobe Acrobat Reader DC（→p.40）でPDF図面を開き、プリンターとして「CubePDF」を選択して印刷することで、PDF図面をJPEGファイルに書き出します。

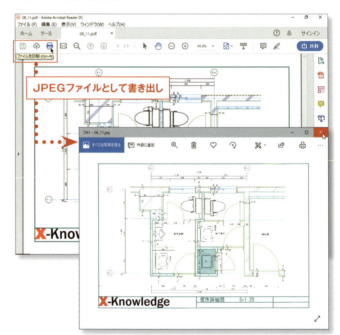

PDFの図面はそのままJw_cad図面に読み込むことはできません。PDFファイルをJPEG画像またはBMP画像に変換することで、Jw_cad図面に画像挿入できます（→p.20）。「Adobe Acrobat Reader DC」でPDF図面を開き、「CubePDF」を使ってJPEGファイルまたはBMPファイルに書き出す方法を紹介します。

HINT 「Adobe Acrobat Pro」ならばJPEG書き出しも可能

アドビシステムズ社の有償のPDF作成ソフト「Adobe Acrobat Pro」（「Adobe Acrobat Reader DC」とは別のアプリケーションなので注意）では、開いたPDFファイルをJPEGファイルとして保存できます。その場合、「CubePDF」は不要です。

教材データ：「jww_method」−「1」フォルダーの「08_11.pdf」。「08_11.pdf」をJPEG画像に変換した「S10.jpg」を「jww_method」−「sample」フォルダーに収録

CubePDFでPDFファイルをJPEGファイルとして書き出す

1. Adobe Acrobat Readerで変換対象のPDFファイル「08_11.pdf」を開く。
   Adobe Acrobat Reader DCの基本操作→p.41

2. 開いたPDFファイルをJPEGファイルに書き出すため、「印刷」コマンドを🖱する。

3. 「印刷」ダイアログの「プリンター」ボックスの🔽を🖱し、リストから「CubePDF」を🖱で選択する。

   POINT CubePDFがインストールされていないと、リストに「CubePDF」は表示されません。Adobe Acrobat Reader DCの「印刷」ダイアログでの各設定についてはp.42を参照してください。

4. 「特大ページを縮小」を選択する。

5. プレビューを確認し、「印刷」ボタンを🖱。

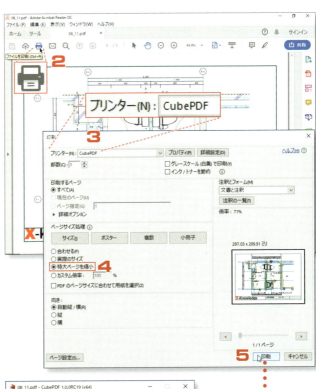

6. 「CubePDF」ダイアログの「一般」タブの「ファイルタイプ」ボックスの🔽を🖱し、リストから「JPEG」を🖱で選択する。

   POINT BMPファイルとして書き出す場合は「BMP」を選択してください。

7. 「ページの向き」として「横」を選択する。

8. 「解像度」「出力ファイル」ボックスの出力場所などを確認、適宜変更し、「変換」ボタンを🖱。

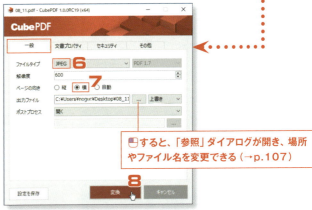

🖱すると、「参照」ダイアログが開き、場所やファイル名を変更できる（→p.107）

「出力ファイル」ボックスで指定した場所（初期値は「デスクトップ」）およびファイル名（初期値は「元のファイル名.jpg」）でJPEGファイルが作成され、作成された画像が、JPEG画像に関連付けされているビューワー（右図はWindows 10標準搭載の「フォト」）で開きます。

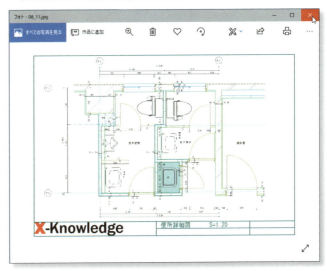

METHOD 11
PDFの図面をDXFファイルに変換する

Adobe Illustrator CC
［開発元］アドビシステムズ社
［動作環境］アドビシステムズ社のWebサイトで確認のこと
［料金］月々プラン 3,480円/月
　　　　年間プラン 2,480円/月
［URL］http://www.adobe.com/jp/

デザイン分野を中心に広く利用されているベクターイメージ編集ソフトウェア（ドローソフト）。7日間の無償体験版が同社のWebサイトにて公開されている

※ 本書で使用しているのは2019年4月時点のバージョン（2019）です。
※「Adobe Illustrator CC」は付録CD-ROMには収録していません。

Illustratorで変換可能なPDFと変換結果

PDF作成プログラムを用いてアプリケーションから作成したPDFファイルでは、文字はテキストデータ、線画はベクターデータ、画像はラスターデータと区別されています。図面部分がベクターデータで構成されているPDFであれば、「Adobe Illustrator」で開き、DXF・DWGファイルへ書き出し、CADで編集することができます。紙の図面をスキャナーで取り込みPDFにした場合は、図面部分も画像と同じラスターデータであるため、DXFに書き出してもCADで編集はできません。

▼ 変換後の「08_11.dxf」を「DWG TrueView」で表示

DWG TrueView→p.66

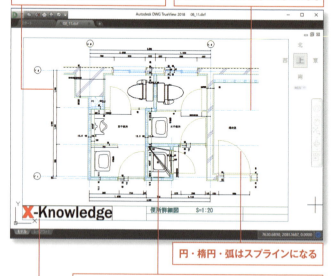

変換時の指定で（p.51の⑯）AutoCAD上での実寸法は近似値になる

鎖線と破線は短い実線（AutoCAD上はポリライン）が連なったものになる

円・楕円・弧はスプラインになる

着色部（ソリッド）はその範囲を分割する線に変換される

画像は別ファイルとして保存され、表示される
※保存場所と違う場所に画像ファイルを移動すると、表示されない

※ 上図のDWG TrueView画面はモデルタブの背景色を「白」に設定しています。

グラフィックソフト「Adobe Illustrator」（以下Illustrator）を利用することで、PDFファイルをDXFファイルに変換できます。ここでは、その操作手順とサンプルのPDFファイルの変換結果を紹介します。

教材データ：「jww_method」―「1」フォルダーの「08_11.pdf」。「08_11.pdf」を「Adobe Illustrator」でR13形式のDXFに変換した「S11-R13.dxf」と2010形式のDXFに変換した「S11-2010.dxf」を「jww_method」―「sample」フォルダーに収録

48

IllustratorでPDFファイルを開きDXFファイルに書き出す

IllustratorでPDFファイルを開きましょう。

1 Illustratorを起動し、メニューバー［ファイル］－「開く」を選択する。

2 「開く」ダイアログの「ファイルの種類」ボックスが「すべてのファイル形式（*.*）」になっていることを確認する。

3 ファイルの収録場所（「jww_method」－「1」フォルダー）を指定し、変換対象のPDFファイル「08_11.pdf」を🖱。

4 「開く」ボタンを🖱。

図面全体を表示しましょう。

5 メニューバー［表示］－「アートボードを全体表示」を選択する。

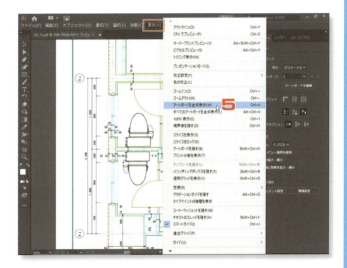

この図面は縦向きになっているため、横向きに変更しましょう。

6 「アートボード」ツールを🖱。

7 右のパネル「プロパティ」タブ「アートボード」欄の「横置き」を🖱。

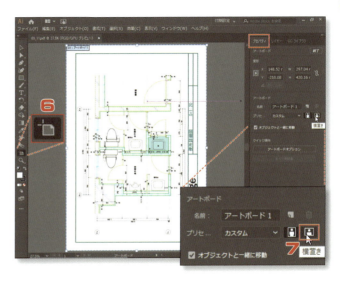

CHAPTER 1　他から受け取った図面や画像、表をJw_cadで活用する方法

用紙に該当するアートボードが横向きになります。次にすべての線、文字、画像などの要素を90°右に回転します。

8 メニューバー［選択］-「すべてを選択」を選択する。

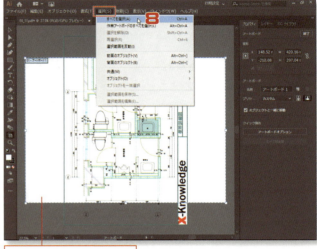

アートボードが横向きになる

9 すべての要素（オブジェクト）が選択され、ハイライトされたことを確認し、「回転」ツールを🖱。

10 「プロパティ」タブの「角度」ボックスの▼を🖱し、リストの「270」を🖱。

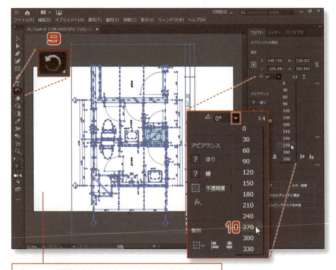

すべての要素が選択されハイライト表示される

選択したすべての要素が右方向に90°回転します。選択を解除しましょう。

11 メニューバー［選択］-「選択を解除」を選択する。

50

DXFファイルとして書き出しましょう。

12 メニューバー［ファイル］-「書き出し」-「書き出し形式」を選択する。

13 「書き出し」ダイアログの「ファイルの種類」ボックスの▼を🖱し、リストから「AutoCAD Interchange File (*.DXF)」を🖱で選択する。

POINT DWGファイルに書き出すには「AutoCAD Drawing (*.DWG)」を選択します。

14 書き出し先、ファイル名を確認、適宜変更し、「書き出し」ボタンを🖱。

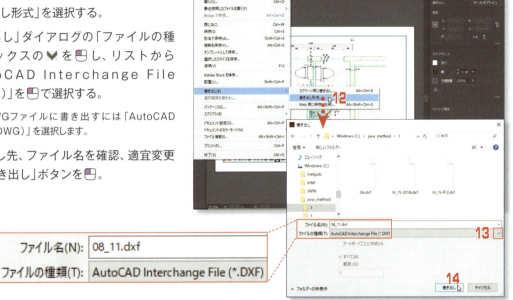

15 「DXF/DWG書き出しオプション」ダイアログの「AutoCADバージョン」ボックスの▼を🖱し、リストから「R13/LT95」を🖱で選択する。

POINT DXF（またはDWG）ファイルを開くソフトウェアに合わせてバージョンを選択します。ここではJw_cadで開くことを考慮して、一番古いバージョン「R13/LT95」を指定します。

16 PDFの図面は縮尺1/20のため、「アートワークの倍率」として、1mm＝20単位を指定する。

17 「ラスタライズファイル形式」（図面内の画像の形式）として、「JPEG」を選択する。

POINT PDFファイル内に画像要素がある場合、それを別の画像ファイルとして書き出します。あとからJw_cad図面に挿入することを考慮に入れ、JPEG形式を選択します。

18 「OK」ボタンを🖱。

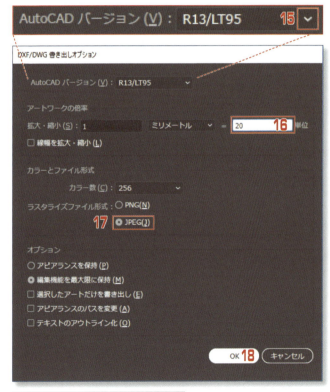

指定した場所にDXFファイルとJPEG画像ファイルが書き出されます。

POINT 書き出したDXFファイルを「DWG TrueView」で開くと、p.48のように開くことができます。しかし、Jw_cadではそれと同じようには開けません。書き出したDXFファイルをJw_cadで開いた結果や、その対処方法については、p.188を参照してください。

METHOD 12 図形ファイル（JWS・JWKファイル）をJw_cad図面に読み込む

図形ファイル 「JWS」と「JWK」

JWS、JWKのいずれの図形ファイルも、基本的には、図形登録時の線色・線種で書込レイヤに実寸法で読み込まれます。奥行き800mmのソファの図形は、S＝1/100の図面に読み込んでも、S＝1/50の図面に読み込んでも、その奥行は800mmです。JWSはJw_cad（Windows版）の図形ファイル、JWKはWindows版の前身のDOS版JW_CADの図形ファイルです。Jw_cad（Windows版）の図面ファイル（*.jww）とDOS版JW_CADの図面ファイル（*.jwc→p.16）の違いと同様の違いがJWSファイルとJWKファイルにはあります。

本項の教材データとして用意されている「12.jws」と「12.jwk」は、いずれも下図のJw_cad図面（S＝1/20）の同じ要素を、それぞれJWS形式の図形とJWK形式の図形として登録したものです。

両ファイルの読み込み手順とともに、それらの違いについても確認しましょう。

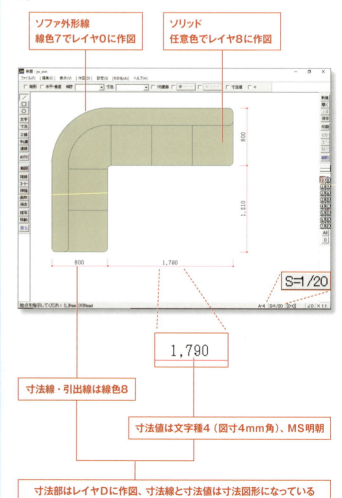

ソファ外形線　線色7でレイヤ0に作図

ソリッド　任意色でレイヤ8に作図

1,790

寸法線・引出線は線色8

寸法値は文字種4（図寸4mm角）、MS明朝

寸法部はレイヤDに作図、寸法線と寸法値は寸法図形になっている

拡張子がJWSまたはJWKのファイルはJw_cadの図形ファイルです。これらのファイルは、エクスプローラーなどでのファイルのダブルクリックや、Jw_cadの「開く」コマンドでは開けません。「図形」コマンドで編集中の図面に読み込みます。

 教材データ：「jww_method」－「1」フォルダーの「12.jws」「12.jwk」

JWS図形ファイル

以下の点でJWK図形ファイルと異なります。
- Jw_cad（Windows版）の図面（*.jww）と同じく有効桁数15桁の倍精度である。
- 登録元と同じ線色で登録される。
- ソリッド、ブロック（→p.202）、寸法図形（→p.212）、文字のフォント情報もともに登録される。
- 文字要素は、読み込み時の図面によって登録元とは異なる文字種（任意サイズ）になるが、登録元と同じ大きさ（図寸）で読み込まれる。
- 読み込み時の図面の縮尺に応じて線・円・弧要素の大きさが変化しても文字の大きさは変更されないが、「作図属性設定」での指定で図形の大きさ変更に伴い、登録時のバランスを保つように文字の大きさも自動的に変更できる（→次ページ）。

▼ 前ページの要素をJWS図形として登録したものを
　 S＝1/50の図面に読み込み

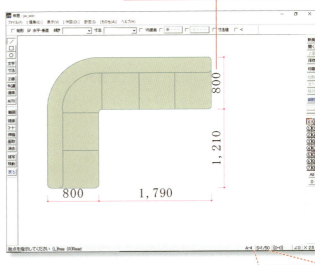

文字のフォントは登録元と同じMS明朝
文字の大きさは登録元と同じ図寸4mm角

JWK図形ファイル

以下の点でJWS図形ファイルと異なります。
- DOS版JW_CADの図面（*.jwc）と同じく有効桁数8桁の単精度である。
- DOS版JW_CADの線色は1～6までの6色のため、それ以外の線色の要素は線色6に変換されて登録される。
- ソリッド、ブロック、寸法図形、文字フォント情報などは登録されない。ソリッドは範囲を分割する線に、文字フォントはMSゴシックになる。
- 文字は、必ずしも登録元と同じ大きさになるとは限らないが、文字種（1～10）は同じになる。
- 読み込み時の図面の縮尺に応じて線・円・弧要素の大きさが変化しても、文字の大きさは変更されない。

▼ 前ページの要素をJWK図形として登録したものを
　 S＝1/50の図面に読み込み

文字種は登録元と同じ文字種4になる
（読み込んだ図面の文字種4の設定により大きさや色は異なる）

線色7、8の要素は線色6になる

文字フォントはMSゴシックになる

ソリッドはその範囲を分割する線に変換される

寸法図形は解除される

JWS図形ファイルの読み込み

用紙サイズA4、S＝1/50の図面に、JWS図形ファイル「12.jws」を読み込みましょう。

1 用紙サイズA4、縮尺S＝1/50に設定する。

2 メニューバー［その他］－「図形」を選択する。

3 「ファイル選択」ダイアログの「ファイルの種類」ボックスが「.jws」になっていることを確認し、フォルダーツリーで図形の収録場所（「jww_method」－「1」フォルダー）を選択する。

4 図形「12（.jws）」の枠内で🖱🖱。

POINT 作図ウィンドウ左上に表示される●書込レイヤに作図は、読み込んだ図形が書込レイヤに作図されることを示すメッセージです。「作図属性設定」で図形登録時のレイヤに作図することも可能です（→次ページ HINT）。

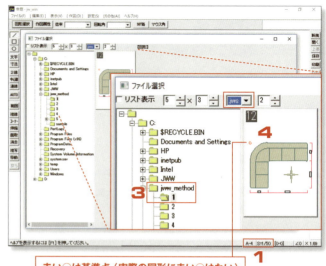

赤い○は基準点（実際の図形に赤い○はない）

このまま配置すると、文字の大きさがp.53の上図のようにアンバランスになります。文字も同じバランスで大きさが変更されるように指定しましょう。

5 コントロールバー「作図属性」ボタンを🖱。

6 「作図属性設定」ダイアログの「文字も倍率」にチェックを付け、「Ok」ボタンを🖱。

POINT 「文字も倍率」にチェックを付けることで、読込図形の大きさ変更に伴い、登録時のバランスを保つように文字も大きさ変更されます。この指定はJWS図形に限り有効です。JWK図形では指定できません。

7 図形の作図位置を🖱。

POINT **7**の位置に基準点を合わせ、JWS図形が作図されます。コントロールバー「図形選択」ボタンを🖱して他の図形を選択するか、他のコマンドを選択するまで、マウスポインタに同じ図形が仮表示され、位置をクリック指示することで、続けて同じ図形を作図できます。

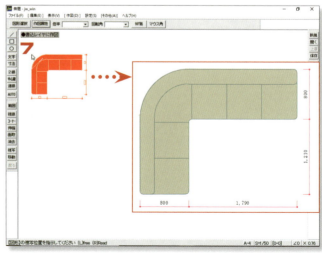

54

JWK図形ファイルの読み込み

続けて、JWK図形「12.jwk」を読み込みましょう。

1. 「図形」コマンドのコントロールバー「図形選択」ボタン（またはメニューバー[その他]-「図形」）を🖱。

2. 「ファイルの種類」ボックスの▼を🖱し、リストから「.jwk」を🖱で選択する。

POINT 2の操作により、「ファイルの種類」ボックスが「.jwk」に切り替わり、選択フォルダー内のJWK図形がサムネイル表示されます。

3. 図形の収録場所（「jww_method」-「1」フォルダー）を選択し、図形「12（.jwk）」の枠内で🖱🖱。

4. 図形の作図位置を🖱。

POINT 4の位置に図形の基準点を合わせて作図されます。コントロールバー「図形選択」ボタンを🖱して他の図形を選択するか、他のコマンドを選択するまで、マウスポインタに同じ図形が仮表示され、配置位置をクリック指示することで、続けて同じ図形を作図できます。「図形」コマンドを終了するには「／」コマンドを選択してください。

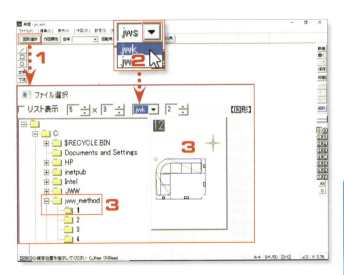

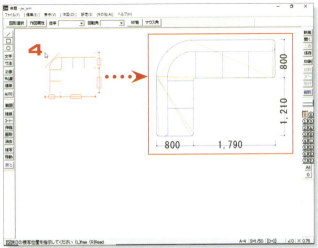

HINT 作図属性設定

図形は通常、書込レイヤに図形登録時の線色・線種で作図されます。
「作図属性設定」ダイアログで指定することで、図形登録時のレイヤ分けで作図することや、書込線の線色や線種で（ブロック化されている図形は除く）作図することができます。

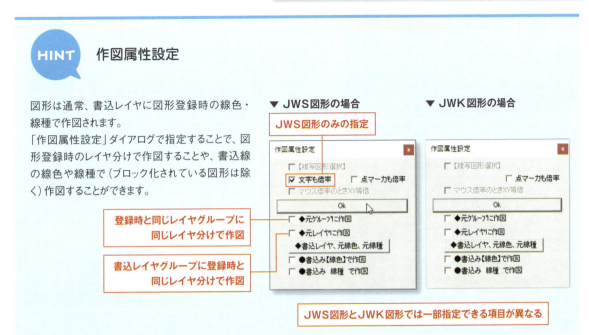

METHOD 13 他の図面の一部を作図中の図面にコピーする

Jw_cadの「コピー」&「貼付」を利用することで、作図中の図面に他の図面の一部をコピーできます。

「jww_method」－「1」フォルダーの「13A.jww」「13B.jww」

他の図面からのコピーの概要と注意点

作図中の図面に他の図面の一部をコピーしたい、あるいは2枚の図面を合わせて1枚にしたい場合、Jw_cadを2つ起動してそれら2枚の図面を開き、「コピー」&「貼付」を行います。ここでは、S=1/50の図面「13A.jww」の平面図と画像を、S=1/100の図面「13B.jww」にコピーする例で、その手順、注意点を解説します。

「コピー」&「貼付」は、元図面の実寸法を保って行われるため、両者の縮尺が異なっても問題ありません。しかし、図寸で管理されている文字要素の大きさは変化しません。図面の大きさ変更に伴い、文字の大きさも変更するには、貼り付け時に指示が必要です（→p.59）。

また、画像は同梱（→p.22）されているとコピーできません。コピー指示前に分離する必要があります（→p.57）。

▼ コピー元「13A.jww」　S=1/50

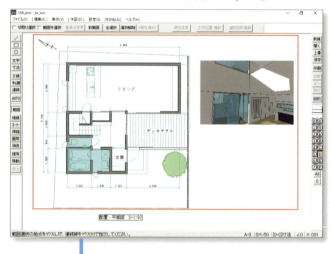

Windowsのクリップボードにコピー

▼ コピー先「13B.jww」　S=1/100

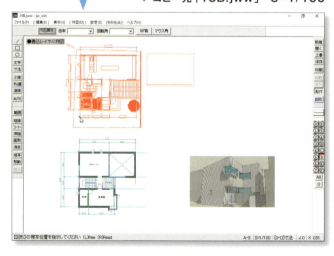

コピーの準備

コピー先の図面を開き、コピー先として指示する点を作成（または確認）したうえで、最小化しましょう。

1 コピー先の図面「13B.jww」を開き、コピー先として指示する点を作成する（教材では作図済み）。

2 タイトルバー右上 ■（最小化）ボタンを 🖱 し、最小化する。

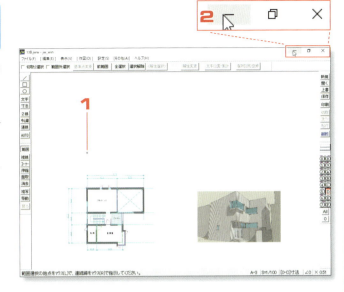

Jw_cadをもう1つ起動し、コピー元の図面を開きましょう。

3 デスクトップのショートカットを 🖱🖱 し、Jw_cadをもう1つ起動する。

最小化したJw_cad

4 起動したもう1つのJw_cadで、「開く」コマンドを選択し、コピー元の平面図「13A.jww」を開く。

平面図右の画像もコピーするため、画像を分離しましょう。

5 メニューバー［編集］-「画像編集」を選択する。

6 コントロールバー「画像分離」ボタンを 🖱。

7 画像分離を確認するメッセージウィンドウが開くので「OK」ボタンを 🖱。

8 分離完了のメッセージウィンドウが開くので「OK」ボタンを 🖱。

平面図と画像をコピー先に貼り付け

コピー対象を選択し、コピーの基準点を指示したうえで、コピー指示しましょう。

1 「範囲」コマンドを選択し、右図のように平面図と画像全体を囲み、終点を🖱️（文字を含む）。

2 コントロールバー「基準点変更」ボタンを🖱️。

3 基準点として、右図の壁芯下端点を🖱️。

4 「コピー」コマンドを選択する。

POINT 「コピー」コマンドを選択することで、選択色の要素がWindowsのクリップボードにコピーされ、作図ウィンドウ左上に コピー と表示されます。

コピー先の図面「13B.jww」を開いたJw_cadをアクティブにし、クリップボードにコピーした要素を貼り付けましょう。

5 タスクバーのJw_cadのアイコンを🖱️し、表示されるリストから、「13B.jww」を開いたJw_cadを🖱️。

6 「13B.jww」を開いたJw_cadで、「貼付」コマンドを🖱️。

7 貼り付け位置として、あらかじめ作成した点を🖱️。

POINT 作図ウィンドウ左上に ●書込レイヤに作図 と表示された状態で**7**の指示をしたため、コピー要素はすべて書込レイヤに貼り付けられます。コピー元の実寸法を保持して貼り付けられるので、平面図と画像はコピー先の図面S=1/100に準じた大きさになりますが、図寸管理の文字要素の大きさは変更されません。そのため、この図では文字が大きすぎます。

文字の大きさ、貼り付け先のレイヤの設定を変更するため、やり直しましょう。

8 「戻る」コマンドを選択し、**7**の操作を取り消す。

9 コントロールバー「作図属性」ボタンを🖱。

10 「作図属性設定」ダイアログの「文字も倍率」にチェックを付ける。

11 「◆元レイヤに作図」にチェックを付ける。

12 「Ok」ボタンを🖱。

POINT 「作図属性設定」ダイアログでは、貼り付け時の文字の大きさ変更や貼り付けレイヤの指定を設定します。図寸管理の文字要素の大きさを図と同じ割合で変更するには 10 の指定が、コピー元と同じレイヤ分けで貼り付けるには 11 の指定が必要です。

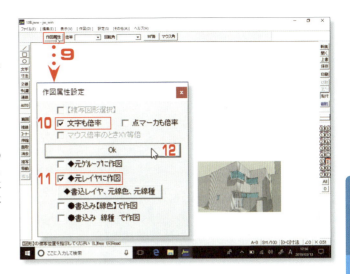

13 作図ウィンドウ左上に ◆元レイヤに作図 と表示されることを確認し、貼り付け位置として、あらかじめ作成した点を🖱。

POINT コピー元と同じレイヤ分けで貼り付けられ、文字要素は図面に準じた大きさに変更されます。変更された文字要素の文字種は「任意サイズ」になります。画像は文字要素のため、他の文字要素と同様の倍率で縮小（または拡大）されます。

14 「／」コマンドを選択し、「貼付」コマンドを終了する。

POINT コピー元のJw_cadは、最大化したうえで終了してください。

HINT ユーザー定義線種の要素をコピーした場合

1 の操作で確実に対象を選択したにも関わらず、貼り付けられない線・円・円弧要素がある場合、それはユーザー定義線種で作図されている要素です。コピー先の図面にコピー元の図面と同じ「ユーザー定義線種」が定義されていないため、貼り付けられても作図ウィンドウに表示されません。あらかじめコピー元の図面でユーザー定義線種を標準線種に変更しておくか（→p.221）、コピー先の図面で、コピー元と同じユーザー定義線種を定義（右図）してください。

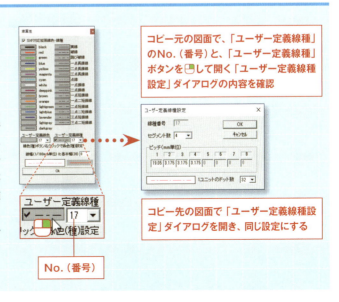

METHOD 14
Jw_cadでDXFファイルを開く

DXFファイルは多くのCADで読み込み・保存が可能です。そのため、メーカーが提供する製品CADデータの形式や、異なるCAD間で図面ファイルを受け渡しするときの形式として広く利用されています。Jw_cadでこのDXFファイルを開く手順とその注意点について説明します。

教材データ:「jww_method」―「1」フォルダーの「14_15-R12.dxf」「14_15-2018.dxf」

DXFファイルを受け取るときの注意点

DXFは、本来、上位バージョンのAutoCADで作図した図面を下位バージョンのAutoCADへ渡すことを目的として開発されたファイル形式です。

AutoCADの図面ファイルに則した形式であるため、DXFファイルは原寸で、縮尺・用紙サイズなどの情報はありません。

また、各CADにおける図面構成要素の違いやDXFの解釈の違いから、必ずしも元のCADで作図した図面を100%再現できるものではありません。縮尺、用紙サイズ、文字サイズ、線種・線色、レイヤなどが元の図面とは異なる、図面の一部が欠落するなど、さまざまな違いが生じる可能性があります。

DXF形式で図面ファイルを受け取るときには、以下の点にご留意ください。

- 元の図面と100%同じ状態では開けないので、図面を確認するために、DXFファイルとともに印刷した図面またはPDFファイル（→p.40）を受け取ること。
- DXF保存するCAD側でDXFのバージョンを指定できる場合（AutoCADは可能）には、R12形式として保存したDXFファイルを受け取ること。　　　　　　　　　DXFのバージョン変換→p.76
- 一般に広く利用されているのはASCII（テキスト）形式のDXFファイルだが、他にBinary形式のDXFファイルがある。Binary形式のDXFはJw_cadでは開けないため、ASCII形式のDXFファイルを受け取ること。　　　　Binary DXFをASCII DXFに変換→p.76

ここでは、AutoCAD図面「16_18.dwg」（→p.66）をAutoCADでR12形式のDXFファイルとして保存したファイル「14_15-R12.dxf」を、Jw_cadで開く例で、その手順を説明します。

▼「14_15-2018.dxf」を「DWG TrueView」で表示

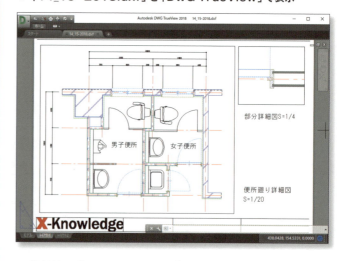

※ 教材データ「14_15-2018.dxf」は2018形式のDXFファイルです。

DXFファイルを開く

ファイルを開く前の準備をしましょう。

1 メニューバー［設定］－「基本設定」を選択する。

2 「jw_win」ダイアログ「DXF・SXF・JWC」タブを🖱。

3 「DXF読込み」欄の「図面範囲を読取る」と、「SXF読込み」欄の「背景色と同じ色を反転する」にチェックを付け、「OK」ボタンを🖱。

POINT DXFファイルには用紙サイズ、縮尺の情報はありません。「図面範囲を読取る」にチェックを付けることで、開くときの用紙サイズに図面が収まるよう縮尺を自動調整します。「背景色と同じ色を反転する」にチェックを付けることで、Jw_cadの背景色と同じ色の要素を色反転して表示します。

4 用紙サイズを、これから開くDXFファイルと同じサイズ（A3）に設定する。

DXFファイルを開きましょう。

5 メニューバー［ファイル］－「DXFファイルを開く」を選択する。

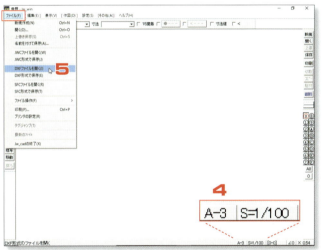

6 「ファイル選択」ダイアログで、DXFファイルの収録場所（「jww_method」－「1」フォルダー）を選択する。

7 ファイル一覧でDXFファイル「14_15－R12（.dxf）」を🖱🖱。

POINT 「14_15-R12.dxf」は、「16_18.dwg」（→p.66）をR12形式のDXFファイルとして保存したものです。「14_15-2018.dxf」は、同じ図面ファイルを2018形式のDXFファイルとして保存したものです。

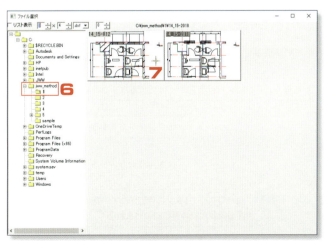

4で設定した用紙サイズでDXFファイルが開きます。縮尺は自動的に調整されます。

POINT DXFファイルを開いても、作図ウィンドウに何も表示されない場合は、次ページのHINTを参照してください。

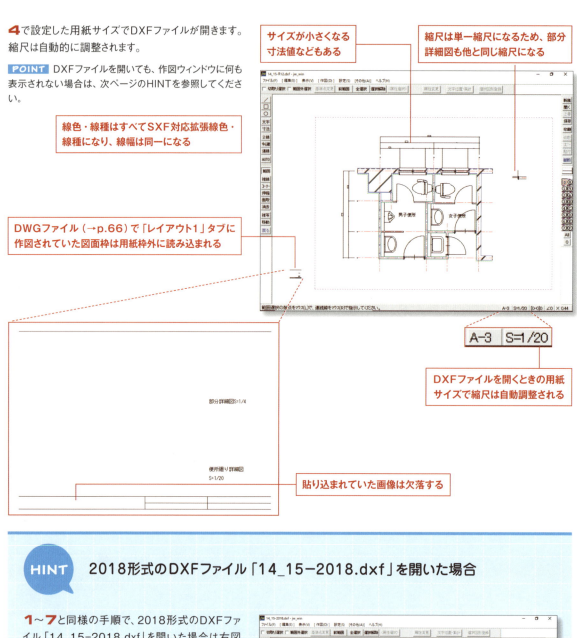

- サイズが小さくなる寸法値などもある
- 縮尺は単一縮尺になるため、部分詳細図も他と同じ縮尺になる
- 線色・線種はすべてSXF対応拡張線色・線種になり、線幅は同一になる
- DWGファイル（→p.66）で「レイアウト1」タブに作図されていた図面枠は用紙枠外に読み込まれる
- DXFファイルを開くときの用紙サイズで縮尺は自動調整される
- 貼り込まれていた画像は欠落する

HINT 2018形式のDXFファイル「14_15-2018.dxf」を開いた場合

1～7と同様の手順で、2018形式のDXFファイル「14_15-2018.dxf」を開いた場合は右図のようになります。

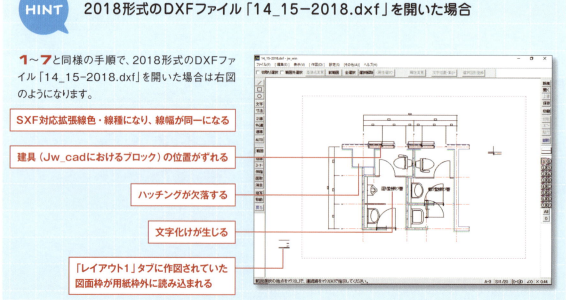

- SXF対応拡張線色・線種になり、線幅が同一になる
- 建具（Jw_cadにおけるブロック）の位置がずれる
- ハッチングが欠落する
- 文字化けが生じる
- 「レイアウト1」タブに作図されていた図面枠が用紙枠外に読み込まれる

HINT　DXFファイルを開くと何も表示されない場合の確認と対処方法

DXFファイルを🖱️🖱️して開いても、作図ウィンドウに何も表示されない場合は、メニューバー[設定]－「基本設定」を選択して、「jw_win」ダイアログ「一般(1)」タブの最下行の要素数を確認してください。

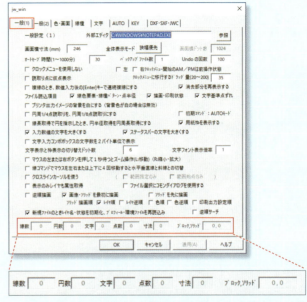

▼ すべての要素数が「0」の場合
開いたDXFファイルはJw_cadでは読めないBinary形式のDXFファイルの可能性があります。

Binary形式のDXFファイルは「ODA File Converter」(→p.74)を利用することでASCII形式のDXFファイルに変換できる。

▼ 要素数が「0」以外の場合
以下のような原因が考えられます。

● 縮尺設定の関係で図が見えないくらい小さくなっている。

図のように縮尺の分母の値が大きすぎる場合は、「縮尺」ボタンを🖱️し、元図面と同じ縮尺に変更する(→p.189)。

● 図面要素が作図されているレイヤが非表示レイヤになっている。

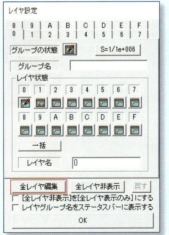

メニューバー[設定]－「レイヤ」を選択し、「レイヤ設定」ダイアログの「全レイヤ編集」ボタンを🖱️することで、すべてのレイヤが編集可能になり、表示される。

● 用紙枠の外側に図面要素が存在している。

「移動」コマンドで用紙枠内に移動する(→p.190)。

METHOD 15

DXFファイルを標準線色・線種のJWWファイルに変換する

JacConvert
[収録ファイル名] Jc311b.exe　インストール方法→p.273
[バージョン] 3.11b
[開発元] K.Nakahara
[対応OS] Windows XP/Vista/7/8/10
[料金] 2,500円
[URL] http://jacconvert.o.oo7.jp/

Jw_cadとAutoCAD間のCADデータ交換を主目的としたファイルコンバーター

※ 試用期間2カ月。ユーザー登録については、メニューバー［ヘルプ］－「ライセンス取得・申し込み」を参照。

JacConvertの基本動作設定

ここでは、以下の手順でJacConvertの背景色を白に設定して、利用しています。

1 メニューバー［設定］－「基本動作設定」を選択する。

2 「基本動作設定」ダイアログの「表示」タブで、「背景色」として「白1」を🖱で選択する。

3 「起動時に前画面を表示しない」にチェックを付け、「OK」ボタンを🖱。

Jw_cadで開いたDXFファイルの要素は、Jw_cadの標準線色・線種ではなく、SXF対応拡張線色・線種になります。「JacConvert」を利用することで、DXFファイルをJw_cad標準線色・線種のJWWファイルに変換できます。

 「jww_method」－「1」フォルダーの「14_15-2018.dxf」

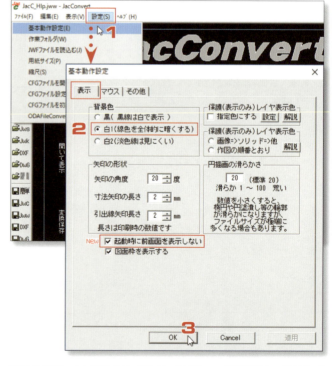

背景色が黒いままの場合は、🖱↗してください。再描画され、背景色が設定した白になります。

POINT JacConvertでは、Jw_cadのズーム操作と同じ🖱↘（拡大）、🖱↗（全体表示）が利用できます。

JacConvertで DXF⇒JWW変換する

JacConvertを起動し、「14_15－2018.dxf」を開きましょう。

1 「DXFを開く」コマンドを選択する。

2 「ファイルを開く」ダイアログの「基準用紙サイズとスケールで読込み」にチェックを付け、「用紙サイズ・縮尺を読み取れなかった時の処理」欄の「基準用紙サイズを優先」を選択する。

3 「基準用紙サイズ」を元図面と同じ「A2」にし、「基準スケール」を元図面と同じ「1/20」にする。

4 「ファイルの場所」をDXFファイルの収録場所（「jww_method」-「1」フォルダー）にし、「14_15－2018.dxf」を🖱。

5 「開く」ボタンを🖱。

6 右図のメッセージウィンドウが開いた場合は「OK」ボタンを🖱。

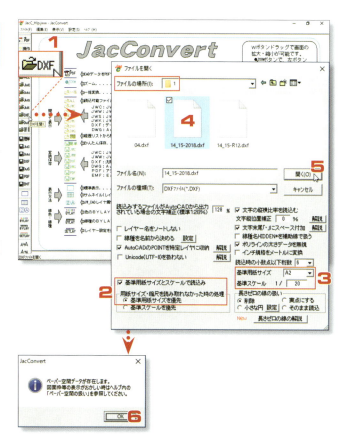

開いた図面ファイルを、JWWファイルとして保存しましょう。

7 「JWW保存」コマンドを選択する。

8 「JWWファイル出力設定」ダイアログの「JWWバージョン」欄の「v4.20～(8色)」を選択する。

POINT 4.20より前のバージョンを選択すると、Jw_cadの標準線色・線種になります。

9 「保存ファイル名」を確認、適宜変更する。

POINT 「手動設定」ボタンを🖱して開くダイアログで、保存場所とファイル名を変更できます。

10 「OK」ボタンを🖱。

11 保存確認のウィンドウが開いたら、「OK」ボタンを🖱。

保存したJWWファイルをJw_cadで開き、Jw_cadで直接「14_15－2018.dxf」を開いた場合（→p.62）と比べてみましょう。

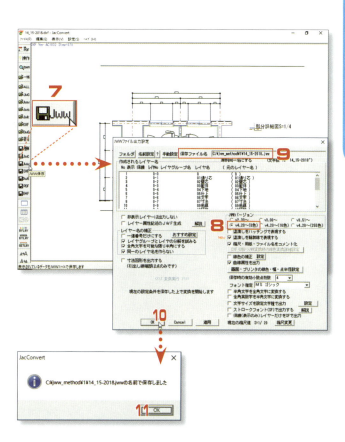

METHOD 16

DWG・DXFファイルを閲覧する

DWG TrueView
[開発元] オートデスク
[動作環境] オートデスク社のWebサイトにて確認のこと
[料金] 無料
[URL] http://www.autodesk.co.jp/

オートデスク社が無償提供するDWGビューワー。DWGファイルおよびDXFファイルをAutoCADで開いた場合と同じ状態で閲覧・印刷が可能

※ 本書で使用しているのは2019年4月時点のバージョン（DWG TrueView2018）です。
※ 「DWG TrueView」は付録CD-ROMには収録していません。必要に応じて各自ダウンロードしてください（→p.280）。

AutoCADの図面ファイル形式であるDWGファイルは、Jw_cadでは開けません。オートデスク社から無償提供されている「DWG TrueView」を利用することで、DWGおよびDXFファイルをAutoCADで開いた場合と同じ状態で、閲覧・印刷できます。

教材データ：「jww_method」－「1」フォルダの「16_18.dwg」

DWG TrueViewの画面とAutoCADのモデル空間／ペーパー空間

▼ DWG TrueViewの画面

リボン　タイトルバー（図面ファイル名を表示）
モデルタブ　レイアウトタブ

AutoCADのファイル形式であるDWGファイル・DXFファイルを扱ううえで理解しておきたいAutoCAD特有の概念として、「モデル空間」と「ペーパー空間」があります。
モデルタブを🖱️して表示されるのがモデル空間、レイアウトタブを🖱️して表示されるのがペーパー空間です。
AutoCADでの作図は、基本的にモデル空間で行います。モデル空間だけで作図、印刷ともに行えますが、1枚の用紙に異なる縮尺の図面をレイアウトする場合などは、ペーパー空間を利用する必要があります。

モデル空間 – モデルタブ

図面の作図作業は、モデルタブに表示されるモデル空間で行います。モデル空間には、縮尺や用紙サイズの概念はありません。すべて原寸（S=1/1）で作図します。モデル空間から印刷するときに、縮尺および用紙サイズを設定して印刷します。

教材データのサンプル図面「16_18.dwg」では、モデル空間に平面図と部分詳細図用の建具吊元部分が作図されています。モデル空間には縮尺の概念がないため、どちらも原寸で作図されています。

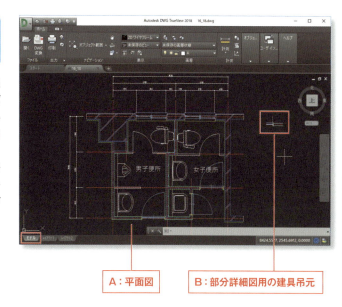

A：平面図　　B：部分詳細図用の建具吊元

ペーパー空間 – レイアウトタブ

レイアウトタブに表示されるペーパー空間では、基本的に印刷のためのレイアウトを行います。

用紙サイズを設定し、必要に応じて印刷枠やタイトルを実際に印刷される大きさ（Jw_cadにおける図寸）でペーパー空間に作図します。

ペーパー空間にビューポート枠を作成し、ビューポート枠ごとにモデル空間の図面の表示する範囲と縮尺を指定します。レイアウトタブは、1つの図面ファイルに対して複数作成できます。

サンプル図面「16_18.dwg」では、「レイアウト1」をA3用紙に設定し、モデル空間に作図した図面を参照するためのビューポート枠を2つ作成してあります。それぞれのビューポート枠に、モデル空間のどの範囲を、どのような縮尺で閲覧するかを指定しています。

ビューポート枠内の図面はモデル空間に作図されている要素

モデル空間のA：平面図を S=1/20で表示　　モデル空間のB：建具吊元を S=1/4で表示

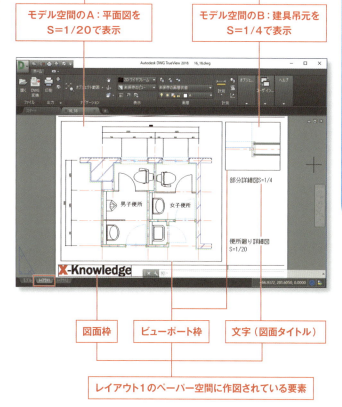

図面枠　　ビューポート枠　　文字（図面タイトル）

レイアウト1のペーパー空間に作図されている要素

DWGファイルを
DWG TrueViewで閲覧

DWG TrueViewを起動して、DWGファイル「16_18.dwg」を開きましょう。

1 スタートアップの「ファイルを開く」を🖱。

POINT 1の操作は、クイックアクセスツールバーの「開く」ツールを🖱することでも行えます。

2 「ファイルを選択」ダイアログで「探す場所」(「jww_method」-「1」フォルダー)を指定し、図面「16_18.dwg」を🖱。

3 「開く」ボタンを🖱。

POINT 「ファイルの選択」ダイアログの「ファイルの種類」を「DXF (*.dxf)」にすることで、DXFファイルを開くことができます。閲覧・印刷操作は、DWGファイルを開いた場合と同様です。

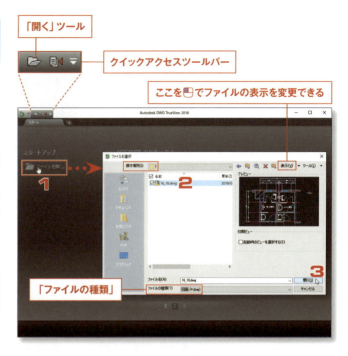

DWGファイルの図面は、保存時の表示範囲のまま開きます。ここでは、モデル空間の図面が右図のように表示されます。ペーパー空間の「レイアウト1」を表示しましょう。

4 「レイアウト1」タブを🖱。

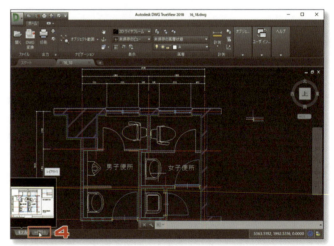

表示された「レイアウト1」の図面の引き違い窓を拡大表示しましょう。

5 「オブジェクト範囲」ツール右の▼を🖱し、表示されるメニューの「窓」ツールを🖱。

POINT メニューには、さまざまなズーム機能が用意されています(→次ページ HINT)。「窓」は、対角で囲んだ範囲を拡大表示します。

6 拡大範囲の一方の対角位置で🖱。

7 表示されるズーム枠で拡大範囲を囲み、もう一方の対角位置で🖱。

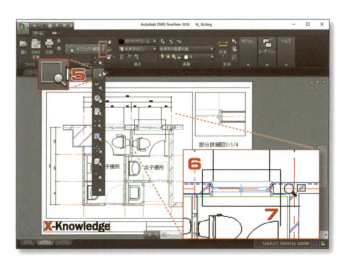

ズーム枠で囲んだ範囲が右図のように拡大表示されます。全体の表示にしましょう。

8「窓」ツール右の▼を🖱し、表示されるメニューの「オブジェクト範囲」ツールを🖱。

POINT「オブジェクト範囲」ツールを🖱することで、オブジェクト（図面）全体が、画面全体に表示されます。**8**の操作の代わりに図面上でマウスホイールボタンをダブルクリックすることでもオブジェクト範囲の表示になります。

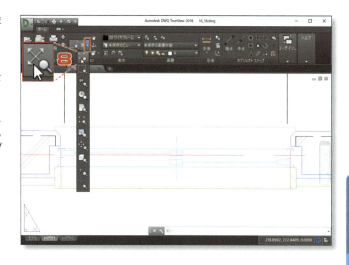

HINT DWG TrueViewの主なズーム機能

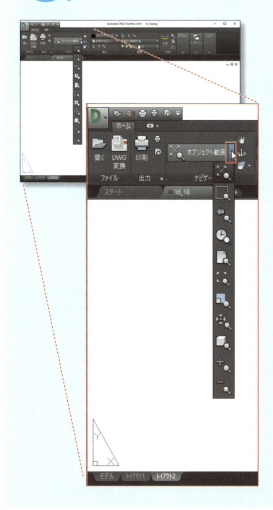

「オブジェクト範囲」
オブジェクト（図面）が存在する範囲全体を表示する。

「窓」
拡大範囲をズーム枠で囲むことで指示する。ズーム枠の対角位置で🖱し、表示されるズーム枠で拡大範囲を囲んで🖱することでズーム枠内が拡大表示される。

「前画面」
1つ前の拡大範囲の表示になる。

「リアルタイムズーム」
下方向に🖱↓（左ボタンを押したまま移動）すると縮小表示、上方向に🖱↑すると拡大表示になる。「リアルタイムズーム」ツールを終了するには、Escキーまたは Enter キーを押すか、画面上で🖱して表示されるメニューの「終了」を🖱。

「図面全体」
あらかじめ指定されているグリッド範囲またはオブジェクト範囲のどちらか広いほうを表示する。

画面の拡大・縮小表示は、「リアルタイムズーム」ツール以外に、マウスホイール操作でも行えます。マウスホイールを前方に回すと拡大表示、後方に回すと縮小表示になります。

METHOD 17
DWG・DXFファイルを印刷する

DWG TrueView
→p.66

モデル空間（モデルタブ）と ペーパー空間（レイアウトタブ）の印刷方法の違い

印刷のためのレイアウトが作成されている図面ファイルの場合は、レイアウトタブを表示して、ペーパー空間から印刷します。レイアウトが作成されていない図面ファイルの場合は、モデルタブを表示してモデル空間から印刷します。

レイアウトタブとモデルタブ→p.67

レイアウトタブでは、用紙サイズが設定されていて、縮尺もビューポート枠ごとに設定されているため、「印刷-レイアウト」ダイアログで「印刷対象」ボックスを「レイアウト」に、「尺度」を「1：1」に設定して印刷します。

モデルタブで印刷する場合は、「印刷-モデル」ダイアログで「用紙サイズ」と「尺度」（縮尺）を指定します。

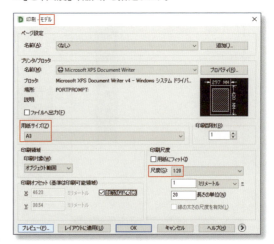

AutoCADの図面ファイル形式であるDWGファイルは、Jw_cadでは開くことも印刷することもできません。印刷するには、オートデスク社から無償提供されている「DWG TrueView」で開いて印刷します。

 教材データ：「jww_method」－「1」フォルダーの「16_18.dwg」

レイアウトタブの図面を印刷

レイアウトタブ（ペーパー空間）の図面を、A3用紙にS＝1/1で印刷しましょう。

1 「DWG TrueView」で、印刷する図面ファイル「16_18.dwg」を開き、「レイアウト1」タブを表示する。

2 「印刷」コマンドを選択する。

3 「バッチ印刷」メッセージウィンドウが開いたら、「1シートの印刷を継続」を🖱。

POINT 「DWG TrueView警告」メッセージウィンドウ（→p.72）が開いた場合は、「OK」ボタンを🖱。

4 「印刷-レイアウト1」ダイアログの「プリンタ/プロッタ」欄の「名前」ボックスの ✓ を🖱し、リストから印刷に使用する機種名を🖱で選択する。

POINT 「印刷-用紙サイズが見つかりません」というメッセージウィンドウが開いた場合は、「既定の用紙サイズ○○を使用する」を🖱してください。

5 「用紙サイズ」ボックスを「A3」、「印刷対象」ボックスを「レイアウト」、「尺度」ボックスを「1：1」にする。

POINT ペーパー空間のレイアウトタブでは、ビューポートごとに縮尺が設定されています。設定された縮尺で印刷するには「尺度」を1：1にします。「レイアウト」シートで設定されている用紙サイズと異なるサイズの用紙に図面全体が入るように印刷する場合は、「印刷対象」を「オブジェクト範囲」に設定し、「印刷尺度」欄の「用紙にフィット」にチェックを付けてください。

6 「プレビュー」ボタンを🖱。

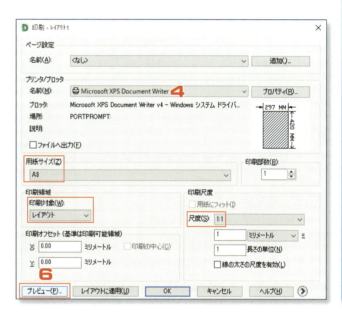

7 印刷プレビューで、図面の収まりや印刷色などを確認する。

POINT 図面はプレビューで表示されている色で印刷されます。

図面を黒で印刷するには →p.73 HINT

8 🖱で表示されるメニューの「印刷」を🖱して印刷する。

POINT 印刷せずに「印刷-レイアウト1」ダイアログに戻るには、8でメニューの「終了」を🖱。

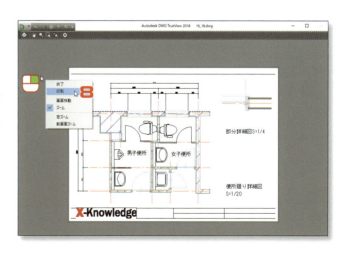

モデルタブの図面を印刷

続けて、モデルタブ（モデル空間）に作図された図面を、A3用紙にS＝1/20で印刷しましょう。

1 モデルタブを表示する。

2 「印刷」コマンドを選択する。

3 「バッチ印刷」ダイアログが開いたら、「1シートの印刷を継続」を🖱。

4 パソコンに図面保存時のプリンター機種のドライバーがインストールされていない場合、「DWG TrueView警告」メッセージウィンドウが開くので、「OK」ボタンを🖱。

5 「印刷－モデル」ダイアログの「プリンタ/プロッタ」の「名前」ボックスの▼を🖱し、リストから印刷に使用する機種名を🖱で選択する。

POINT 「印刷-用紙サイズが見つかりません」メッセージウィンドウが開いた場合は、「既定の用紙サイズ○○を使用する」を🖱してください。

6 「用紙サイズ」ボックスの▼を🖱し、リストから用紙サイズ「A3」を選択する。

7 「印刷対象」ボックスの▼を🖱し、リストから「オブジェクト範囲」を選択する。

8 「印刷尺度」欄の「尺度」ボックスの▼を🖱し、リストから「1：20」を選択する。

POINT 6で指定した用紙に図面全体が収まるように印刷する場合は、8で尺度を指定せずに「用紙にフィット」にチェックを付けます。

9 「印刷オフセット」欄の「印刷の中心」にチェックを付ける。

10 「プレビュー」ボタンを🖱。

11 「印刷－印刷尺度の確認」ウィンドウが開くので、「継続」ボタンを🖱。

12 プレビューを確認し、🖱して表示されるメニューの「印刷」を🖱して印刷する。

POINT 印刷せずに「印刷－モデル」ダイアログに戻るには、12でメニューの「終了」を🖱。

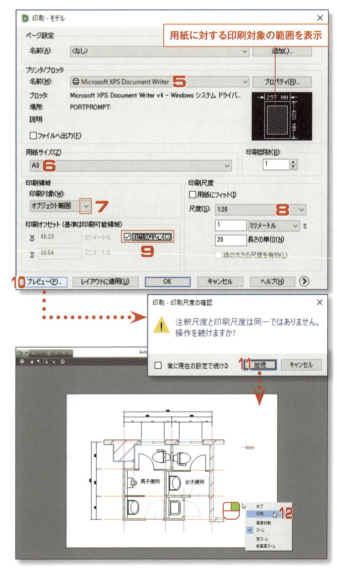

「印刷ーモデル」ダイアログでの「印刷対象」の指定

▼ モデルタブから印刷するときに開く「印刷ーモデル」ダイアログの「印刷対象」には、以下の5種類があります。

● オブジェクト範囲
作図されている要素全体が入る範囲を印刷する。
● 図面範囲
あらかじめ設定されている図面の範囲（グリッド範囲）を印刷する。
● 窓
対角2点を🖱することで印刷範囲を指定して、印刷する。
● 表示画面
画面に表示している範囲を印刷する。
● ビュー（教材図面ファイルにはない）
AutoCADでは、図面ごとに名前を付けた表示範囲「ビュー」を複数登録できる。ビュー登録されている図面ファイルに限り、リストに「ビュー」が表示される。「ビュー」を選択し、右側に表示されるビューの名前を選択することで、ビューとしてあらかじめ登録されている範囲を印刷する。

※ モデルタブからの印刷では「印刷対象」に「レイアウト」はありません。

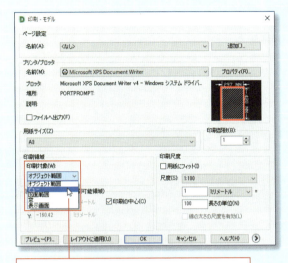

ビュー登録されている図面ファイルに限り表示される

登録されているビューの名前

 図面要素をモノクロで印刷

▼ モノクロ（黒）で印刷する場合は、以下の手順でモノクロ印刷用の印刷スタイルテーブル（線色など印刷に関する設定をしたファイル）を指定します。

以下はレイアウトタブの例で説明しますが、モデルタブの場合も指定方法は同じです。

1 「印刷ーレイアウト1」ダイアログ右下の⊙ボタンを🖱。

2 右に表示される「印刷スタイルテーブル」ボックスの▼を🖱し、リストから「monochrome.ctb」（すべて黒で印刷する設定の印刷スタイルファイル）を選択する。

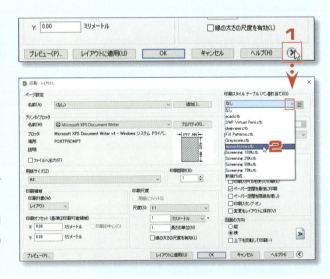

METHOD 18 DWGファイルをDXFファイルに変換する

ODA File Converter
［開発元］Open Design Alliance
［動作環境］Open Design AllianceのWebサイトで確認のこと
［料金］無料
［URL］http://www.opendesign.com/

DWGファイルとDXFファイルや、バージョンの異なるDWG・DXFファイルを相互に変換するソフトウェア。Jw_cadでは開けないBinary DXFを、Jw_cadで開けるASCII DXFに変換することも可能

※ 本書で使用しているのは2019年4月時点のバージョン（19.12.0）です。
※ 「ODA File Converter」は付録CD-ROMには収録していません。必要に応じて各自ダウンロードしてください（→p.281）。

ODA File Converterの画面

「Input Folder」
変換元ファイルを収録しているフォルダーを指定

「Output Folder」
変換後ファイルを収録するフォルダーを指定

「Input files filter」
変換元ファイル形式を以下から選択

「Output version」　変換後のファイル形式を以下から選択

2018 DWG	2018 ASCII DXF	2018 Binary DXF
2013 DWG	2013 ASCII DXF	2013 Binary DXF
2010 DWG	2010 ASCII DXF	2010 Binary DXF
2007 DWG	2007 ASCII DXF	2007 Binary DXF
2004 DWG	2004 ASCII DXF	2004 Binary DXF
2000 DWG	2000 ASCII DXF	2000 Binary DXF
R14 DWG	R14 ASCII DXF	R14 Binary DXF
R13 DWG	R13 ASCII DXF	R13 Binary DXF
R12 DWG	R12 ASCII DXF	R12 Binary DXF
	R10 ASCII DXF	R10 Binary DXF
	R9 ASCII DXF	

AutoCAD図面のDWGファイルはJw_cadでは開けません。そのため、DXFファイルに変換して開きます。ここでは、無料のDWG⇔DXF変換ソフト「ODA File Converter」を利用してDWGファイルをDXFファイルに変換する方法を紹介します。

教材データ：「jww_method」－「1」フォルダーの「16_18.dwg」。「16_18.dwg」をR12 ASCII DXFに変換したサンプル「S18-R12.dxf」を「jww_method」－「sample」フォルダーに収録

DWGファイルをDXFファイルに一括変換

指定フォルダー内のDWGファイルを一括してDXFファイルに変換しましょう。

1 「ODA File Converter」を起動する。

2 「Input Folder」ボックス右の「...」(参照)ボタンを🖱。

3 「フォルダーの選択」ダイアログで、変換するDWGファイルの収録場所(「jww_method」-「1」フォルダー)を🖱。

4 「フォルダーの選択」ボタンを🖱。

POINT 「ODA File Converter」では「InputFolder」として指定したフォルダ内のDWG(またはDXF)ファイルを指定バージョンのDXF(またはDWG)に一括変換します。「Output Folder」ボックスには、変換したファイルの収録先フォルダーを指定します。

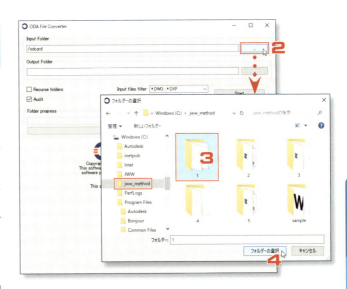

5 「Output Folder」ボックス右の「...」(参照)ボタンを🖱。

6 「フォルダーの選択」ダイアログで、変換後のDXFファイルの収録場所(「jww_method」-「4」フォルダー)を🖱。

7 「フォルダーの選択」ボタンを🖱。

8 「Input files filter」ボックスの⌄を🖱し、表示されるリストから「*.DWG」を🖱で選択する。

POINT 変換元のファイル形式を選択します。DXFファイルのバージョンを変更したり、Binary DXFをASCII DXFに変換したりする場合は、「*.DXF」を選択してください。

9 「Output version」ボックスの▼を🖱し、表示されるリストから「R12 ASCII DXF」を🖱で選択する。

POINT Jw_cadで開くため、バージョンは「R12 ASCII DXF」を選択してください。

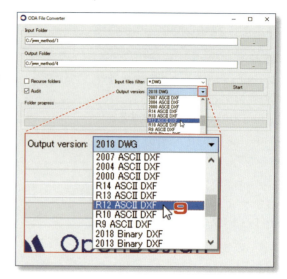

10 「Start」ボタンを🖱。

右図の拡大図部分に「Done」と表示されたら変換は完了です。**6**で指定したフォルダーに、DWGファイルと同じファイル名のDXFファイルが作成されています。

11 右上の ✕ （閉じる）ボタンを🖱して「ODA File Converter」を終了する。

6で指定のフォルダーに変換されたDXFファイル（ここでは「16_18.dxf」）をJw_cadで開いて確認しましょう。

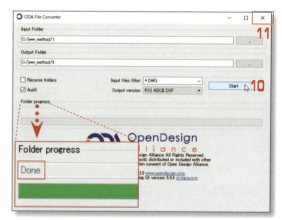

HINT　DXFファイルのバージョンを「R12 ASCII DXF」に変換

Jw_cadが対応しているDXFファイルは「R12 ASCII DXF」です。Binary DXFはJw_cadでは開けません。また、R12より新しいバージョンのASCII DXFファイルをJw_cadで開いた場合、図面要素の一部が欠落するなどの不都合が生じることがあります（→p.62）。
「Input files filter」で「*.DXF」を指定して、「Output version」で「R12 ASCII DXF」を指定して変換することにより、指定フォルダー内のBinary DXFを含むすべてのDXFファイルをJw_cadが対応している「R12 ASCII DXF」に変換できます。

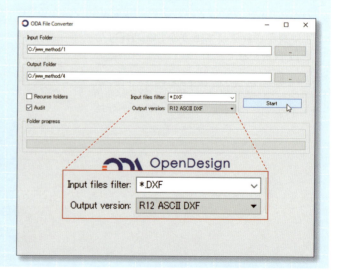

HINT　DWGファイルのバージョンを旧バージョンに変換

p.66で紹介した「DWG TrueView」にはDWGファイルのバージョンを変換する機能もあります。DXFに変換したいDWGファイルのバージョンに「ODA File Converter」が対応していない場合は、「DWG TrueView」でそのDWGファイルをODA File Converterが対応しているバージョンのDWGファイルに変換できます。

1. DWG TrueViewを起動し、「DWG 変換」を🖱。

2. 「DWG 変換」ダイアログの「変換設定を選択」ボックスで、変換先のバージョン（右図は「2013 形式に変換（上書き）」）を選択する。

3. 変換対象ファイルを指定するため、「ファイルを追加」ボタンを🖱。

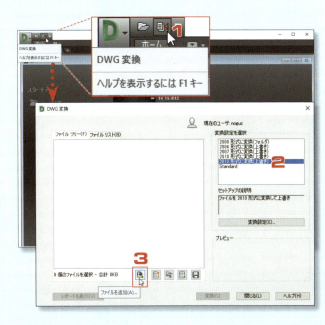

4. 「ファイルを選択」ダイアログで、「探す場所」を変換元のファイルの収録場所にし、変換元のファイルを🖱で選択する。

POINT 複数のファイルを選択する場合は、Ctrlキーを押したままファイルを🖱してください。

5. 「開く」ボタンを🖱。

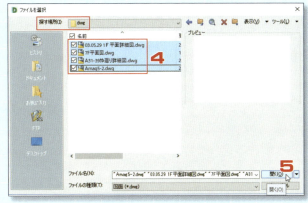

6. 選択したファイルが「ファイルツリー」に表示されたことを確認し、「変換」ボタンを🖱。

7. 変換作業の進行状況を示すウィンドウが表示され、変換が完了すると消える。「DWG 変換」を終了するため、「DWG 変換」ダイアログの「閉じる」ボタンを🖱。

8. 「変換ファイルリストを保存しますか」のメッセージウィンドウが開くので、「いいえ」ボタンを🖱。

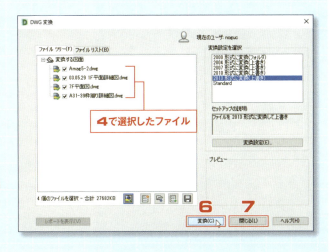

4で選択したファイル

77

METHOD 19

Jw_cadでSXFファイルを開く

SXFファイルの特徴

SXFファイルは、元の図面とほぼ同じ見た目で開くことができ、印刷も行えます。しかし、SXFファイルに定義付けられていても、それぞれのCADには存在しない概念もあるため、元のCADで作図した図面と100％同じ状態で開くとは限りません。

開いたSXFファイルは、Jw_cadで作成した図面とは異なる構造をもっています。そのため、図面上の距離を測定したり、編集や流用したりするには、それらの構造と特性を理解する必要があります。

まずは、下図のSFCファイル「19.sfc」をJw_cadで開き、その構造を確認してみましょう。

▼「19.sfc」 用紙サイズA2

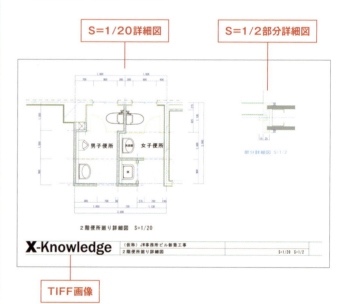

SXFファイルは電子納品を目的に国土交通省主導で開発された中間ファイル形式で、国際基準に準じた電子納品用のP21形式と、簡易的な関係者間での図面ファイル受け渡し用のSFC形式の2種類があります。ここではSFC形式のSXFファイルを取り上げますが、Jw_cadでの操作はP21形式でも同じです。

 教材データ：「jww_method」－「1」フォルダーの「19.sfc」

SXF（SFC）ファイルを開く

SXF（SFC）ファイルを開く準備をしましょう。

1 メニューバー［設定］－「基本設定」を選択する。

2 「jw_win」ダイアログ「DXF・SXF・JWC」タブで、「SXF読込み」欄の「背景色と同じ色を反転する」にチェックを付け、「OK」ボタンを🖱。

POINT 「背景色と同じ色を反転する」のチェックを付けることで、Jw_cadの背景色と同じ色の要素を色反転して表示します。

SXF（SFC）ファイル「19.sfc」を開きましょう。

3 メニューバー［ファイル］－「SFCファイルを開く」を選択する。

POINT 「ファイルの種類」ボックスの▼ボタンを🖱し、表示されるリストの「.p21」を選択すると、P21形式の図面を一覧表示できます。

4 「ファイル選択」ダイアログのフォルダーツリーで、SFC形式の図面の収録場所（「jww_method」－「1」フォルダー）を選択する。

5 ファイル一覧から「19（.sfc）」を🖱🖱。

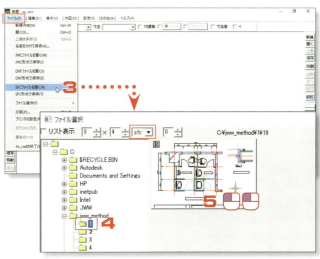

「19.sfc」が開きます。開いたときに図面の一部が表示されなかったり、グレー表示されている場合は、以下の操作を行いすべてのレイヤを編集可能にすることで表示されます。

6 ステータスバー「書込レイヤ」ボタンを🖱。

7 「レイヤ設定」ダイアログの「全レイヤ編集」ボタンを🖱。

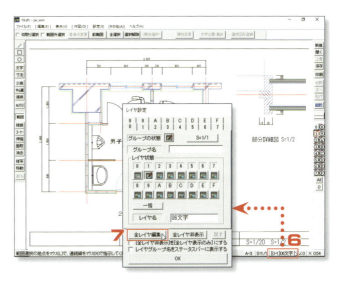

Jw_cadで開いたSXFファイル（SFC形式、P21形式共通）図面の特徴

「19.sfc」は右下図のように読み込まれます。
p.78の図と比べてみましょう。
Jw_cadで開いたSXFファイルは、通常のJw_cad図面とは異なる構造をもっています。
Jw_cadで1枚の用紙に縮尺の異なる図を作図する場合は、それぞれ異なる縮尺を設定したレイヤグループを利用します。1枚の用紙に縮尺の異なる図が作図されているSXFファイルを開いた場合、縮尺の異なる図ごとに縮尺情報をもったブロック図形（部分図）になります。
そのため部分図の要素を属性取得すると書込レイヤ・書込線がその要素と同じ設定になるとともに「選択された部分図を編集します」ダイアログが開きます（→p.209）。
線色・線種は、SXF形式で定義されているSXF対応拡張線色・線種になり、線ごとに元図面を反映した線幅情報をもっています。

▼ **SXF対応拡張線色・線種**

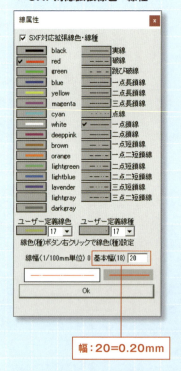

幅：20＝0.20mm

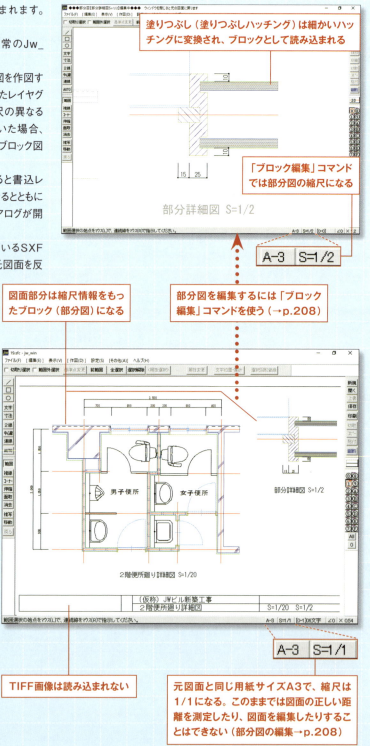

塗りつぶし（塗りつぶしハッチング）は細かいハッチングに変換され、ブロックとして読み込まれる

「ブロック編集」コマンドでは部分図の縮尺になる

図面部分は縮尺情報をもったブロック（部分図）になる

部分図を編集するには「ブロック編集」コマンドを使う（→p.208）

TIFF画像は読み込まれない

元図面と同じ用紙サイズA3で、縮尺は1/1になる。このままでは図面の正しい距離を測定したり、図面を編集したりすることはできない（部分図の編集→p.208）

CHAPTER | 2

Jw_cadの図面を書き出す・印刷する・他に渡す方法(メソッド)

Jw_cad図面のカラー印刷・連続印刷やPDF・JPEGファイル化／Word・Excelへの図面貼り付け／DXF・SXFファイルへの書き出しなどの方法を紹介します。

METHOD 20

図面の一部をカラー（赤）で印刷する

「印刷」コマンドのコントロールバー「カラー印刷」にチェックを付けることで、カラー印刷ができます。カラー印刷色は、線色1～8の線色ごとに基本設定の「jw_win」ダイアログで指定します。SXF対応拡張線色（→p.80）は表示色がカラー印刷色になります。

 教材データ：「jww_method」－「2」フォルダーの「20.jww」

モノクロ印刷とカラー印刷について

Jw_cadの「印刷」コマンドでは、作図ウィンドウの図面を実際に印刷される色で表示します。コントロールバー「カラー印刷」にチェックを付けない場合、すべての線色は黒で印刷されるため、下図のように、画像と任意色のソリッド（→p.162）以外は黒で表示されます。

▼ モノクロ印刷　「カラー印刷」チェックなし

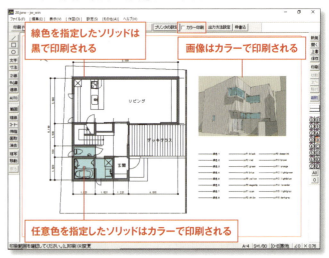

コントロールバー「カラー印刷」にチェックを付けることで、線色ごとに指定したカラー印刷色で印刷されるため、下図のようにカラーで表示されます。

▼ カラー印刷　「カラー印刷」チェックあり

カラー印刷色の設定

教材図面「20.jww」を開き、標準線色1～8の印刷色を設定します。ここでは、線色6で作図されている通り芯を赤で、他の線色は黒で印刷するよう設定しましょう。

1 メニューバー[設定]-「基本設定」を選択する。

2 「jw_win」ダイアログの「色・画面」タブを🖱。

POINT 線色1～8のカラー印刷色は、右側の「プリンタ出力要素」欄で指定します。

3 線色6の印刷色を「赤」に変更するため、「線色6」ボタンを🖱。

4 「色の設定」パレットで「赤」を🖱で選択し、「OK」ボタンを🖱。

5 線色1の印刷色を「黒」に変更するため、「線色1」ボタンを🖱。

6 「色の設定」パレットで「黒」を🖱で選択し、「OK」ボタンを🖱。

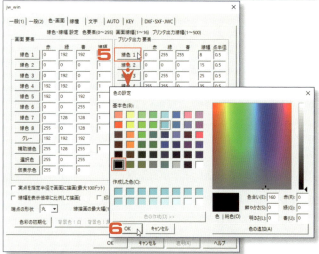

7 同様にして（**5**～**6**）、線色3～5、7～8の印刷色も黒に変更する。

POINT **5**～**6**の操作の代わりに、各線色の「赤」「緑」「青」ボックスの数値を「0」に変更することでも印刷色を「黒」に変更できます。

8 「OK」ボタンを🖱。

POINT 図面を上書き保存することで、ここで設定したカラー印刷色の設定も保存されます。

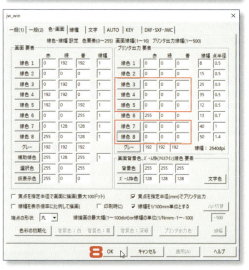

カラー印刷

カラー印刷をしましょう。

1. 「印刷」コマンドを選択し、「印刷」ダイアログで印刷する「プリンター名」を確認し、「OK」ボタンを🖱。
2. コントロールバー「プリンタの設定」ボタンを🖱し、用紙のサイズ（A4）と印刷の向き（横）を指定する。
3. コントロールバー「カラー印刷」にチェックを付ける。
4. 作図ウィンドウでの各要素の表示色（印刷される色）を確認し、コントロールバー「印刷」ボタンを🖱。

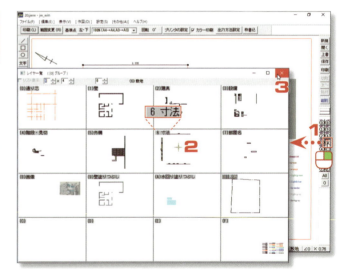

寸法の印刷色を赤に設定

寸法部は線色1、寸法値は線色2で作図されています。寸法部以外にも線色1・2で作図されている要素があるため、前ページと同様に、線色1・2の印刷色を赤に設定すると、寸法部以外の要素も赤く印刷されます。ここでは寸法部が作図されているレイヤを表示のみにすることで、寸法部のみを赤で印刷します。

1. レイヤバーで書込レイヤボタンを🖱。
2. 「レイヤー覧」ダイアログで「(6)寸法」レイヤを2回🖱し、表示のみレイヤにする。
3. 「レイヤー覧」ダイアログを閉じる。

表示のみレイヤの要素は、カラー印刷時、右図のように薄いグレーで表示・印刷されます。この印刷色を「赤」に変更しましょう。

4. メニューバー［設定］－「基本設定」を選択する。

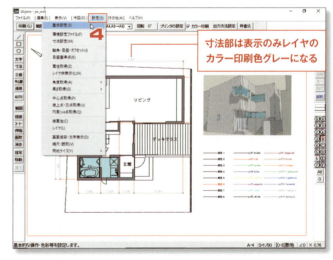

5 「jw_win」ダイアログ「色・画面」タブ「プリンタ出力要素」欄の「グレー」ボタンを🖱。

6 「色の設定」パレットで「赤」を🖱で選択し、「OK」ボタンを🖱。

7 「jw_win」ダイアログの「OK」ボタンを🖱。

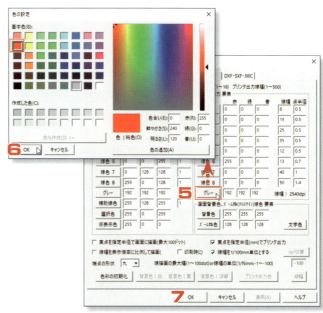

表示のみレイヤの要素（寸法部）が、右図のように 6 で指定した赤で表示・印刷されます。

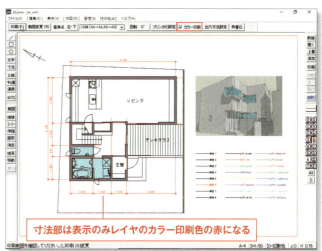

寸法部は表示のみレイヤのカラー印刷色の赤になる

HINT 画面色と同じカラーで印刷

各線色のカラー印刷色を標準の画面表示色にするには、「色・画面」タブで、カラー印刷色の初期化を行います。

1 「色・画面」タブの「色彩の初期化」ボタンを🖱。

2 「プリンタ出力色」ボタンを🖱。

「線色1」〜「線色8」「グレー」のカラー印刷色が、標準の画面表示色に準じた色に一括設定されます。

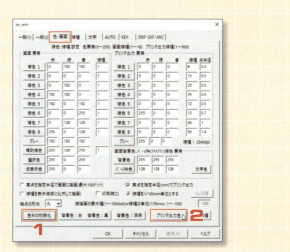

METHOD 21

ファイル名・更新日時・印刷日時などを図面に印字する

Jw_cadにはファイル名や印刷日時に変換される特殊な文字機能「埋め込み文字」があります。埋め込み文字と呼ばれる特殊な文字列を図面に記入しておくことで、図面印刷時にそれらの埋め込み文字が印刷年月日やファイル名、ファイルの更新日時などに変換されて印刷されます。

教材データ:「jww_method」-「2」フォルダーの「21.jww」「21H.jww」

ここで利用する埋め込み文字

埋め込み文字は必ず半角文字で、独立した文字列として記入します。ここでは、以下の埋め込み文字を記入します。

書込レイヤグループの縮尺に変換する埋め込み文字

ファイル名に変換する埋め込み文字

ファイルの保存日時に変換する埋め込み文字

印刷日（現在の日付）に変換する埋め込み文字

印刷

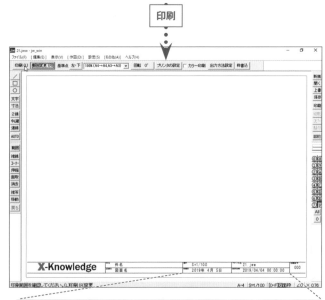

埋め込み文字の記入

教材図面「21.jww」を開き、文字列の外形を示す文字枠を表示しましょう。

1 ステータスバー「画面倍率」ボタンを🖱。

2 「画面倍率・文字表示　設定」ダイアログの「【文字枠】を表示する」にチェックを付け、「設定OK」ボタンを🖱。

POINT 文字列に外形枠が表示されます。この枠は1文字列の範囲を画面上で確認するためのもので、印刷はされません。

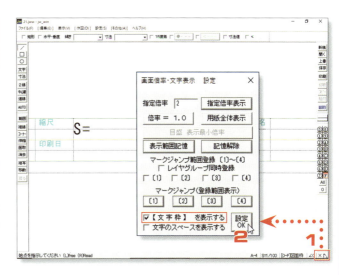

書込レイヤグループの縮尺に変換される埋め込み文字「%SP」を、「S=」の後ろに記入しましょう。

3 「文字」コマンドを選択し、「書込文字種」（文字種4）と「フォント」（MSゴシック）、「基点（左下）」を指定する。

4 「文字入力」ボックスに半角文字で「%SP」を入力する。

POINT 半角/全角キーを押して日本語入力を無効にすることで半角英数入力になります。

5 記入位置として、文字「S=」の文字枠の右下角を🖱。

POINT 文字列の左下と右下は🖱で読み取りできます。

ファイル名、保存日時に変換される埋め込み文字をそれぞれ記入しましょう。

6 コントロールバー「基点」を（左中）に変更する。

7 「文字入力」ボックスに半角文字で「%f」を入力し、記入位置として「ファイル名」欄の補助線交点を🖱。

8 「文字入力」ボックスに半角文字で「=F」を入力し、記入位置として「保存日時」欄の補助線交点を🖱。

印刷日に変換される埋め込み文字を記入しましょう。

9　「文字入力」ボックスに「20%y年&m月&d日」を入力する。

POINT　半角/全角キーを押すことで日本語入力の無効⇔有効を切替できます。「%y」「&m」「&d」は、必ず半角文字で、大文字・小文字を区別して記入してください。

10　「印刷日」欄の補助線交点を🖱。

「20%y年&m月&d日」は1つの文字列になっており、このままでは印刷年月日に変換されません。埋め込み文字「%y」「&m」「&d」がそれぞれ1文字列になるように切断します。

11　コントロールバー「連」ボタンを🖱。

POINT　文字の切断位置を🖱することで、その位置で文字列を切断して2つの文字列に分けます。

12　「20」と「%y」の間にマウスポインタを合わせ🖱。

13　「%y」と「年」の間にマウスポインタを合わせ🖱。

14　同様にして、残りの文字も「年」「&m」「月」「&d」「日」に切断する。

印刷前に、画面上で埋め込み文字が正しく変換されることを確認しましょう。

15 メニューバー［設定］－「基本設定」を選択し、「jw_win」ダイアログ「一般（2）」タブを🖱。

16 「プリンタ出力時の埋め込み文字（ファイル名・出力日時）を画面にも変換表示する。」にチェックを付け、「OK」ボタンを🖱。

「20%y年&m月&d日」が今日の日付に、「%SP」が書込レイヤグループの縮尺（S=1/100）に、「%f」がファイル名（21.jww）に、「＝F」がファイルの更新日時に変換表示されます。

> **POINT** 文字枠表示の設定はJw_cadの終了後も有効です。文字枠を非表示にするには、ステータスバー「画面倍率」ボタンを🖱し、「画面倍率・文字表示　設定」ダイアログの「【文字枠】を表示する」のチェックを外し、「設定OK」ボタンを🖱してください。

HINT　埋め込み文字「%SP」

埋め込み文字「%SP」は、印刷時、書込レイヤグループの縮尺を印刷倍率で換算して、実際に印刷される縮尺に変換されます。
S=1/100の図面を50%に縮小印刷する場合には、右図のように「S=1/200」に変換されます。
ここで利用した以外の埋め込み文字の種類については、Jw_cad図面「21H.jww」に記載されているのでそちらを参照してください。

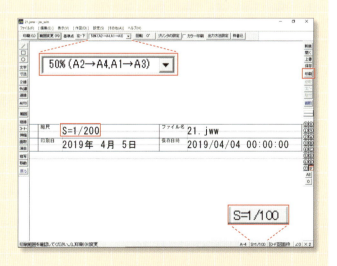

METHOD 22
手描き風の線で図面を印刷する

手描き風の線「ランダム線」

Jw_cadの拡張線種には、フリーハンドのようなランダム線①〜⑤があります。作図済みの図面の線種をランダム線に変更することで、フリーハンドのような線で印刷できます。

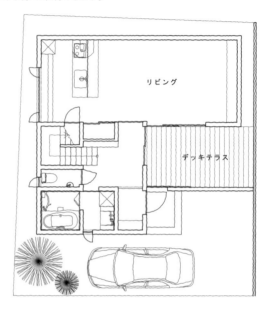

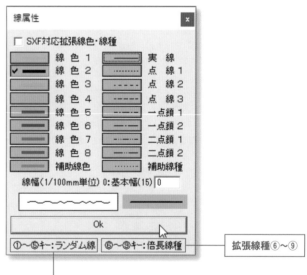

Jw_cadの線種「ランダム線①〜⑤」を使用することで、フリーハンド（手描き）で作図したような線で印刷できます。

教材データ：「jww_method」－「2」フォルダーに収録の「22.jww」

図面の線種をランダム線に変更

「22.jww」を開き、図面の線種をランダム線に変更しましょう。

1 「範囲」コマンドを選択する。

2 選択範囲枠で変更対象の図を囲み、終点を。

3 コントロールバー「属性変更」ボタンを。

4 属性変更のダイアログの「指定　線種　に変更」を。

5 「線属性」ダイアログが開くので、キーボードの②キーを押す。

POINT キーボードの①〜⑤キーを押すことで、ランダム線を選択します。

6 「OK」ボタンを。

7 属性変更のダイアログの「指定　線種　に変更」にチェックが付いていることを確認し、「Ok」ボタンを。

選択した図の線種が指定したランダム線②に変更され、右図のように表示されます。
「印刷」コマンドを選択して印刷してみましょう。

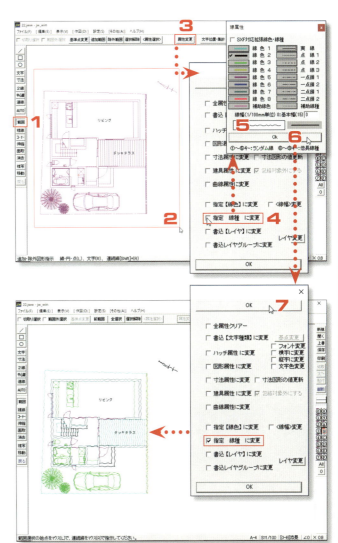

HINT ランダム線の振幅・ピッチ変更

印刷したランダム線がフリーハンドの線のように見えない場合には、メニューバー［設定］-［基本設定］を選択し、「jw_win」ダイアログの「線種」タブで、ランダム線1〜5（ランダム線①〜⑤に相当）の「振幅」ボックス、「ピッチ」ボックスの数値を現在の数値よりも大きくして調整してください。

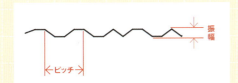

METHOD 23

図面を連続印刷する

Jw_cadでは、印刷時に開いている図面ファイルに加え、選択した複数の図面ファイルを連続して印刷できます。

「jww_method」-「2」フォルダーに収録の「23.jww」「20.jww」「21H.jww」「23H.jww」

連続印刷の概要

ここでは、A3サイズの図面「23.jww」を開き、71％縮小で、A4用紙・横にカラー印刷指定します。

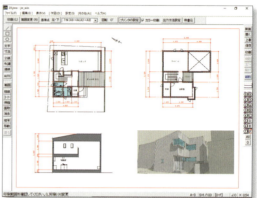
23.jww

続けて、「20.jww」「21H.jww」を選択し、3枚の図面を連続印刷します。図面ファイルごとに、印刷線幅と印刷指定（範囲・倍率・カラー印刷）情報が保存されています。初期値では、図面ファイルごとに設定されている印刷線幅・印刷範囲・倍率で連続印刷します。

20.jww

21H.jww

「カラー印刷」のチェックの有無と用紙のサイズ・向きは、開いた図面（「23.jww」）で指定したものになります。モノクロ印刷とカラー印刷の混在や、異なるサイズの用紙への連続印刷はできません。

複数枚の図面を連続印刷

教材図面「23.jww」を開き、A4用紙に、71%縮小でカラー印刷する指定をしましょう。

1 「印刷」コマンドを選択し、「印刷」ダイアログの「OK」ボタンを🖱。

2 コントロールバー「プリンタの設定」ボタンを🖱し、用紙サイズ「A4」、印刷の向き「横」に設定する。

3 コントロールバー「印刷倍率」ボックスを「71%（A3→A4, A2→A3）」にし、図面全体が印刷枠に入るようにする。

4 コントロールバー「カラー印刷」にチェックを付ける。

続けて、連続印刷する図面「20.jww」「21H.jww」を選択しましょう。

5 コントロールバー「出力方法設定」ボタンを🖱。

6 「プリント出力形式」ダイアログの「ファイル連続印刷」ボタンを🖱。

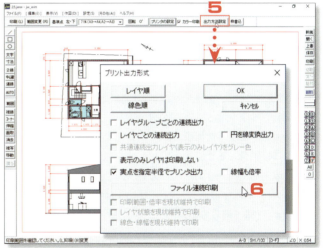

7 「ファイル選択」ダイアログのフォルダーツリーで連続印刷する図面の収録場所（「jww_method」-「2」フォルダー）を🖱。

8 選択する図面ファイルを確認するため、「20.jww」を🖱🖱。

POINT 「ファイル選択」ダイアログでは図面のサムネイルは表示されませんが、ファイル名を🖱🖱することで、図面を参照できます。「ファイル参照」ウィンドウでは、作図ウィンドウ同様、🖱、拡大などの🖱ドラッグによるズームが行えます。

9 「ファイル参照」ウィンドウで「20.jww」を確認したら、タイトルバー右上の⊠を🖱してウィンドウ閉じる。

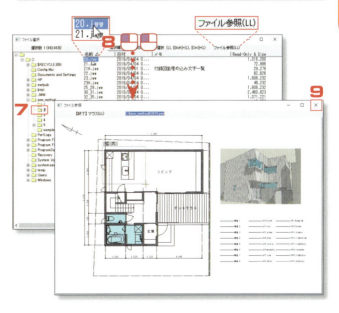

10 [Ctrl]キーを押したまま「21H.jww」を🖱 して、選択する。

POINT [Ctrl]キーを押したまま🖱することで、追加選択できます。選択したファイルを再度、[Ctrl]キーを押したまま🖱すると、選択が取り消されます。

11 「選択確定」ボタンを🖱。

12 「プリント出力形式」ダイアログの設定（右図の枠囲み）を確認のうえ、「OK」ボタンを🖱。

POINT 図面は、基本的には、保存時のレイヤ状態で図面ファイルごとに設定された印刷範囲・倍率および印刷線幅・線色で印刷されます。「プリント出力形式」ダイアログの「印刷範囲・倍率を現状維持で印刷」にチェックを付けると、**9**と**10**で選択した連続印刷の図面も、**3**と同じ印刷範囲と倍率で印刷されます。同様に、「レイヤ状態を現状維持で印刷」にチェックを付けると各レイヤの表示状態が、「線色・線幅を現状維持で印刷」にチェックを付けると各線色の印刷色と線幅が、**1**で開いた「23.jww」と同じ設定で印刷されます。

実際に印刷する前に、プレビューで印刷状態を確認しましょう。

13 [Ctrl]キーを押したまま、コントロールバー「印刷」ボタンを🖱。

14 画面左上に「プレビューを続行しますか？」というメッセージウィンドウが開くので、「OK」ボタンを🖱。

15 次の図面「20.jww」の印刷プレビューが開き、同じメッセージウィンドウが画面左上に開くので、「OK」ボタンを🖱。

16 次の図面「21H.jww」の印刷プレビューが開き、同じメッセージウィンドウが画面左上に開くので、「OK」ボタンを🖱。

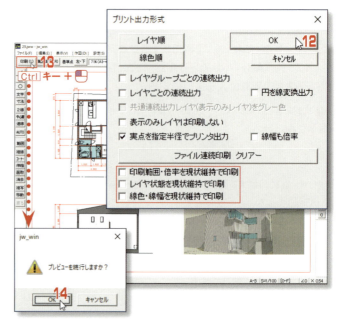

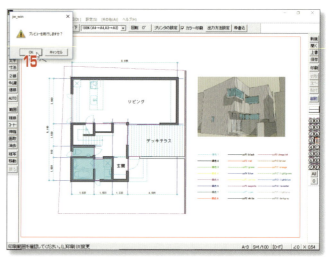

17 最初の図面「23.jww」に戻ったら、コントロールバー「印刷」ボタンを🖱し、連続印刷する。

レイヤグループごとの連続印刷

「プリント出力形式」ダイアログで指定することで、開いている図面ファイルのレイヤグループそれぞれを1枚の図面として、連続印刷できます。「23H.jww」を開き、レイヤグループごとに連続印刷しましょう。

1 書込レイヤグループボタンを🖱。

POINT レイヤグループバーが表示されている場合は**1**の操作は不要です。

2 レイヤグループバーで書込レイヤグループ「1」を🖱し、「レイヤグループ一覧」ダイアログを開く。

3 「2」レイヤグループを2回🖱し、編集可能にしたうえで、「レイヤグループ一覧」ダイアログを閉じる。

POINT 基本的に、1つのレイヤグループを1枚の図面として印刷します。非表示レイヤグループは印刷しません。表示のみレイヤグループは、すべての書込・編集可能レイヤグループとともに印刷されます。このレイヤグループ状態では、「0：建築図」と「F：図面枠」を、「1：電気設備図」と「2：空調設備図」の両方に印刷します。

4 「印刷」コマンドを選択し、用紙をA4・横に設定する（→p.93）。

5 コントロールバー「出力方法設定」ボタンを🖱。

6 「プリント出力形式」ダイアログの「レイヤグループごとの連続出力」にチェックを付け、「OK」ボタンを🖱。

7 コントロールバー「カラー印刷」にチェックを付け、「印刷」ボタンを🖱。

POINT 「カラー印刷」にチェックをすると、表示のみレイヤグループの要素はグレーで表示されますが、実際には指定の印刷色で印刷されます。Ctrlキーを押したまま、コントロールバー「印刷」ボタンを🖱することで、プレビューで印刷状態を確認できます。

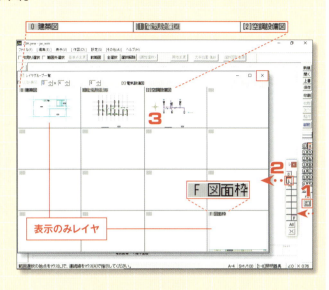

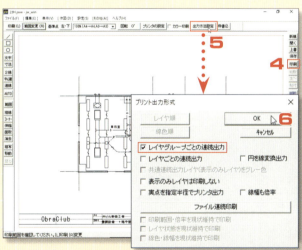

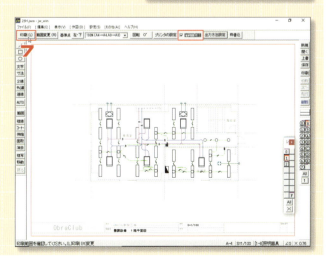

METHOD 24

CADをもたない相手に図面をメール送信するには

Jw_cadあるいはJw_cadの図面ファイルに対応したCADをもたない相手に図面をメール送信する場合は、CADがなくても閲覧できる形式のファイルに変換して送る必要があります。ここでは、その代表的な2つのファイル形式と特徴を紹介します。

1および2の方法で作成したサンプルデータ「S24.pdf」「S24.jpg」を「jww_method」-「sample」フォルダーに収録

1 PDFファイルに変換してメール送信

PDFは、アドビシステムズ社が開発した電子文書の標準形式です。同社が無償提供している専用の閲覧ソフト「Adobe Acrobat Reader DC」で開き、閲覧や印刷ができます。
Windows、Mac OS、iOS、Android対応の「Adobe Acrobat Reader DC」がそれぞれ提供されているため、多くのパソコン、iPadなどのタブレット、スマートフォンでPDFファイルを閲覧できます。
Jw_cad図面をPDFファイルに変換するには、別途、PDF作成ソフトが必要です。アドビシステムズ社が販売する「Adobe Acrobat」をはじめ無償のフリーソフトまで種々のPDF作成ソフトがあります。

Jw_cad図面をPDFファイルに変換する→p.98
PDFファイルを閲覧・印刷する→p.40

2 JPEG画像に変換してメール送信

JPEG形式は、デジタルカメラの写真やインターネット上などで一般に広く利用されている画像形式です。パソコン・タブレット・スマートフォン・携帯電話などのOSや機種に関わらず、閲覧できます。
Jw_cad図面をJPEG形式の画像ファイルに変換するには、別途、JPEG画像の保存に対応したソフトが必要です。

Jw_cad図面をJPEG画像に変換する→p.104

PDFファイルに変換してメール送信する長所〇／短所✕

〇 Jw_cadで印刷した場合と同じ大きさ（実寸法・縮尺）、線幅で印刷できる。

〇 ファイルサイズが比較的小さいため、メール送受信が容易である。

25_29.jww	1,569 KB	元のJw_cad図面
25_29-600.pdf	564 KB	解像度600dpi
25_29-300.pdf	207 KB	解像度300dpi

✕ 受け取る側で「Adobe Acrobat Reader DC」（無償）が必要な場合がある。

※ iPadやiPhoneでは、メール添付のPDFファイルを閲覧する機能が標準で搭載されている。
※ Windows 10標準搭載のWebブラウザ「Microsoft Edge」や、Windows 8標準搭載のビューワー「リーダー」でも閲覧・印刷できる。

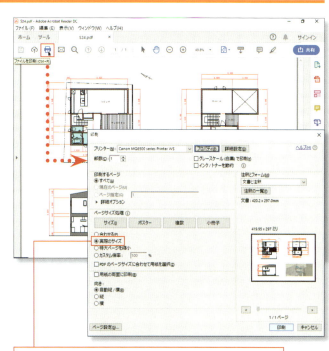

「Adobe Acrobat Reader DC」の「印刷」ダイアログで「実際のサイズ」を指定することにより、元図面と同じ大きさ（実寸法・縮尺）で印刷できる

JPEG画像に変換してメール送信する長所〇／短所✕

〇 パソコン・タブレット・スマートフォン・携帯電話などのOSや機種に関わらず、新たにソフトウェアをインストールせずに閲覧できる。

✕ 元図面と同じ大きさ（実寸法・縮尺）で印刷できるわけではない。

✕ 元図面の用紙サイズが大きいほど、ファイルサイズが大きくなる。

25_29.jww	1,569 KB	元のJw_cad図面
25_29-600.jpg	2,552 KB	解像度600dpi
25_29-300.jpg	788 KB	解像度300dpi

✕ 作成する画像の解像度が低いと粗くなり、細部がつぶれて見えにくくなる。解像度を高くすることでつぶれを防止できるが、ファイルサイズも大きくなる。

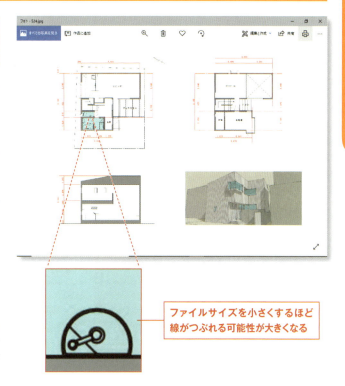

ファイルサイズを小さくするほど線がつぶれる可能性が大きくなる

METHOD 25

Jw_cad図面をPDFファイルに変換する

CubePDF
→p.46

PDFファイルに書き出す図面の線色と線幅

Jw_cadで図面ファイルを開き、プリンターとして「CubePDF」を選択して印刷することで、Jw_cadから印刷した場合とほぼ同じ状態のPDFファイルを作成します。

PDFファイルの図面の線の幅やカラー印刷色は、通常のプリンターで印刷する場合と同じで、「基本設定」コマンドで開く「jw_win」ダイアログ「色・画面」タブの「プリンタ出力 要素」欄の印刷色と線幅に準じます。

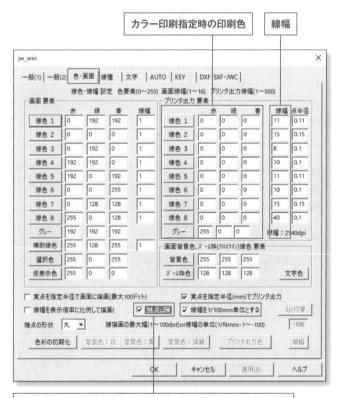

カラー印刷指定時の印刷色　　線幅

元図面の用紙サイズよりも小さい用紙サイズに縮小する場合は、線がつぶれないように「印刷時に」にチェックを付ける

Jw_cad図面をPDFファイルに変換することで、Jw_cadがなくても、Jw_cadで開いて印刷した場合と同じ状態の図面を閲覧・印刷できます。Jw_cad図面をPDFファイルに変換するには、PDF作成ソフトが必要です。ここでは「CubePDF」を使ってJw_cad図面をPDFファイルに変換する方法を紹介します。

 教材データ：「jww_method」－「2」フォルダーの「25_29.jww」

印刷コマンドで
PDFファイルとして出力

教材図面「25_29.jww」を開き、PDFファイルとして出力しましょう。

1 「印刷」コマンドを選択する。

2 「印刷」ダイアログの「プリンター名」ボックスの▼を🖱し、リストから「CubePDF」を🖱で選択する。

> **POINT** CubePDFがインストールされていないと、リストに「CubePDF」は表示されません。

3 「OK」ボタンを🖱。

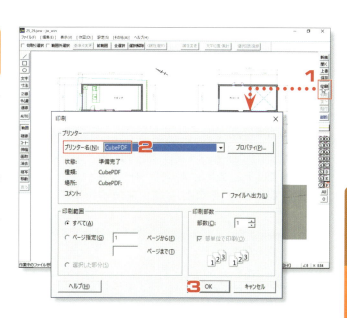

4 印刷枠の大きさ、向きを変更するため、コントロールバー「プリンタの設定」ボタンを🖱。

5 「プリンターの設定」ダイアログで、用紙サイズ（A3）と印刷の向き（横）を指定し、「OK」ボタンを🖱。

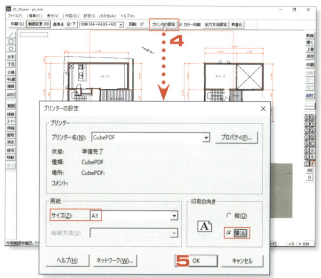

6 必要に応じて、コントロールバーの「印刷倍率」「カラー印刷」や印刷枠の位置を変更し、コントロールバー「印刷」ボタンを🖱。

> **POINT** コントロールバー「カラー印刷」にチェックを付けると、「jw_win」ダイアログ「色・画面」タブの「プリンタ出力 要素」欄で指定したカラー印刷色で出力されます（→前ページ）。この図面では表示のみレイヤの要素のカラー印刷色を「赤」に設定しています。

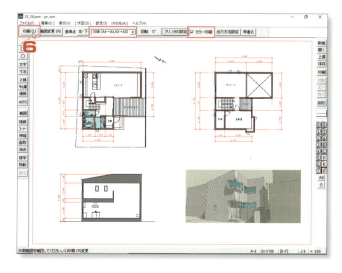

7 「CubePDF」ダイアログ「一般」タブの「ファイルタイプ」ボックスを「PDF」にする。

8 PDFファイルの出力先とファイル名を変更する場合は、「出力ファイル」ボックス右の「...」(参照)ボタンを🖱。

9 「名前を付けて保存」ダイアログで、出力先(右図ではデスクトップ)とファイル名(右図では「25」)を指定して、「保存」ボタンを🖱。

POINT 初期設定では、ファイル名は「開いている図面ファイル名.pdf」になります。

10 「解像度」ボックスの数値を確認、適宜変更する。

POINT 解像度の数値が大きいほど、作成されるPDFは高精細になりますが、ファイルサイズも大きくなります。

11 「ページの向き」として「横」を選択する。

12 「CubePDF」ダイアログの各設定を確認し、「変換」ボタンを🖱。

POINT 12の操作の前に「CubePDF」ダイアログの「設定を保存」ボタンを🖱することで、7～11で行った設定(9の出力先とファイル名は除く)が保存されます。

指定場所に指定ファイル名のPDFファイルが作成され、PDFファイルに関連付けされているビューワー(右図ではAdobe Acrobat Reader DC)で開きます。

13 PDFに変換された図面を確認したら、❌(閉じる)ボタンを🖱し、ビューワーを終了する。

100

複数の図面を1つのPDFファイルにする

「CubePDF」ダイアログで以下の指定をすることで、作成済みのPDFファイルの最初や最後のページに新たに出力するPDF図面を追加できます。

1 他の図面（右図では「32_35.jww」）を開き、p.99 **1**～**6**の操作を行う。

2 「CubePDF」ダイアログ「一般」タブの「ファイルタイプ」を「PDF」に、「ページの向き」を「横」にする。

3 「出力ファイル」ボックス右端のボックスの☑を🖱し、リストから「末尾に結合」を選択する。

4 「出力ファイル」ボックス右の「...」（参照）ボタンを🖱。

5 「名前を付けて保存」ダイアログで、前ページで「デスクトップ」に作成したファイル「25.pdf」を🖱で選択する。

6 「保存」ボタンを🖱。

7 「CubePDF」ダイアログの「変換」ボタンを🖱。

8 「CubePDF確認」ウィンドウの「OK」ボタンを🖱。

末尾（最後のページ）に追加された「25.pdf」がビューワー（右図ではAdobe Acrobat Reader DC）で開きます。

1ページ目の図面

8で変換・追加した2ページ目の図面

METHOD 26

Jw_cad図面をセキュリティのかかったPDFファイルに変換する

PDFファイルの印刷や内容のコピーなどの編集を不可にしたり、パスワードを入力しないと閲覧できないよう制限をかけることができます。ここでは「CubePDF」でそのようなセキュリティ設定を行う方法を紹介します。

教材データ：「jww_method」－「2」フォルダーの「25_29.jww」

CubePDF
→p.46

CubePDFで指定できるセキュリティ機能

セキュリティの設定をすることで、パスワードを入力しないと開けないPDFファイルや、開くことはできても印刷・保存、テキスト・画像のコピー、コメントなどの記入や編集が行えないPDFファイルを作成できます。

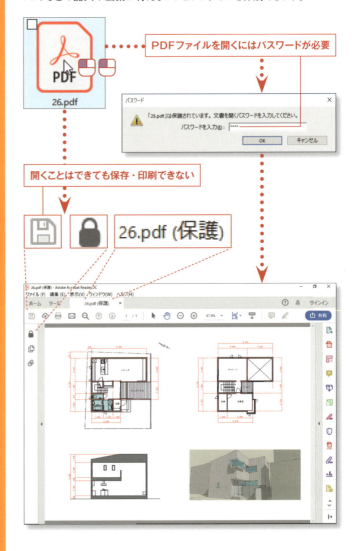

102

印刷やコピーができないように制限をかけたPDFファイルの作成

「METHOD 25　印刷コマンドでPDFファイルとして出力」(→p.99) の **1** ～ **11** の操作を行った後から説明します。

1 「CubePDF」ダイアログの「セキュリティ」タブを🖱。

2 「PDFファイルをパスワードで保護する」にチェックを付ける。

3 その下の「管理用パスワード」「パスワード確認」ボックスに同じパスワードを入力する。

POINT **2** のチェックを付けることで、パスワードを入力しない限り、印刷や編集ができないPDFファイルになります。右図枠囲みのチェックを付けると、管理用パスワードを入力しなくても、その項目のみ可能になります。

4 「変換」ボタンを🖱。

作成されたPDFファイルがビューワーで開きます。「保存」「印刷」など、利用できないコマンドはグレーアウトされています。

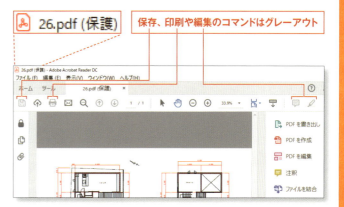

保存、印刷や編集のコマンドはグレーアウト

 HINT　閲覧時にパスワードを要求、かつ印刷・編集操作を制限

「セキュリティ」タブの「PDFファイルを開く時にパスワードを要求する」にチェックを付け、閲覧用のパスワード（管理用とは異なる）を設定します。

このようにして作成したPDFファイルは、閲覧時にもパスワードを要求します。閲覧用のパスワードで開いた場合は、印刷やコピーなどの編集操作は行えません。

「印刷を許可する」にチェックを付けると、閲覧用のパスワードで開いた場合にも印刷が可能になる

METHOD 27 Jw_cadの図面をJPEG画像に変換する

CubePDF
→p.46

CubePDFで作成するJPEGファイルの線幅や色について

Jw_cadで、プリンターとして「CubePDF」を指定して印刷することで、印刷枠内の図面をJPEGファイルとして出力（保存）します。
印刷枠のサイズ（用紙サイズ）が大きいほど、JPEGファイルのサイズも大きくなります。
JPEGファイルの図面の線の幅や色は、通常の印刷同様、「基本設定」コマンドで開く「jw_win」ダイアログ「色・画面」タブの「プリンタ出力要素」欄の印刷色と線幅に準じます。

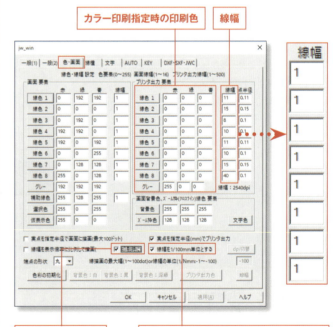

縮小印刷指示をする場合は線がつぶれないように「印刷時に」にチェックを付ける

JPEGファイルに変換した図面の線間がつぶれる場合は、「線幅を1/100mm単位とする」のチェックを外して「線幅」をすべて「1」（極細線）にしたうえでJPEGファイルに変換する

Jw_cad図面をJPEGファイルに変換することで、他のアプリケーションで画像として図面を挿入することや、メールに添付して送信し、携帯電話やスマートフォンで見ることができます。ここでは「CubePDF」を利用してJw_cad図面の一部をJPEGファイルに変換する手順を紹介します。

教材データ：「jww_method」－「2」フォルダーの「25_29.jww」。この方法で作成したサンプルデータ「S27.jpg」を「jww_method」－「sample」フォルダーに収録

Jw_cad図面の指定範囲をJPEGファイルに変換

教材図面「25_29.jww」を開き、その断面図部分（図寸150mm×80mm）をJPEGファイルに変換しましょう。

1. 「印刷」コマンドを選択し、「印刷」ダイアログの「OK」ボタンを🖱。

2. 印刷枠の大きさ、向きを変更するため、コントロールバー「プリンタの設定」ボタンを🖱。

3. 「プリンターの設定」ダイアログの「プリンター名」ボックスの▼を🖱し、「CubePDF」を🖱で選択する。

4. 印刷枠の大きさを独自に指定するため、「プロパティ」ボタンを🖱。

   POINT 一般的な用紙サイズを指定する場合は「用紙」欄の「サイズ」ボックスの▼を🖱し、表示されるリストから🖱で選択します（4〜11の操作は不要）。

5. 「CubePDFのドキュメントのプロパティ」ダイアログ「レイアウト」タブの「詳細設定」ボタンを🖱。

6. 「CubePDF詳細オプション」ダイアログの「用紙サイズ」ボックスの▼を🖱し、表示されるリストから「PostScriptカスタムページサイズ」を🖱。

   POINT 「用紙サイズ」が「PostScriptカスタムページサイズ」になっている場合は、その右の「カスタムページサイズの編集」ボタンを🖱してください。

105

7 「PostScriptカスタムページサイズの定義」ダイアログの「ユニット」欄で、サイズの単位「ミリ」を選択する。

8 「幅」ボックスと「高さ」ボックスに印刷範囲の大きさをmm単位で入力する（ここでは幅150mm、高さ80mm）。

9 「用紙の向き」が「長辺から出力」であることを確認し、「OK」ボタンを🖱。

10 「CubePDF詳細オプション」ダイアログの「OK」ボタンを🖱。

11 「CubePDFのドキュメントのプロパティ」ダイアログの「OK」ボタンを🖱。

12 「プリンターの設定」ダイアログの「印刷の向き」を「縦」にし、「OK」ボタンを🖱。

13 必要に応じて、コントロールバーの「印刷倍率」「カラー印刷」を指定する。

POINT カラーで出力する場合はコントロールバー「カラー印刷」にチェックを付けます。カラー印刷時の線色1～8の印刷色は、「基本設定」コマンドで開く「jw_win」ダイアログ「色・画面」タブの「プリンタ出力 要素」欄で指定します。

14 コントロールバー「範囲変更」ボタンを🖱。

15 JPEG画像に変換する図（断面図）が印刷枠に入る位置で🖱。

16 コントロールバー「印刷」ボタンを🖱。

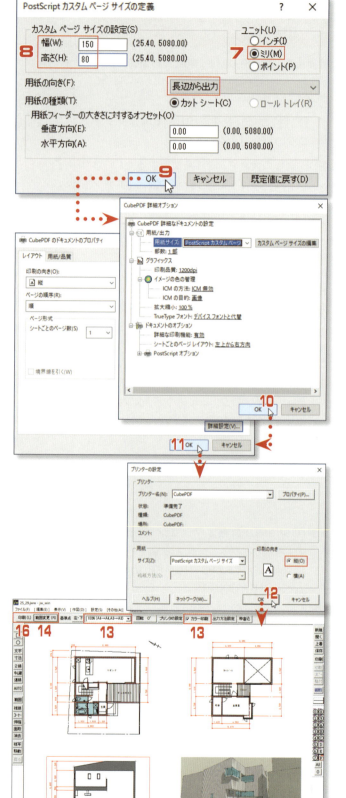

17 「CubePDF」ダイアログ「一般」タブの「ファイルタイプ」ボックスの ✔ を🖱し、リストから「JPEG」を選択する。

POINT BMP画像として出力する場合は「BMP」を選択します。

18 必要に応じて、「解像度」ボックスの数値を変更する。

POINT 解像度の数値が大きいほど作成される画像は高精細になりますが、ファイルサイズも大きくなります。

19 JPEGファイルの出力先とファイル名を変更する場合は、「出力ファイル」ボックス右の「...」(参照)ボタンを🖱。

20 「名前を付けて保存」ダイアログで、出力先(右図では「デスクトップ」)とファイル名(右図では「27」)を指定して、「保存」ボタンを🖱。

POINT 初期設定では、ファイル名は「開いている図面ファイル名.jpg」になります。

21 「ページの向き」として「横」を選択する。

22 「変換」ボタンを🖱。

POINT 22の操作の前に「CubePDF」ダイアログの「設定を保存」ボタンを🖱することで、**17**～**21**で行った設定(**20**の出力先とファイル名は除く)が保存されます。

指定場所に指定ファイル名のJPEGファイルが作成され、JPEGに関連付けされているビューワー(右図はWindows 10標準搭載の「フォト」)で表示されます。

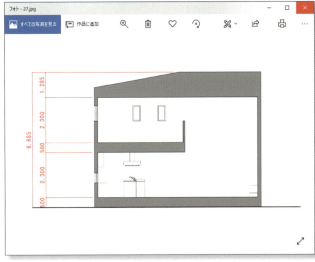

METHOD 28 Jw_cad図面をWord・Excelに貼り付ける

Jw_cadはOLE（→p.28）には未対応のため、Jw_cadで作図した図面を「コピー」＆「貼り付け」で、直接WordやExcelに貼り付けることはできません。Jw_cadで作図した図面をWordやExcel文書に貼り付ける場合は、ここで紹介するいずれかの方法で行ってください。

1および**2**の方法でJw_cad図面の図を挿入したサンプル「S28.docx」を「jww_method」－「sample」フォルダーに収録

1 図面を画像ファイルにしてWord・Excelに挿入

Jw_cadの図面を画像ファイルとして保存し、WordやExcelの「図の挿入」コマンドで、その画像ファイルを挿入します。
Word・Excel文書上に挿入した図を特定の縮尺で表示する場合は、あらかじめ、Jw_cad上で画像ファイルとして保存する範囲と、その横×縦の寸法を図寸（横×縦mm）で把握しておきます。Word・Excelに挿入後、画像の大きさを確認しておいた横（または縦）寸法に調整します。
挿入後、図の表示範囲を変更することや、図面を編集することはできません。
この方法で図を画像として挿入したWord・Excel文書ファイルは一般に、**2**の方法で作成した文書ファイルよりもファイルサイズが小さくなります。

Jw_cad図面をJPEG画像に変換する→p.104

2 JexPadでOLEオブジェクトをWord・Excelに貼り付け

「JexPad」は、Jw_cad図面を他のアプリケーションに貼り付けることのできるOLEに対応したJWWビューワーです。
JexPadを介してJw_cad図面をOLEオブジェクトとしてWord・Excelに貼り付けると、貼り付けた図面の表示範囲を変更したり、その図面をJw_cadで変更することができます。
この方法で図を貼り付けたWord・Excel文書ファイルは一般に、**1**の方法で作成した文書ファイルよりもファイルサイズが大きくなります。
また、このWord・Excel文書ファイルを他者に渡す場合、図面データも一緒に渡すことになります。図面データを渡したくない場合は**1**の方法で図を画像として挿入してください。

Jw_cad図面をOLEオブジェクトとしてWord・Excelに貼り付ける →p.110

Word・Excelに挿入した図の大きさ調整

画像の大きさは、画像ファイルを挿入した後に以下の手順で調整できます。

1. 挿入した画像を🖱し、表示されるメニューの「図の書式設定」を🖱。
2. 「図の書式設定」ウィンドウの「図」を🖱。
3. 「トリミング」を🖱。
4. 「トリミング」下に表示される「画像の位置」の「幅(W)」を「150」に、「高さ(H)」を「80」にする。

   POINT 右図はWord 2019の画面です。Wordのバージョンによっては右図とは違う「図の書式設定」ダイアログが開きます。

5. 「図の書式設定」ウィンドウ右上の⊠を🖱してウィンドウを閉じる。

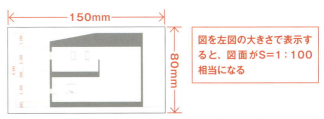

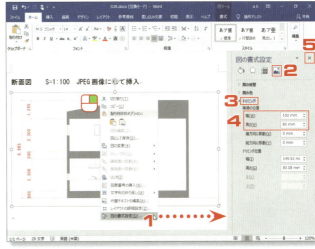

Word・Excelに貼り付け後の表示範囲・図面の変更

以下の変更操作を行うには、JexPad（→次ページ）が必要です。また、JexPadの編集用外部プログラムとしてJw_cadが登録されている必要があります。

▼ 表示範囲の拡大・縮小

Word・Excel文書に貼り付けた図を🖱🖱すると、右下図の画面になります。オブジェクトウィンドウ内でJw_cadと同様のズーム操作（🖱↘拡大、🖱↗全体、🖱↗前倍率、🖱↙縮小、🖱→移動）を行い、オブジェクト枠内の表示範囲やその大きさを変更できます。「更新」コマンドを🖱することで、変更が確定して通常のWord・Excelのウィンドウに戻ります。

▼ 図面の変更

オブジェクト枠が表示された右図のウィンドウで「オブジェクト編集」コマンドを🖱することで、Jw_cadが起動して図面の変更が行えます（→p.248）。
Jw_cadで図面を変更後、上書き保存することで、変更結果がWord・Excel文書にも反映されます。

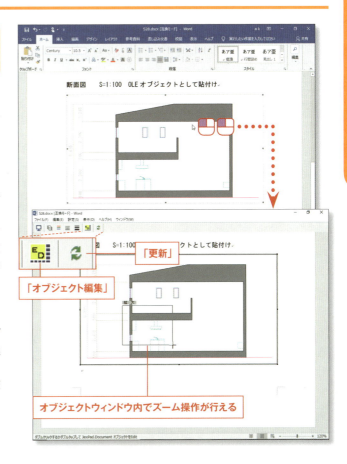

METHOD 29

Jw_cad図面をOLEオブジェクトとしてWord・Excelに貼り付ける

Jw_cadはOLE（→p.28）には未対応のため、「JexPad」を利用してJw_cad図面をOLEオブジェクトとしてWord・Excelに貼り付けます。OLEオブジェクトとしてWord・Excel文書に貼り付けた図面は、表示範囲変更やJw_cadでの編集が可能です。

教材データ：「jww_method」－「2」フォルダーの「25_29.jww」「29.docx」

JexPad
[収録ファイル名] Jexsetup212.exe
　　　　　　　インストール方法→p.270
[バージョン] 2.12
[開発元] kaZe'
[対応OS] Windows XP/Vista/7
　　　　　※Windows 8/10で動作確認済み
[料金] 無料
[URL] http://www.vector.co.jp/download/file/winnt/business/fh562249.html

Jw_cadの図面を他のアプリケーションに、OLEオブジェクトとして貼り付けできるJWWビューワー

JexPadで貼り付ける図の大きさと線幅・線色について

「JexPad」ウィンドウに表示した範囲の図面が、「JexPad」ウィンドウの大きさで、Word・Excel文書に貼り付けられます。図面の縮尺を保って貼り付けるには、貼り付ける範囲の横×縦（図寸mm）の大きさをJw_cad図面上で把握し、「JexPad」ウィンドウの大きさを同じにします。

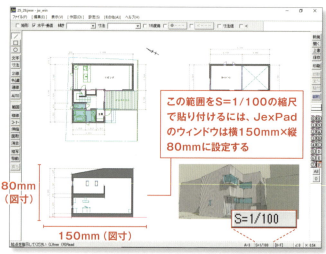

この範囲をS=1/100の縮尺で貼り付けるには、JexPadのウィンドウは横150mm×縦80mmに設定する

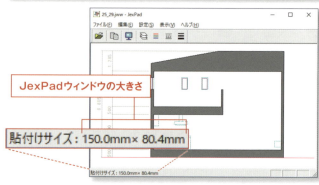

JexPadウィンドウの大きさ

また、貼り付けられる図面の線色は画面表示色、線幅はJw_cad図面に保存されている印刷線幅の設定（「基本設定」コマンドで開く「jw_win」ダイアログ「色・画面」タブで指定）に準じます。

JexPadで、Jw_cadの図面をWord（またはExcel）に貼り付ける

JexPadでJw_cadの図面を開き、貼り付け範囲と大きさを調整しコピーしましょう。

1. JexPadを起動し、「開く」コマンドを🖱。

2. 「ファイルを開く」ダイアログの「ファイルの場所」（「jww_method」－「2」フォルダー）を指定し、貼り付ける図面「25_29.jww」を🖱で選択して「開く」ボタンを🖱。

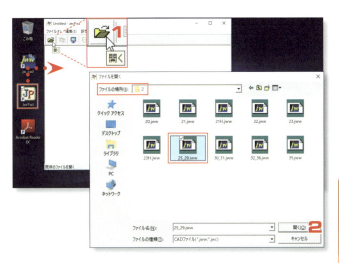

3. 「JexPad」ウィンドウの右下にマウスポインタを合わせ、マウスポインタの形状が⇔になったら🖱し、ステータスバーに表示される「貼付けサイズ」を目安に、ウィンドウのサイズを150×80mmにする。

POINT ウィンドウのサイズは、おおよそでかまいません。

4. 🖱拡大で、貼り付ける範囲がウィンドウにちょうどよく入るように拡大表示する。

POINT Jw_cadと同様、🖱拡大／🖱全体／🖱前倍率／🖱縮小が行えます。また、矢印キーで画面の移動が行えます。

この図では、点線が途切れた実線のように表示されて点線に見えないため、線種のピッチを調整しましょう。

5. 「線種表示」コマンドを🖱。

6. 「線種表示」ダイアログの「表示スケール」ボックスの数値を「0.05」に変更し、「OK」ボタンを🖱。

POINT 「表示スケール」の数値を小さくすることで、点線・鎖線のピッチが細かくなります。

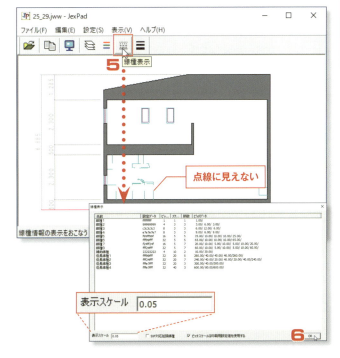

CHAPTER 2　Jw_cadの図面を書き出す・印刷する・他に渡す方法

111

7 「コピー」コマンドを🖱。

8 「オブジェクトのコピー」ダイアログの「貼付けスケール」ボックスに「1」を入力し、「縮尺更新」ボタンを🖱。

POINT 「貼付けスケール」ボックスには、現状の画面表示でコピーした場合のスケールが表示されます。ここではS＝1/100の図面の一部をS＝1/100相当の大きさで貼り付けるため、「1」を指定します。S＝1/100の図面をS＝1/200相当の大きさで貼り付ける場合は、「0.5」を指定します。

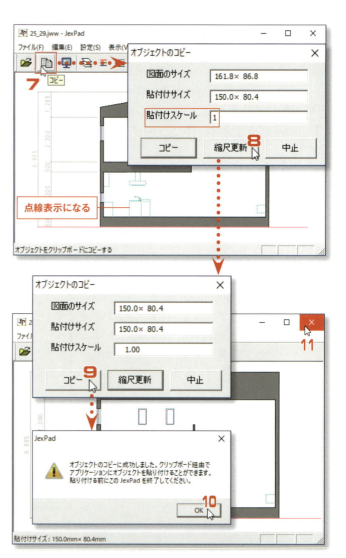

9 指定した貼り付けスケール「1」が反映され、「図面のサイズ」ボックスの数値とウィンドウに表示される図面の大きさが変更されるので、図面の表示位置に問題がないことを確認し、「コピー」ボタンを🖱。

POINT この段階で図面の表示位置を調整する場合は、「中止」ボタンを🖱して「オブジェクトのコピー」ダイアログを閉じます。矢印キーを押したり、画面の中央にする位置を🖱したりして図面の表示位置を調整した後、再度「コピー」コマンドを🖱して**9**からの操作を行ってください。

10 右図の「JexPad」メッセージウィンドウが開くので、「OK」ボタンを🖱。

11 ✕（閉じる）ボタンを🖱し、「JexPad」を終了する。

コピー指示した図面をOLEオブジェクトとしてWord文書に貼り付けましょう。

12 Wordを起動し、貼り付け先の文書「29.docx」を開く。

13 図面を貼り付ける位置を🖱し、入力ポインタを移動する。

14 「貼り付け」コマンドの▼ボタンを🖱し、「形式を選択して貼り付け」を選択する。

15 「形式を選択して貼り付け」ダイアログで「JexPad.Documentオブジェクト」を選択して「OK」ボタンを🖱。

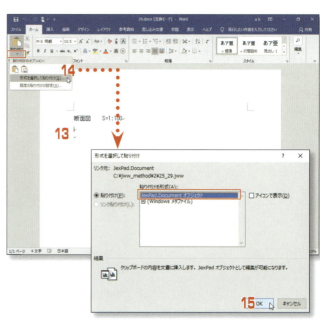

POINT 15で「図(Windows メタファイル)」を選択した場合は、貼り付け後の図面をJw_cadで編集することはできません。図面データそのものは渡したくない場合や、データのファイルサイズを小さくしたい場合に利用してください。

POINT 貼り付けた図のサイズが「JexPad」でコピーしたものと異なる場合は、貼り付けた画像を🖱🖱し、オブジェクトモードで「更新」コマンドを🖱してください（→p.109）。

貼り付けた図面を編集する方法は、「METHOD 84」で説明しています。

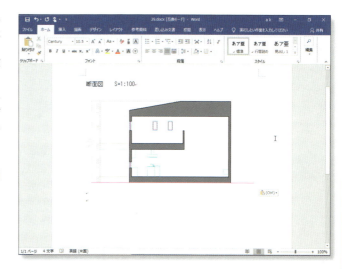

HINT 貼り付け図面のレイヤ状態・線色・線種のピッチ・線幅

基本的に「JexPad」ウィンドウで表示されている状態の図がWord・Excel文書に貼り付けられます。「JexPad」では、図面保存時のレイヤ状態、画面表示色、印刷線幅で表示されますが、それらを変更することができます。

「レイヤ設定」コマンドを🖱して開く「レイヤー設定」ダイアログ（図A）では、レイヤ・レイヤグループの状態（編集可能⇒非表示⇒表示のみ）を変更できます。

「表示色設定」コマンドを🖱して開く「表示色」ダイアログ（図B）では、標準線色の画面表示色を変更できます。

「線幅設定」コマンドを🖱して開く「線幅設定」ダイアログ（図C）では、標準線色1〜8の線幅の確認と図面ファイルに保存されている「画面線幅」と「印刷線幅」のいずれを線幅として使用するか（図C枠囲み）などの指定ができます。

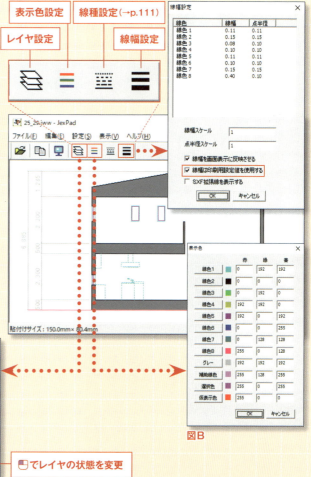

図A

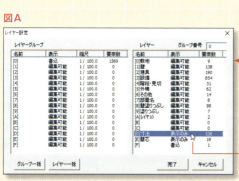

🖱でレイヤの状態を変更

METHOD 30
Jw_cad図面に同梱された画像を取り出す

Jw_cad図面に同梱されている画像をBMPファイルとして取り出すことができます。Jw_cad図面内の画像を他のアプリケーションで利用する場合や、画像同梱機能のない旧バージョンのJw_cadに画像入りの図面ファイルを渡す場合に、画像の取り出し（画像分離）を行います。

教材データ：「jww_method」－「2」フォルダーの「30_31.jww」

「画像同梱」と「画像分離」について

Jw_cadでは、「画像編集」コマンドで、図面にBMPやJPEG形式の画像を挿入することができます（→p.20）。

ただし、画像を挿入しただけではJw_cad図面ファイルと画像ファイルは別々のファイルのままです。「画像同梱」（→p.22）をすることで、挿入した画像がJw_cad図面ファイルに統合されます。この「画像同梱」は、Jw_cadバージョン7から追加された機能です。そのため、バージョン6以前のJw_cadに画像入りの図面ファイルを渡す場合、旧バージョン形式で保存する前に「画像分離」をする必要があります。

また、Jw_cad図面内の画像を取り出し、他のアプリケーションで利用する場合も「画像分離」を行います。

Jw_cad図面内の画像は、「画像分離」を行うことで、Jw_cad図面が収録されているフォルダーのなかに「図面ファイル名〜画像分離」フォルダーを作成し、そのなかにBMP画像ファイルとして分離されます。

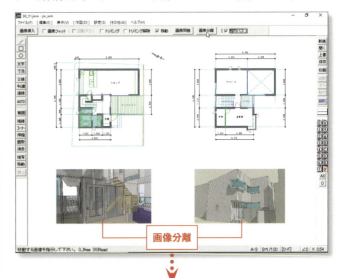

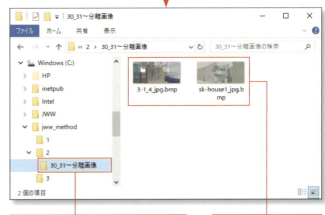

Jw_cad図面ファイルが収録されているフォルダーに、分離した画像ファイルが収録された「図面ファイル名〜分離画像」フォルダーが作成される

分離した画像は「元の画像ファイル名.bmp」の名前のBMP形式の画像ファイルになる

114

Jw_cad図面に同梱されている画像を分離

画像が同梱されている教材図面「30_31.jww」を開き、画像を分離しましょう。

1 メニューバー［編集］-「画像編集」を選択する。

2 コントロールバー「［相対パス］」ボックスにチェックを付ける。

3 コントロールバー「画像分離」ボタンを🖱。

4 画像を収録するフォルダー名が記載されたメッセージウィンドウが開くので、「OK」ボタンを🖱。

5 画像の分離が完了した旨のメッセージウィンドウが開くので、「OK」ボタンを🖱。

以上で画像の分離は完了です。
図面を上書き保存すると、画像が分離された図面ファイルとなります。図面を上書き保存せずに終了した場合、画像は同梱されたままになります。その場合もいったん分離した画像ファイルはそのまま残ります。

右図は、分離された画像ファイルをエクスプローラーで表示したものです。図面ファイルが収録されているフォルダーに作成された「ファイル名〜分離画像」フォルダーに、ファイル名「元の画像ファイル名.bmp」で、元の画像ファイル形式に関わらずBMP形式の画像ファイルとして収録されます。

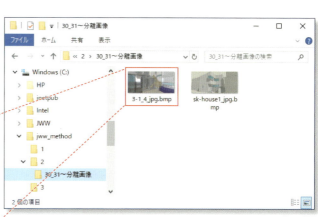

元の画像ファイル名

METHOD 31 図面ファイルを旧バージョンのJw_cadで開けるように保存する

旧バージョンのJw_cadでは、それより新しいJw_cadで保存した図面ファイルを開けない場合があります。旧バージョンのJw_cadや、旧バージョンのJWWファイルに対応しているCADに図面ファイルを渡す場合は、旧バージョンのJWW形式で保存します。

教材データ:「jww_method」-「2」フォルダーの「30_31.jww」

Jw_cadのバージョンによるJw_cad図面ファイル（*.jww）の違い

Jw_cadは、過去のバージョンアップのときに図面の保存形式であるJWW形式の内容を何度か変更しています。そのため、旧バージョンのJw_cadでは、それより新しいJw_cadで保存した図面を開けない場合があります。

旧バージョンのJw_cadに図面ファイルを渡す場合、相手のバージョンに合わせ、旧バージョンのJWW形式で保存します。

旧バージョンのJWW形式で保存すると、そのバージョンより後に追加された機能による要素は正しく保存されません。保存するバージョンによって以下の制約があります。

Jw_cadのバージョンの確認 →p.262

▼ 6.21a以前のバージョンで保存

6.21a以前のJw_cadには画像同梱機能（→p.22）がないため、同梱された画像は保存されません。画像分離（→p.114）をしたうえで、保存してください。

▼ 4.10a以前のバージョンで保存

SXFタイプの寸法図形（→p.212）の引出線と端部矢印（または点）は保存されません。SXFタイプの寸法図形は分解（→p.213）したうえで保存してください。

4.10a以前のJw_cadにはSXF対応拡張線色・線種はありません。そのため、SXF対応拡張線色1〜8はJw_cadの標準線色1〜8に、拡張線色9〜は補助線色になります。SXF対応拡張線種はすべて破線倍長線種になります。

また、ブロックにSXF対応拡張線色・線種が使われていると、それらの要素が表示されない場合があります。SXF対応拡張線色・線種を使ったブロックは解除（→p.203）してから保存してください。

▼ 3.50a以前のバージョンで保存

3.50a以前のJw_cadには、個別線幅（→p.218）を設定する機能がないため、個別線幅情報は保存されません。線幅はすべて基本幅になります。

旧バージョンのJw_cad図面（*.jww）として保存

教材図面「30_31.jww」を開き、バージョン6のJw_cadで開けるよう、旧バージョンのJw_cad図面として保存しましょう。

1. 旧バージョン形式で保存する図面「30_31.jww」を開き、画像分離（→p.115）など、旧バージョンでの保存に必要な操作を行う。
2. 「保存」コマンドを選択する。

3. 「ファイル選択」ダイアログのフォルダーツリーで保存先のフォルダーを選択し、「新規」ボタンを🖱。
4. 「新規作成」ダイアログの「旧バージョンで保存」にチェックを付け、保存するバージョン（右図では「V6.00-6.21a」）を🖱で選択する。
5. 「名前」ボックスの名前を変更（右図では31-v6）し、「OK」ボタンを🖱。

POINT 開いた図面ファイルと同じ名前で同じフォルダーに保存した場合、旧バージョン形式で上書き保存されるため、「名前」は元の図面ファイルとは異なる名前を入力します。4で付けた「旧バージョンで保存」のチェックはJw_cadを終了するまで有効です。

6. 旧バージョン保存のメッセージが表示されるので「はい」ボタンを🖱。

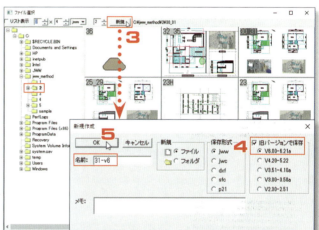

HINT　画像分離して旧バージョンとして保存した図面ファイルを渡す

旧バージョンとして保存した図面ファイルを渡すときには、保存したJWWファイルと分離画像を収録したフォルダーを一緒に渡してください。
メールで送信する場合は、図面（JWW）ファイルと画像ファイルを収録したフォルダーをZIP形式のファイルに圧縮してから（→p.244）、メールに添付します。

31-v6.jww

30_31〜分離画像

METHOD 32
Jw_cad図面をDXFファイルとして保存する

DXFファイルは多くのCADが対応していることから、異なるCAD間で図面ファイルを受け渡しする際のファイル形式として広く利用されています。Jw_cad図面（*.jww）の読み込みに対応していないCADに図面データを渡す場合に利用します。

教材データ:「jww_method」－「2」フォルダーの「32_35.jww」

DXFファイルで図面を受け渡しするときの注意点

DXFは本来、AutoCADの異なるバージョン間でのファイル交換を目的としたファイル形式です。AutoCADの図面ファイルに則した形式であること、各CADにおける図面構成要素やDXF対応レベルが違うことから、Jw_cadで作図した図面を100％正確に渡せる形式ではありません。さまざまな違いが生じることや図面の一部が欠落する可能性もあります。そのような場合に備え、DXFファイルにして渡すときは、Jw_cadで印刷した図面またはそのPDFファイル（→p.98）も一緒に渡すことをお勧めします。

また、1図面ファイル＝1枚の図面という考え方が一般的です。1図面ファイルに複数枚分の図面を作図している場合、1図面ごとに1つのDXFファイルとして保存することをお勧めします（→p.122）。

▼ DXF保存時に元図面と同じ表現にならない、または不都合となる要素

- レイヤ名
  CADによっては、レイヤ名が原因でDXFファイルを開けない場合があります。レイヤ名に「#」「,」「.」などの記号を使用しないこと。相手のCADが日本語のレイヤ名に対応していない場合は、レイヤ名は半角英数文字で付けます。

- 補助線・Jw_cad特有のランダム線・SXF対応拡張線種のユーザー定義線種
  CADによっては、補助線およびJw_cad特有のランダム線（→p.90）などの線種やSXF対応拡張線種のユーザー定義線種が原因でDXFファイルを開けない場合もあります。補助線は保存前に消去（→p.185）し、Jw_cad特有のランダム線やSXF対応拡張線種のユーザー定義線種は他の線種に変更しておくことをお勧めします（→p.220）。

- Jw_cad特有の特殊文字・埋め込み文字
  Jw_cad特有の特殊文字や埋め込み文字（→p.86）は、他のCADでは正しく表示されません。

- 円ソリッド
  ソリッド（塗りつぶし部）は、ソリッドとして保存されますが、円ソリッド（→p.154）は保存されません。

- 画像
  保存されません。

- 仮点
  Jw_cadで印刷されない仮点は、印刷される点として保存されます。不要な仮点は、保存前に消去しておきましょう（→p.185）。

Jw_cad図面を開き DXFファイルとして保存

DXFファイルとして保存する図面ファイルを開き、保存前の確認と準備をしましょう。

1 DXFファイルとして保存する教材図面「32_35.jww」を開く。

POINT 前ページの注意点を確認し、必要に応じて補助線の消去や加工を行ってください。この教材図面では、後で保存結果を検証する（p.120〜121）ため、補助線などを消去しません。

2 メニューバー［設定］-「基本設定」を選択する。

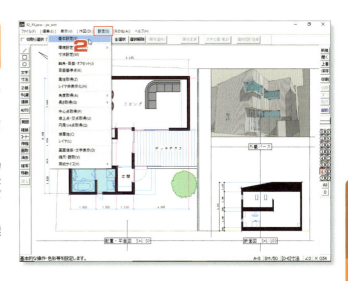

3 「jw_win」ダイアログ「色・画面」タブで各線色のカラー印刷時の印刷色を確認、適宜変更（→p.83）する。

POINT 各線色は、「基本設定」の「色・画面」タブで指定しているカラー印刷色で保存されます。Jw_cadの標準画面の色分けで保存するには、保存前に「色彩の初期化」を行ってください（→p.85）。

4 「DXF・SXF・JWC」タブを🖱。

5 「DXF書出し」欄の設定を確認、適宜変更する。

POINT AutoCADなど「実点」という概念がないCADにDXFファイルを渡す場合は、「DXF書出し」欄の「点を円で出力する」にチェックを付けてください。実点を円に変換してDXF保存します。「レイヤ名に番号を付加する」にチェックを付けると、レイヤ名の前に「レイヤグループ番号－レイヤ番号」を付けてDXF保存します。このDXFファイルをJw_cadで開くと、保存前と同じレイヤグループ・レイヤ分けで開けます。

6 「OK」ボタンを🖱。

開いている図面をDXFファイルとして保存しましょう。

7 メニューバー［ファイル］-「DXF形式で保存」を選択する。

8 「ファイル選択」ダイアログで保存先のフォルダーを選択する。

9 「新規」ボタンを🖱。

10 「新規作成」ダイアログの「名前」ボックスに表示される名前を確認または適宜（右図では「32」に）変更し、「OK」ボタンを🖱。

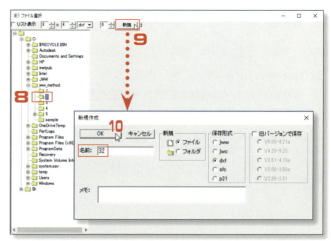

HINT 保存したDXFファイルをJw_cadで開く

保存したDXFファイルをJw_cadで開くことができます。ただし、その場合、他のCADでは正しく表示されないJw_cad特有のランダム線や特殊文字、画像なども表示されるため、正確な状態のDXFファイルの確認にはなりません。
より正確にDXFファイルを確認するには、p.66で紹介している「DWG TrueView」をご利用ください（→次ページ）。

▼ 保存した「32.dxf」をJw_cadで開いたところ

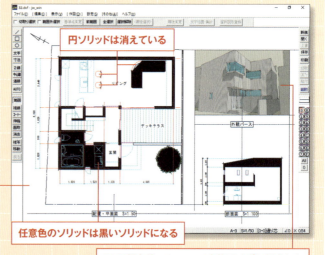

円ソリッドは消えている

線色・線種はSXF対応拡張線色・線種になる

任意色のソリッドは黒いソリッドになる

DXF保存後、Jw_cadを終了せずに保存したDXFファイルを開いた場合、画像は表示される

120

HINT 保存したDXFファイルを「DWG TrueView」で確認

保存したDXFファイル「32.dxf」を「DWG True View」で表示した状態と元の図面「32_35.jww」を比較してみます。

「DWG TrueView」(→p.66)では、「ファイルを開く」ダイアログの「ファイルの種類」ボックスで「DXF (*.dxf)」を指定することで、DXFファイルを閲覧・印刷できます。

▼ 元の図面「32_35.jww」

・円ソリッド
・補助線
・DXFファイルとして保存「32.dxf」
・円ソリッドは保存されない
・画像は保存されない

▶ DWG TrueViewで確認

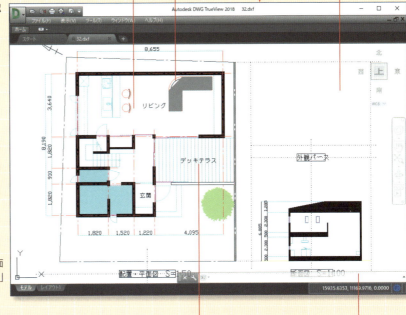

※右図のDWG TrueView画面は、モデルタブの背景色を「白」に設定しています。

DXFファイルには用紙サイズや縮尺の概念がないため、それらの情報は保存されません。
また、上図のような複数の縮尺が存在する図面では、いずれかの実寸法は正しく伝わりません。

・文字サイズやフォントが変更される
・補助線は印刷される線になる

METHOD 33

Jw_cad図面の一部をDXFファイルとして保存する

DXF形式での保存に限り、図面の一部だけを図面ファイルとして保存することができます。1ファイルに作図されている複数の図面のうちの1図面だけをDXF保存したい場合や、一部のレイヤの要素だけをDXF保存したい場合などに利用します。

教材データ：「jww_method」－「2」フォルダーの「32_35.jww」

DXFファイルに限り、図面の一部だけを保存可能

基本的に図面の保存は、JWW/JWC/DXF/SXF（SFC・P21）のいずれの形式の場合も、非表示レイヤの要素も含め、開いている図面全体を保存します。
DXF形式での保存に限り、開いている図面の一部の要素（選択した要素）だけをDXFファイルとして保存することができます。

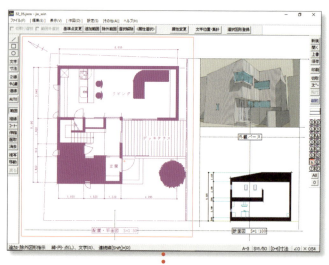

↓ 選択した要素をDXFファイルとして保存 ↓

選択要素とともに各レイヤのレイヤ名も保存されます。
各要素の保存状態は、通常の「DXF形式で保存」（→p.118）と同じです。

Jw_cad図面の一部を DXFファイルとして保存

保存する図面を開き、DXFファイルとして保存する要素を選択しましょう。

1 DXFファイルとして保存する教材図面「32_35.jww」を開く。

2 「範囲」コマンドを選択し、保存要素の左上で🖱。

3 表示される選択範囲枠に保存する要素が入るように囲み、終点を🖱（文字を含む）。

POINT この段階で選択色になっていない要素を🖱（文字は🖱）することで対象に追加できます。また、選択色の要素を🖱（文字は🖱）することで対象から除外できます。

選択した要素をDXFファイルとして保存しましょう。

4 メニューバー［ファイル］－「DXF形式で保存」を選択する。

5 「選択図形のみを保存します。」のメッセージウィンドウが開くので、「OK」ボタンを🖱。

6 「ファイル選択」ダイアログで保存先フォルダーを選択し、「新規」ボタンを🖱。

7 「新規作成」ダイアログの「名前」を確認、適宜（右図では「33」に）変更し、「OK」ボタンを🖱。

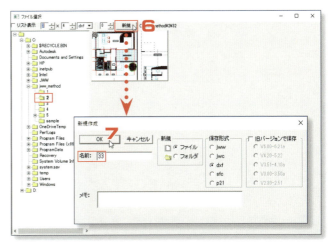

METHOD 34
複数のJw_cad図面のファイル形式を一括変換する

図面ファイルの一括変換について

メニューバー［ファイル］－「ファイル操作」－「ファイル一括変換」では、Jw_cadで開くことのできるJWWファイル、JWCファイル、DXFファイル、SFCファイル、P21ファイルを、Jw_cadで保存できるJWW、JWC、DXF、SFC、P21のいずれかの形式の図面ファイルに一括変換できます。

また、DOS版JW_CADのJWK図形ファイルを現在のWindows版Jw_cadのJWS図形ファイルに一括変換できます。

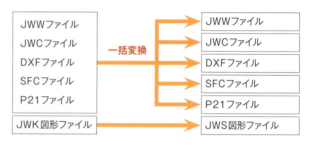

▼ 変換元のファイルの種類リスト

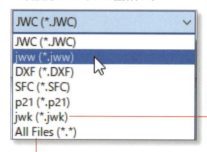

jwk（*.jwk）を選択した場合、変換先のファイルの種類の指定に関わらず、JWS図形ファイルに変換される

「All Files（*.*）」を選択すると、変換元のファイルとしてすべてのファイルを選択できるが、変換可能なファイルはJWW、JWC、DXF、SFC、P21、JWKの6種類のみ

▼ 「変換先」欄で変換後のファイルの種類を指定

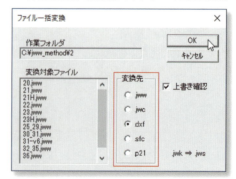

変換元のファイルと同じフォルダーに変換後のファイルを作成します。そのため、一括変換するファイルは、ハードディスクなど書込可能なメディアの同一フォルダーに収録しておく必要があります。

Jw_cadで扱うことのできる形式の図面ファイル（JWW、JWC、DXF、SFC、P21）であれば、複数のファイルを一括してJWW、JWC、DXF、SFC、P21のいずれかの形式の図面ファイルに変換できます。

教材データ：「jww_method」－「2」フォルダー内のJWWファイルを使用

Jw_cad図面ファイルをDXFファイルに一括変換

「jww_method」フォルダーの「2」フォルダー内の複数のJWWファイルを、DXFファイルに一括変換しましょう。

1 メニューバー[ファイル]-「ファイル操作」-「ファイル一括変換」を選択する。

2 「開く」ダイアログの「ファイルの場所」を、変換対象の図面ファイルの収録場所(「jww_method」-「2」フォルダー)にする。

3 「ファイルの種類」ボックスの ボタンを し、表示されるリストから変換元のファイル形式として「jww(*.jww)」をで選択する。

4 変換対象ファイルを選択する。

POINT 複数ファイルの選択は、Ctrlキーを押したままで選択します。また、最初のファイルをした後、Shiftキーを押したまま最後のファイルをすることで、その間のすべてのファイルを選択できます。

5 「開く」ボタンを。

6 「ファイル一括変換」ダイアログの「変換先」欄で変換後のファイル形式として「dxf」をで選択する。

POINT 「上書き確認」にチェックを付けると、同じフォルダーに同じ名前のファイルが存在する場合は、上書きを確認するウィンドウがファイルごとに表示されます。

7 「OK」ボタンを。

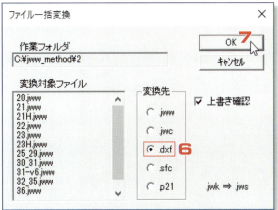

8 選択ファイルがDXFファイルに一括変換され、「確認」ウィンドウが開くので、「OK」ボタンを。

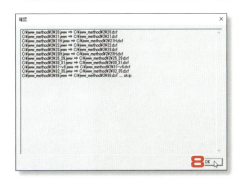

125

METHOD 35

Jw_cad図面をSXF（SFC）ファイルとして保存する

電子納品を目的に国土交通省主導で開発された中間ファイル形式SXFのうち、関係者間で図面ファイルを受け渡すためのファイル形式がSFCファイルです。DXFファイル同様、Jw_cad図面（*.jww）の読み込みに対応していないCADに図面データを渡す場合に利用できます。

教材データ：「jww_method」－「2」フォルダーの「32_35.jww」

SXFファイルで図面を受け渡しするときの注意点

受け取り側のCADにもよりますが、DXFファイルよりもSXF（SFC・P21）ファイルのほうがJw_cadの元図面に近い状態で図面ファイルを渡せる可能性が高いです。それでも100％同じ状態というわけにはいきません。SXFファイルで保存した場合に正しく変換されない要素について説明します。

▼ SXF保存時に元図面と同じ表現にならない、または不都合となる要素

- レイヤ・レイヤグループ
  図面は、レイヤグループごとに部分図（→p.80）として保存される。図面ファイル内に同じ名前のレイヤが2つ以上ある場合、1つのレイヤに統合される。

- Jw_cad特有の特殊文字・埋め込み文字
  Jw_cad特有の特殊文字、埋め込み文字（→p.86）は、機能せず、入力した文字が表示される。

- 円ソリッド
  ソリッド（塗つぶし部）は、SXF形式のソリッドとして保存される。ただし、円ソリッド（→p.154）は正常に保存されない（変形する）ため、円ソリッドは保存前に消去すること。また、ブロック図形（→p.202）内の円ソリッドは保存されない。

- 画像
  保存されない。

- 線種
  標準の線種1～9、ランダム線（→p.90）などはSXF対応拡張線種に変換されて保存される。「基本設定」コマンドで、Jw_cad標準の8種の線種をどのSXF対応拡張線種に変換するかの指定と、補助線を保存しない指定ができる（→次ページ）。

- 仮点
  Jw_cadで印刷されない仮点は、印刷される点として保存される。不要な仮点は、あらかじめ消去しておくこと（→p.185）。

Jw_cad図面を開き SFCファイルとして保存

SFCファイルとして保存する図面ファイルを開き、保存前の確認と準備をしましょう。

1 SFCファイルとして保存する教材図面「32_35.jww」を開く。

> **POINT** 前ページの注意点を確認し、必要に応じて、円ソリッド要素の消去や加工を行ってください。この教材図面では、後で保存結果を検証するため、補助線、円ソリッドなどを消去しません。

2 メニューバー［設定］－「基本設定」を選択する。

3 「jw_win」ダイアログ「色・画面」タブで各線色のカラー印刷色と線幅を確認、適宜変更（→p.83）する。

> **POINT** 各線色は「基本設定」の「色・画面」タブで指定しているカラー印刷色および印刷線幅で保存されます。Jw_cadの標準画面の色分けで保存するには、保存前に「色彩の初期化」をしてください（→p.85）。

4 「DXF・SXF・JWC」タブを🖱して「SXF書出し」欄の設定を確認、適宜変更する。

> **POINT** 「補助線を出力しない」にチェックを付けると補助線は保存されません。チェックを付けない場合、補助線は「補助線」という名前のレイヤに保存されます。

5 「OK」ボタンを🖱。

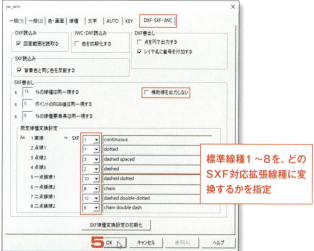

標準線種1～8を、どのSXF対応拡張線種に変換するかを指定

図面をSFCファイルとして保存しましょう。

6 メニューバー［ファイル］－「SFC形式で保存」を選択する。

7 「ファイル選択」ダイアログで保存先のフォルダーを選択し、「新規」ボタンを🖱。

8 「新規作成」ダイアログの「名前」ボックスに表示される名前を確認または適宜（右図では「35」に）変更し、「OK」ボタンを🖱。

> **POINT** 「保存形式」欄で「p21」を選択すると、P21形式の図面ファイルとして保存できます。ただし、保存したP21ファイルがそのまま電子納品に使えるとは限りません。実際の電子納品については、国土交通省の電子納品要領・基準や発注者からの電子納品規則を確認してください。

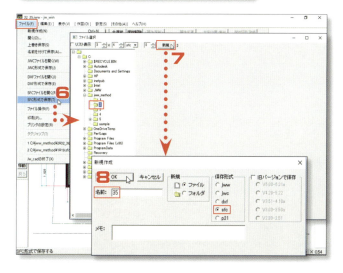

127

METHOD 36
2.5Dデータを3DのDXFファイルとして書き出す

汎用の2次元CADであるJw_cadの「2.5D」コマンドで作成した立体図を3次元（3D）のDXFファイルとして書き出すことができます。これにより、3D DXFファイルの読み込みに対応したソフトウェアにJw_cadで作成した立体図を渡すことができます。

教材データ：「jww_method」－「2」フォルダーの「36.jww」

Jw_cadで作成した立体図（2.5D）の利用例

Jw_cadの「2.5D」コマンドではワイヤーフレームの立体図を作成できます。ただし、Jw_cad図面において作成した立体図はZ座標をもたない2次元（2D）データです。
「2.5D」コマンドの「DXF出力」では、表示した立体図をZ座標をもつ3次元（3D）のDXFファイルとして書き出すことができます。
下図はJw_cadの2.5Dデータを3次元（3D）のDXFファイルとして書き出し、3Dモデリングソフトの「SketchUp Pro」で読み込んだ例です。

▼ Jw_cadの「2.5D」コマンドでアイソメ表示したところ

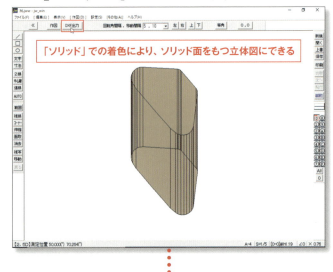

「ソリッド」での着色により、ソリッド面をもつ立体図にできる

3D DXFとしてDXFファイル（*.DXF）を書き出し

▼ SketchUp Proでインポート（読み込み）したところ

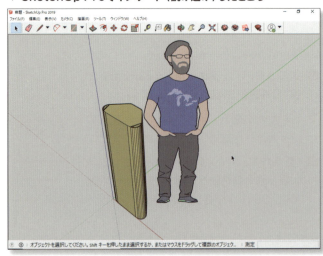

Jw_cadで作成した立体図を
3D DXFファイルとして書き出す

Jw_cadで立体図を作成した教材図面「36.jww」を開き、立体図を表示しましょう。

1 メニューバー [その他] - 「2.5D」を選択する。

2 コントロールバー「アイソメ」ボタンを🖱。

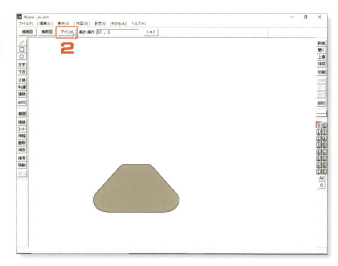

表示された立体図を3D DXFファイルとして書き出しましょう。

3 表示された立体図を確認し、コントロールバー「DXF出力」ボタンを🖱。

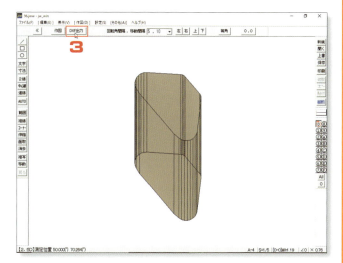

4 「名前を付けて保存」ダイアログのフォルダーツリーで、保存先を指定する。

5 「ファイル名」ボックスのファイル名を確認、適宜（右図では「36」に）変更し「保存」ボタンを🖱。

POINT 「METHOD 35」の操作を行った後だと、「36.dxfは既に存在します。上書きしますか?」というメッセージウィンドウが開くので「はい」ボタンを🖱。

HINT 「2.5D」コマンドの立体表示と教材図面「36.jww」

教材図面「36.jww」は、下記の3つの要素がレイヤ名「#lh1.19」の「0」レイヤに作図されています。

■ 線・円・弧要素

レイヤ名として「#lh高さ（単位：m）」を付けることで、そのレイヤにある線・円・弧要素を0mから指定した高さまで立ち上げることができます。
教材図面ではレイヤ名を「#lh1.19」としているため、「2.5D」コマンドの立体表示では、右図のように高さ1.19mの立体になります。

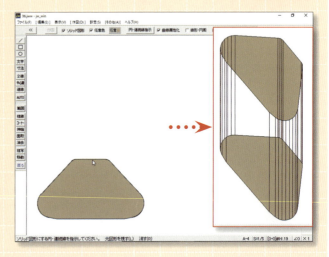

■ ソリッド

レイヤ名「#lh1.19」のレイヤにソリッドを作図して立体表示すると、ソリッドは0m（底面）と1.19m（上面）の2カ所に表示されます。

※ 位置関係がわかりやすいように、右図では線・円・弧要素も表示しています。

■ 線形・円周ソリッド

レイヤ名「#lh1.19」のレイヤに「線形・円周ソリッド」を作図して立体表示すると、0mから1.19mまでソリッド面が立ち上がります。

※ 位置関係がわかりやすいように、右図では線・円・弧要素も表示しています。

外形線上に線形・円周ソリッドが作成される

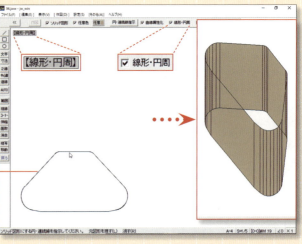

CHAPTER 3

Jw_cadで画像編集・着色・ハッチング・文字加工をする方法(メソッド)

図面に挿入した画像の大きさ変更・トリミング／ハッチング・網掛け・塗りつぶしの他、文字の加工／雲マークや断面記号の作図などを行う方法を紹介します。

METHOD 37

画像の大きさを指定範囲にフィットするよう変更する

Jw_cadの「画像挿入」では、画像の横幅が図寸100mmになる大きさで挿入されます。画像を挿入後、適宜トリミングなどを行い、「画像編集」コマンドの「画像フィット」で大きさを変更します。ここでは「METHOD 3」で画像を挿入した図面「37.jww」をモチーフに説明します。

 教材データ：「jww_method」−「3」フォルダーの「37.jww」

「画像フィット」について

Jw_cadの「画像編集」コマンドの「画像フィット」では、画像上の2点とそれに対応する大きさ変更後の2点を指示することで、画像の大きさを変更します。その際、画像の縦横比は変更されません。

元画像の対角2点を指示

変更後の大きさの対角2点を指示

画像の縦横の比率を保ったまま大きさが変更される

HINT 倍率を指定して大きさ変更

元画像に対する倍率を指定して大きさを変更する場合は、「移動」コマンドでコントロールバーの「倍率」ボックスで指定します。横（X）と縦（Y）で異なる倍率を指定した場合も画像の縦横比は変更されません。

画像フィットで大きさを調整

教材図面「37.jww」を開き、挿入済みの画像を線色8の枠の大きさに変更しましょう。

1 メニューバー［編集］－「画像編集」を選択する。
2 コントロールバー「画像フィット」を🖱し、チェックを付ける。
3 フィットさせる画像の範囲の始点として、画像左下角を🖱。
4 フィットさせる画像の範囲の終点として、右上角を🖱。

5 画像をフィットさせる範囲の始点として、線色8の枠の左下角を🖱。
6 画像をフィットさせる範囲の終点として、線色8の枠の右上角を🖱。

画像の横幅（3-4）を枠の横幅（5-6）に合わせ、右図のように大きさが変更されます。

POINT 画像とフィットさせる範囲の縦横比が異なる場合、画像の縦横比を保ち、画像の長いほうの辺（右図では横幅）がフィットするように大きさ変更されます。そのため、短いほうの辺（右図では縦の高さ）に余白ができます。

横幅を合わせたため上下に余白ができる

METHOD 38

画像を傾いた範囲にフィットさせる

「画像編集」コマンドの「画像フィット」の「（回転する）」にチェックを付けることで、傾いた範囲にフィットするように画像を傾けて大きさ変更されます。

教材データ：「jww_method」－「3」フォルダーの「38.jww」

「画像フィット（回転する）」について

「画像編集」コマンドの「画像フィット」の「（回転する）」にチェックを付けて、画像フィット操作をすることで、画像上の指示した2点を結ぶ線を、フィットさせる範囲として指示する2点を結ぶ線の角度に合わせ、画像を傾けて大きさ変更できます。

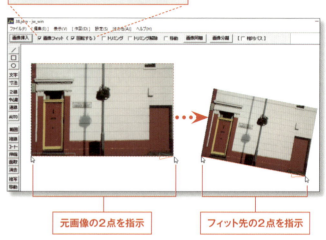

元画像の2点を指示　　フィット先の2点を指示

HINT 画像を回転するだけなら「移動」コマンド

画像の大きさを変えずに傾ける場合や、角度を指定して傾ける場合は、「移動」コマンドで回転移動します。

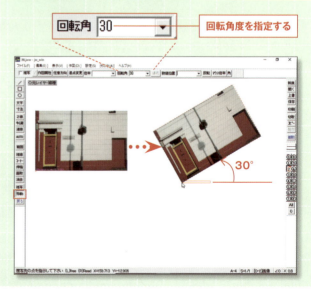

回転角度を指定する

画像を傾いた範囲にフィット

教材図面「38.jww」を開き、中央の写真の底辺を左上の斜線の傾きと長さにフィットするように、角度を合わせて大きさを変更しましょう。

1 メニューバー[編集]－「画像編集」を選択する。
2 コントロールバー「画像フィット」と「(回転する)」にチェックを付ける。
3 フィットさせる画像の範囲の始点として、画像の左下角を🖱。
4 フィットさせる画像の範囲の終点として、画像の右下角を🖱。

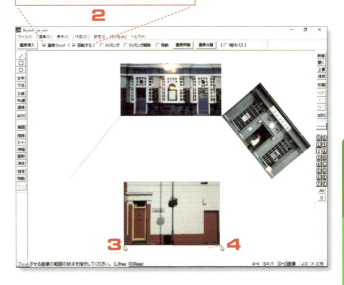

5 画像をフィットさせる範囲の始点として、斜線の左端点を🖱。
6 画像をフィットさせる範囲の終点として、斜線の右端点を🖱。

3－4の辺を5－6の斜線の傾きと長さに合わせ、右図のように画像が回転して大きさが変更されます。

METHOD 39
画像を移動する

画像の移動について

Jw_cadの「画像編集」コマンドの「移動」では、画像上の点（移動基準点）と移動先の点を指示することで、画像を移動します。

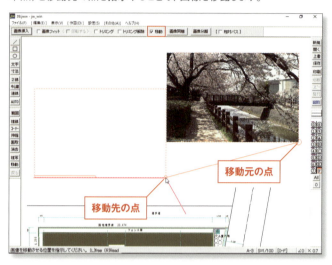

移動元の点
移動先の点

HINT 「文字」コマンドで移動

Jw_cadでは画像は文字要素として扱われるため、「文字」コマンドで画像の左下を🖱️することでも移動できます。文字要素の移動同様、コントロールバー「任意方向」ボタンを🖱️して「X方向」や「Y方向」にすることで、縦位置、横位置を変えずに移動できます。ただし、コントロールバー「角度」ボックスでの角度指定は無効です。

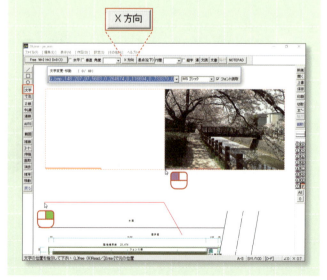

X方向

挿入した画像の移動は、「画像編集」コマンドの「移動」を使い、画像上の移動元の点と移動先の点を指示することで行えます。また、挿入した画像は、実は文字要素として扱われるため、「文字」コマンドでの移動も可能です。

 教材データ：「jww_method」－「3」フォルダーの「39.jww」

画像編集で画像を移動

教材図面「39.jww」を開き、用紙右上の写真の右下角が引出線の右端点に合うように移動しましょう。

1 メニューバー［編集］－「画像編集」を選択する。

2 コントロールバー「移動」を🖱し、チェックを付ける。

3 移動する画像の移動基準点として、画像の右下角を🖱。

POINT **3**の操作で移動対象の画像を選択するとともに、移動の基準点を指示します。

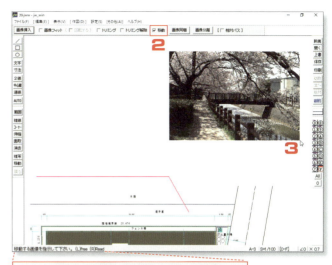

4 移動先の点として引出線の右端点を🖱。

画像右下角（**3**）を引出線の右端点（**4**）に合わせ、右図のように移動されます。

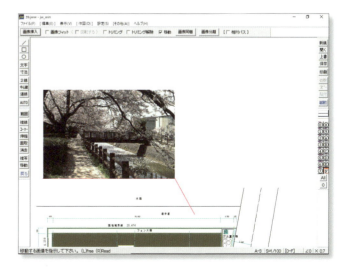

METHOD 40

複数の画像を大きさや傾きを指定して移動・複写する

「移動」「複写」コマンドによる画像の移動・複写と大きさ・傾き変更

画像は、その左下角に画像表示命令文（→p.23）が記載されており、文字要素として扱われます。そのため、「移動」「複写」コマンドで画像を範囲選択するときに注意が必要です。

▼ 画像を範囲選択

画像の左下角の画像表示命令文が選択範囲枠に入るように囲み、終点を🖱（文字を含む）

▼「移動」「複写」のコントロールバーでの指示項目

● 大きさ変更

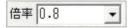

倍率を指定して大きさを変更できる。ただし画像の縦横比は保持される。XとYで異なる倍率を指定した場合は、数値の大きいほうの倍率で変更される。

● 傾き変更

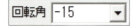

回転角度は数値で指定できる他、メニューバー［設定］−「角度取得」で取得した角度でも指定できる。

● 位置指示

数値位置 0,-50

元画像からの移動距離を「数値位置」ボックスに「X（横方向），Y（縦方向）」の実寸値を入力することで指定できる。

● 移動・複写方向固定

X方向　Y方向　XY方向

移動・複写先の方向をマウス指示するとき、横方向（X方向）、縦方向（Y方向）に固定できる。

複数の画像の移動・複写、大きさ・傾き変更は、一般の図面要素と同様に「移動」または「複写」コマンドで行えます。

 教材データ：「jww_method」−「3」フォルダー「40.jww」

2つの画像の大きさ・傾きを変えて複写

教材図面「40.jww」を開き、2つの画像を右回りに15°傾け、0.8倍の大きさにして、右側の横の位置を変えずに下に移動しましょう。

1 「複写」コマンドを選択する。

2 選択範囲枠に2つの画像の下側が入るように囲み、終点を🖱(文字を含む)。

POINT 画像は文字要素として扱います。範囲選択する際は、画像の左下角から記入されている画像表示命令文(→p.23)が選択範囲枠に入るように囲み、終点を🖱(文字を含む)します。

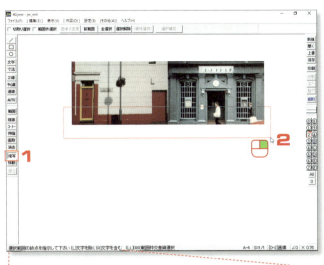

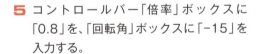

3 画像の左下角から記入されている表示命令文(文字要素)が選択色になるので、コントロールバー「基準点変更」ボタンを🖱。

4 移動の基準点として右の画像右下角を🖱。

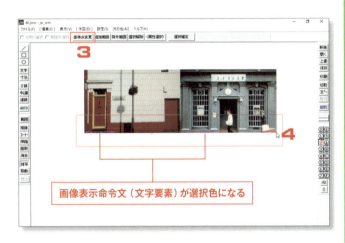

画像表示命令文(文字要素)が選択色になる

5 コントロールバー「倍率」ボックスに「0.8」を、「回転角」ボックスに「-15」を入力する。

POINT 角度の指定は左回りが+(プラス)、右回りは-(マイナス)値で入力します。

6 コントロールバー「任意方向」ボタンを2回🖱し、「Y方向」にする。

POINT 「Y方向」にすることで、複写方向が縦方向に固定されます。

7 複写先を🖱。

8 「／」コマンドを選択し、「複写」コマンドを終了する。

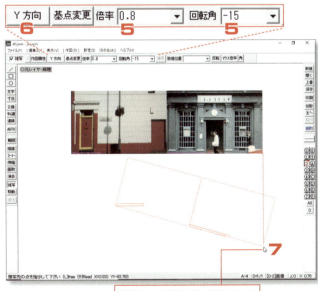

複写方向が縦方向に固定される

METHOD 41
画像の必要な部分を切り取る（トリミングする）

Jw_cad図面上の画像は、「画像編集」コマンドの「トリミング」で、画像の表示する範囲を指示して、不要な部分を切り取り、必要な部分のみ表示できます。

教材データ：「jww_method」－「3」フォルダーの「41.jww」

Jw_cadでの画像のトリミングについて

Jw_cad図面上で行う画像のトリミングは、指示した始点・終点を対角とする矩形の範囲を表示するものです。画像ファイル自体を加工するものではありません。
そのため、トリミングを解除すれば、トリミング前の画像全体の表示に戻すことができます。
トリミング指示により、画像表示命令文（→p.23）も下記のように変更されます。

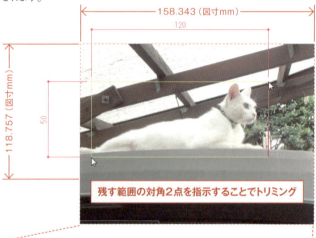

^@BM% temp% F__P1020069_JPG.bmp,158.343,118.757,0,0,1,0

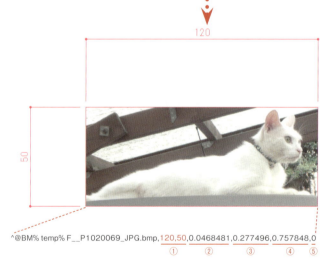

^@BM% temp% F__P1020069_JPG.bmp,120,50,0.0468481,0.277496,0.757848,0
　　　　　　　　　　　　　　　　　　　　①　　②　　　　③　　　　④　　　⑤

① 画像表示の横寸法,縦寸法（図寸mm）
② トリミング始点のX座標－トリミング範囲の始点のX座標を、画像幅を1とした比の値で示す。
③ トリミング終点のY座標－トリミング範囲の終点のY座標を、画像幅を1とした比の値で示す。
④ トリミングのサイズ－トリミング範囲の横幅を、画像幅を1とした比の値で示す。
⑤ 画像の表示角度

画像のトリミング

教材図面「41.jww」を開き、写真の猫の部分（赤い枠内）を残してトリミングしましょう。

1 メニューバー[編集]-「画像編集」を選択する。

2 コントロールバー「トリミング」にチェックを付ける。

3 トリミング範囲の始点として、枠の左下角を🖱。

4 表示される範囲枠で画像の残す部分を囲み、終点として枠の右上角を🖱。

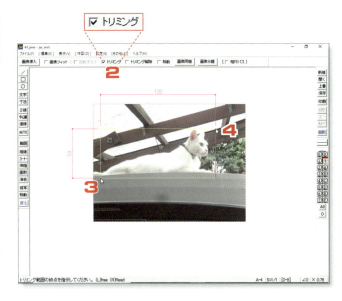

右図のように、**3**、**4**を対角とする長方形の範囲が残り表示されます。

POINT **3**、**4**では作図済みの長方形の角を🖱しましたが、読み取り点のない位置を🖱で指示することもできます。トリミングの形状は長方形に限られます。

丸くトリミング →次ページ

HINT トリミングの解除

「トリミング」は、あくまでJw_cad図面上の画像に対して範囲を指示し、表示する指定です。画像ファイル自体は加工されないため、トリミングを解除することで元の画像全体の表示に戻ります。
コントロールバー「トリミング解除」にチェックを付け、トリミングを解除する画像を🖱してください。トリミング前の画像全体が表示されます。

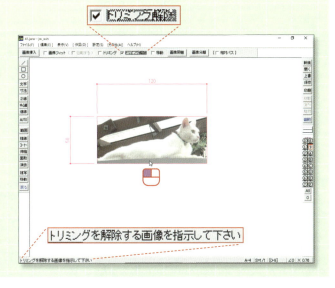

METHOD 42 画像を円形にトリミングする

Jw_cad図面上の画像を円形にトリミングするには

「画像編集」コマンドでのトリミング範囲の形状は長方形に限られています。円形にトリミングするには、円の外側を白で塗りつぶしたうえで、その範囲をトリミングします。

この部分は白で塗りつぶし

この部分はトリミング

基本設定の「jw_win」ダイアログ「一般（1）」タブの「画像・ソリッドを最初に描画」にチェックが付き、「ソリッドを先に描画」のチェックが外れていることを確認してください。
この設定によって、画像→ソリッド→線・文字要素の順で描画されます（ソリッドに重なる画像部分は、ソリッドに隠れて表示されない）。

「画像編集」コマンドの「トリミング」（→p.140）では、画像を丸くトリミングすることはできません。ここでは、塗りつぶし機能（「ソリッド」コマンド）を併用して、画像を円形でトリミングしたように表現する方法を紹介します。

 教材データ：「jww_method」－「3」フォルダーの「42.jww」

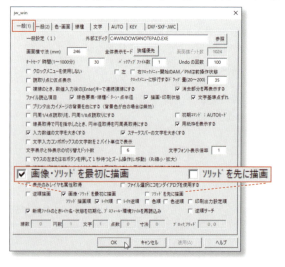

画像を円形でトリミングしたように見せる

教材図面「42.jww」を開き、写真上に作図されている円内部の画像が残るようにしましょう。はじめに円の外側を白く塗りつぶします。

1 「ソリッド」コマンドを選択する。

「ソリッド」コマンドの操作 →p.150

2 コントロールバー「任意色」にチェックを付け、「任意□」を白にする。

塗りつぶし色の指示 →p.163

3 コントロールバー「円・連続線指示」ボタンを🖱。

4 コントロールバー「円外側」にチェックを付ける。

5 写真上の円を🖱。

右図のように、🖱した円に外接する正方形と円の間が白く塗りつぶされます。
次に円に外接する正方形の範囲をトリミングして、その外側を消しましょう。

6 メニューバー［編集］－「画像編集」を選択し、コントロールバー「トリミング」にチェックを付ける。

7 トリミング範囲の始点として、白いソリッドの左上角を🖱。

8 トリミング範囲の終点として、ソリッドの右下角を🖱。

7、**8**を対角とする矩形の範囲でトリミングされ、右図のように表示されます。

METHOD 43
指定範囲を格子状にハッチングする

Jw_cadの「ハッチ」コマンドのハッチングの種類に格子は用意されていません。格子状のハッチングをするには、ハッチ種類「1線」で角度を変えて同じ範囲に2度ハッチングします。

教材データ:「jww_method」ー「3」フォルダーの「43_44.jww」

ハッチングの種類

「ハッチ」コマンドでは、コントロールバーでハッチングの種類とその角度、ピッチなどを指定します。標準で用意されているハッチングの種類は以下の5種類です。

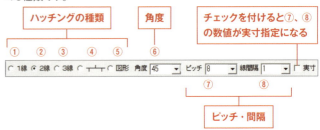

▼ ハッチングの種類とピッチ・間隔

下図のように、ハッチングの種類によってピッチ・間隔（⑦、⑧）の名称が異なります。基本的に図寸（mm）で指定（入力）します。

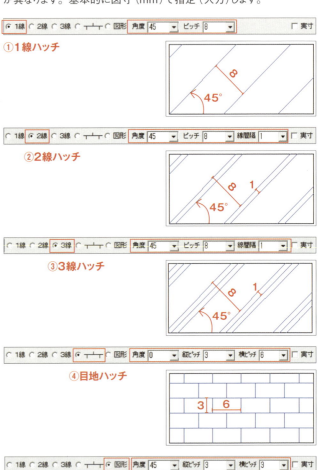

⑤図形ハッチ
指定図形をハッチ範囲に指定ピッチで並べてハッチングする（→p.148）。

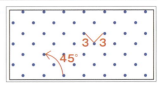

格子状にハッチング

教材図面「43_44.jww」を開き、ハッチングする範囲を指定しましょう。

1 メニューバー [作図] ー「ハッチ」を選択する。

2 ハッチング範囲の外形線を🖱（閉鎖連続線）。

POINT ハッチング範囲の外形線が閉じた連続線や円のときは🖱で指定します。中抜きの指示はハッチング範囲と中抜きの範囲の両方を指定します。

3 中抜き範囲の外形線を🖱（閉鎖連続線）。

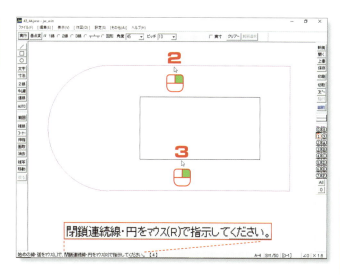

4 コントロールバーのハッチング種類「1線」を選択、角度「45°」、ピッチ「10」を指定する。

POINT 「ピッチ」「線間隔」は図寸（mm）で指定します。コントロールバー「実寸」にチェックを付けることで実寸指定もできます。

5 コントロールバー「基点変」ボタンを🖱。

6 右図の角を🖱。

POINT 5、6の指示により、ハッチングの線が6の位置を通るように作図されます。

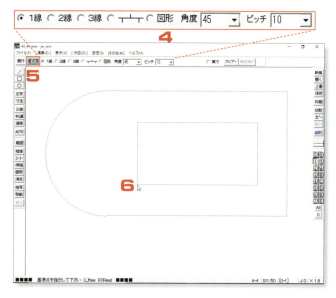

7 「書込線」をハッチングする線の線色・線種（右図では「線色6・実線」）にする。

8 コントロールバー「実行」ボタンを🖱。

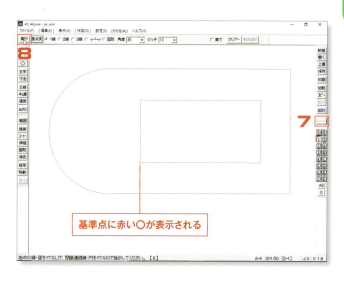

基準点に赤い○が表示される

指定した範囲に書込線の「線色6・実線」で、角度45°の1線ハッチが作図されます。

POINT ハッチングの作図後もハッチング範囲は選択色のままで、さらにハッチングを追加作図できます。他の範囲をハッチングするには、コントロールバー「クリアー」ボタンを🖱して現在のハッチング範囲を解除したうえで、新しくハッチング範囲を指定します。

格子状にするため、角度を「-45°」に変更し、再度ハッチングしましょう。

9 コントロールバー「角度」ボックスを「-45」にする。

10 「実行」ボタンを🖱。

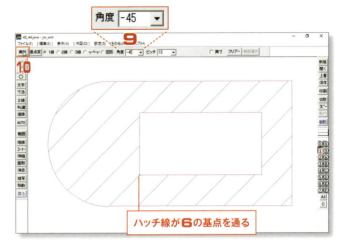

右図のように、同じ範囲に-45°で1線ハッチが作図されます。

11 コントロールバー「クリアー」ボタンを🖱し、ハッチング範囲を解除する。

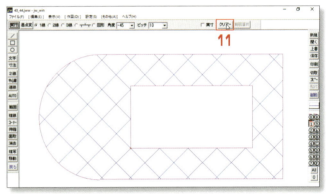

HINT すべてのハッチング範囲が閉じている場合の範囲指定方法

ハッチング対象がすべて閉じた連続線の場合は、範囲選択枠で囲むことでハッチング範囲を指定できます。

1 「ハッチ」コマンドのコントロールバー「範囲選択」ボタンを🖱。

2 選択範囲の始点を🖱。

3 表示される選択範囲枠で、ハッチング対象を囲み、選択範囲の終点を🖱。

4 ハッチング範囲が選択色になったことを確認し、コントロールバー「選択確定」ボタンを🖱。

以上でハッチング範囲が確定し、コントロールバー「実行」ボタンが🖱できる段階になります。

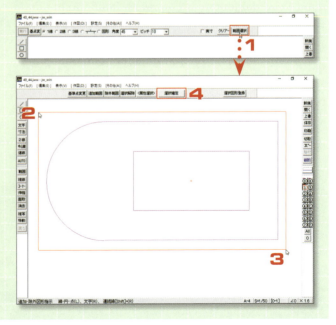

146

ハッチング範囲が閉じていない場合の範囲指定方法

ハッチングする範囲が閉じた連続線になっていない場合は、ハッチング範囲の外形線を1本ずつ🖱指示することで指定します。

1 ハッチング範囲の開始線として右辺を🖱。

2 開始線に連続する次の線を🖱。

3 次の線として左辺を🖱。

POINT **2**、**3**の線は連続していませんが、**2**の線に連続して**3**の線がハッチ範囲として選択色になります。**3**で**2**の延長上の線を🖱した場合は 計算できません と表示され、次の線として選択されません。

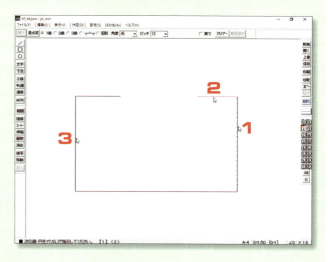

4 次の線として、下辺を🖱。

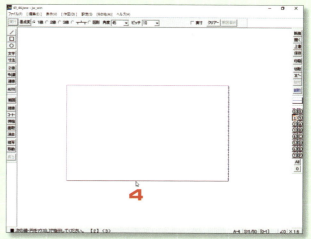

5 開始線を🖱。

以上で、**1**〜**4**の線に囲まれた範囲がハッチング範囲として確定し、コントロールバー「実行」ボタンが🖱できる段階になります。

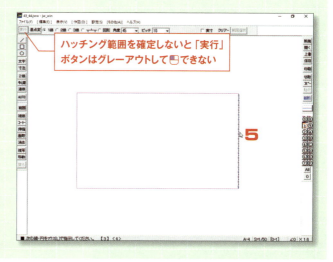

ハッチング範囲を確定しないと「実行」ボタンはグレーアウトして🖱できない

METHOD 44 指定範囲を網掛け状にハッチングする

図形ハッチングによる網掛け表現

「ハッチ」コマンドのハッチング種類「図形」は、あらかじめ「登録選択図形」とした図形を、指定範囲に指定角度とピッチでハッチングします。この機能を利用して実点や小さな円を指定範囲にハッチングすることで、網掛けをしたような表現ができます。

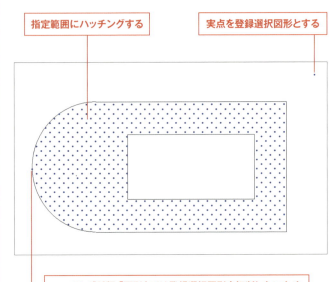

指定範囲にハッチングする

実点を登録選択図形とする

ハッチング種類「図形」では登録選択図形を切断しないため指定したハッチング範囲からはみ出す場合がある

実点を登録選択図形にしてハッチングした場合の網掛けの濃さは、「ハッチ」コマンドのコントロールバーで指定する「縦ピッチ」「横ピッチ」と実点の印刷サイズで調整します。また、カラー印刷する場合は、実点のカラー印刷色でも調整できます。

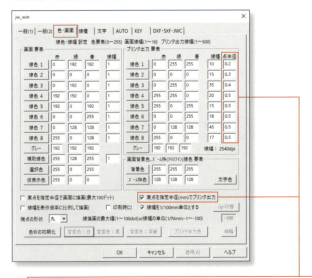

「実点を指定半径（mm）でプリンタ出力」にチェックを付けることで線色ごとの実点の半径寸法（図寸mm）を指定できる

Jw_cadには、網掛け機能はありません。「ハッチ」コマンドのハッチング種類「図形」で、実点または小さい円をハッチング図形として登録し、指定範囲をハッチングすることで、網掛けのような表現ができます。

 教材データ：「jww_method」－「3」フォルダの「43_44.jww」

148

実点をハッチ図形として登録しハッチング

教材図面「43_44.jww」を開き、あらかじめ作図しておいた実点をハッチ図形として登録しましょう。

1 メニューバー[作図]-「ハッチ」を選択する。
2 コントロールバー「範囲選択」ボタンを🖱。
3 あらかじめ作図しておいた実点を範囲選択する。
4 コントロールバー「選択図形登録」ボタンを🖱。

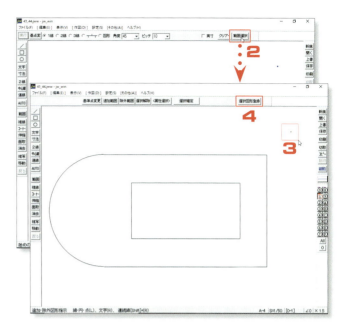

作図ウィンドウ左上に《図形登録》と表示され、3で範囲選択した実点が選択図形として登録されます。ハッチング範囲を指定し、ハッチング種類「図形」でハッチングしましょう。

5 ハッチング範囲を指定する。
　　　　　　　　　　　　　　ハッチング範囲の指定→p.146
6 コントロールバーのハッチ種類「図形」を選択する。
7 角度、縦ピッチ、横ピッチを指定する。
8 「実行」ボタンを🖱。

右図のように、7で指定した角度、縦ピッチ、横ピッチで、ハッチング範囲に実点がハッチングされます。

9 コントロールバー「クリアー」ボタンを🖱し、ハッチング範囲を解除する。

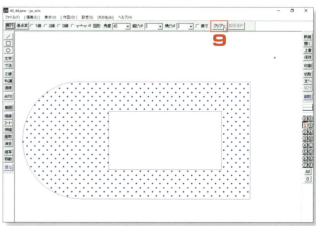

METHOD 45

閉じた図形の内部を塗りつぶす

Jw_cadでは塗りつぶし部を「ソリッド」と呼びます。塗りつぶしを行う「ソリッド」コマンドは「多角形」コマンド内にあります。ここでは、「ソリッド」コマンドの基本と、閉じた連続線の内部を塗りつぶす方法を紹介します。

教材データ:「jww_method」-「3」フォルダーの「45.jww」

ソリッドコマンドの選択とソリッドの曲線属性化

▼「ソリッド」コマンドの選択

メニューバー[作図]-「多角形」を選択し、コントロールバー「任意」ボタンを🖱️して、表示されるコントロールバーの「ソリッド図形」ボックスにチェックを付けることで、塗りつぶしを行う「ソリッド」コマンドになります。

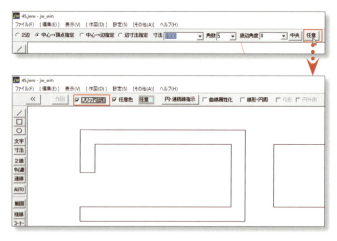

▼ ソリッドの曲線属性化

Jw_cadで塗りつぶした部分(ソリッド)は、四角形または三角形のソリッドの集まりになっているため、ソリッドの消去やソリッド色変更などの際に、以下のような不都合が生じます。

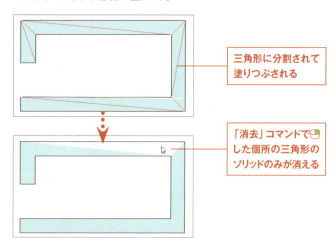

三角形に分割されて塗りつぶされる

「消去」コマンドで🖱️した個所の三角形のソリッドのみが消える

上記のような不都合を防ぐため「ソリッド」コマンドには、1回の操作で塗りつぶした複数の三角形または四角形からなるソリッドに、それらをひとまとまりとして扱う曲線属性を付加する「曲線属性化」機能が用意されています。

150

線に囲まれた内部の塗りつぶし

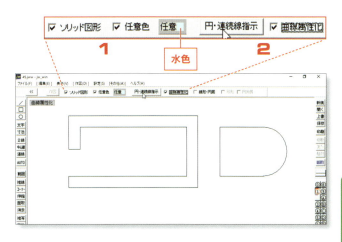

教材図面「45.jww」を開き、作図されている図形の内部を塗りつぶしましょう。

1 「ソリッド」コマンドを選択し、塗りつぶし色の水色を確認する。

「ソリッド」コマンドの選択→前ページ
塗りつぶし色の指定→p.163

POINT 図面保存時の塗りつぶし色が図面ファイルに記憶されています。

2 コントロールバー「曲線属性化」にチェックを付け、「円・連続線指示」ボタンを🖱。

POINT 操作メッセージが「ソリッド図形にする円・連続線を指示してください」に変わり、連続線に囲まれた範囲を塗りつぶすモードに切り替わります。

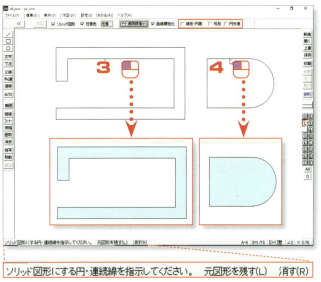

3 コントロールバー「線形・円周」「弓形」「円外側」のチェックが外れていることを確認し、塗りつぶす範囲として、左の図形の外形線を🖱(元図形を残す)。

POINT 塗りつぶす範囲の外形線を🖱(消す)した場合、内部を塗りつぶし、外形線を消去します。

4 塗りつぶす範囲として、右の図形の外形線を🖱。

POINT 円弧を含む連続線の場合、必ず直線部分を🖱してください。

右の結果の図のように、🖱した外形線内部が塗りつぶされます。

HINT 塗りつぶしがうまくできない図形

右図のような円弧を含む連続線内部は正しく塗りつぶせません。このような図形の場合には、円環ソリッド(→p.160)と外周点指示(→p.152)を組み合わせて塗りつぶすなどの工夫が必要です。または、「METHOD 49」の方法をお試しください。形状が複雑で閉じた連続線を🖱した場合、「4線以上の場合は、線が交差した図形は作図できません」や「計算できません」のメッセージが表示されて塗りつぶせないこともあります。その場合は、分割して塗りつぶすか、印刷時のみ塗りつぶし(→p.168)で対処してください。

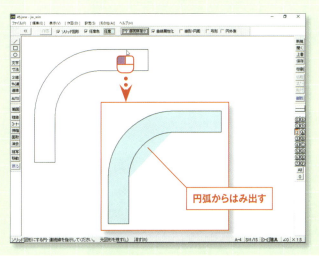

円弧からはみ出す

METHOD 46

指示点に囲まれた内部を塗りつぶす

塗りつぶし範囲の指定方法

「ソリッド」コマンドで塗りつぶし範囲を指示する方法として、以下の2通りがあります。

▼ 外周点を指示することでそれらに囲まれた多角形内部を塗りつぶす（→次ページ）

> 始点を指示してください (L)free (R)Read　　[Shift]+(L):色変更　　[Shift]+(R):色取得

「ソリッド」コマンド選択直後の操作メッセージ

▼ 外形線を指示し、閉じた連続線内部を塗りつぶす（→前ページ）

> ソリッド図形にする円・連続線を指示してください。　元図形を残す(L)　消す(R)

「ソリッド」コマンドのコントロールバー「円・連続線指示」ボタンを🖱して切り替えた操作メッセージ

閉じた連続線内部を塗りつぶす方法は「METHOD 45」で紹介しました。ここでは、塗りつぶす範囲が閉じた連続線で囲まれていない場合に外周点を指示することで指示点に囲まれた内部を塗りつぶす方法を紹介します。

教材データ：「jww_method」－「3」フォルダーの「46.jww」

HINT　ソリッドに重なる・線・文字を表示

ソリッドに線や文字が重なって隠れてしまうことがあります。それを回避するため、基本設定の「jw_win」ダイアログ「一般（1）」タブの「画像・ソリッドを最初に描画」にチェックを付けてください。

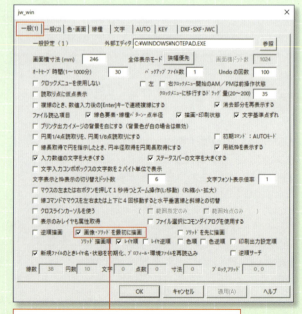

このチェックが付いていない場合は、ソリッドに重なる線や文字要素はソリッドに隠れて表示されない

指示した点に囲まれた内部の塗りつぶし

教材図面「46.jww」を開き、トイレ内部を塗りつぶしましょう。

1 「ソリッド」コマンドを選択し、塗りつぶし色の水色を確認する。

「ソリッド」コマンドの選択→p.150
塗りつぶし色の指定→p.163

POINT 図面保存時の塗りつぶし色が図面ファイルに記憶されています。

2 コントロールバー「曲線属性化」にチェックを付け、始点として右図の角を🖱。

3 中間点として次の角を🖱。

4 終点として次の角を🖱。

5 終点として次の角を🖱。

6 終点として次の角を🖱。

7 終点として次の角を🖱。

8 コントロールバー「作図」ボタンを🖱。

以上で、**2**～**7**の点に囲まれた範囲が指定色で塗りつぶされます。

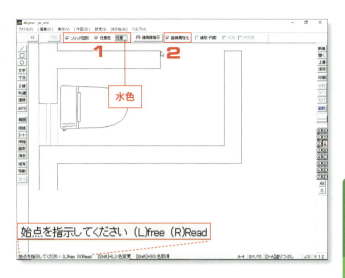

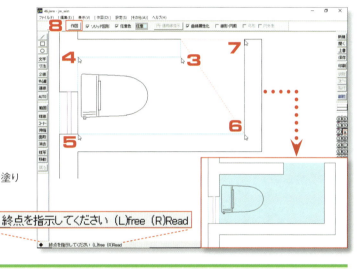

HINT 長方形に塗りつぶし

塗りつぶす範囲が長方形の場合は、「□」コマンドでも塗りつぶせます。

1 「□」コマンドのコントロールバー「ソリッド」にチェックを付け、適宜「任意色」にチェックを付ける。

POINT コントロールバー「任意色」のチェックと「任意■」の色は「ソリッド」コマンドの設定と連動します。

2 コントロールバー「寸法」ボックスを空白または「(無指定)」にする。

3 始点として左上角を🖱。

4 終点として右下角を🖱。

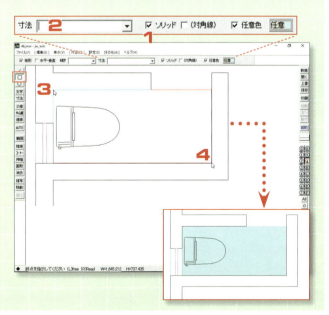

METHOD 47 円・弧を塗りつぶす

円ソリッドとは

p.150で解説したように、Jw_cadでの塗りつぶし部分（ソリッド）は基本的には四角形または三角形のソリッドの集まりです。しかし、円・弧の塗りつぶし部分は、それとは別で「円ソリッド」と呼びます。
ここでは、教材図面「47.jww」を開き、次ページの3通りの指定で円・弧を塗りつぶしてみます。

「ソリッド」コマンドの選択→p.150

▼ 円・弧を塗りつぶすモード

- 弧を弓形に塗りつぶす
- 塗りつぶし範囲の指定方法を切り替える
- 円・弧の外側を塗りつぶす

HINT 円ソリッドを含む図面をDXF・SXF保存した場合

DXF形式で保存した場合、円ソリッド部分は保存されません。SXF（SFCまたはP21）形式で保存した場合は下図のように変形して保存されます。

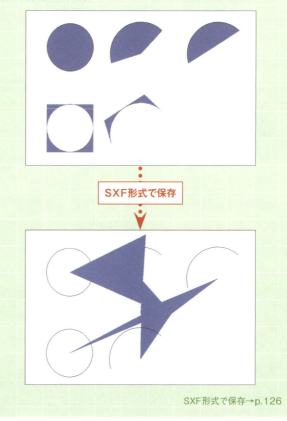

SXF形式で保存

SXF形式で保存→p.126

円・弧部分の塗りつぶしは「ソリッド」コマンドの「円・連続線指示」で行います。Jw_cadで塗りつぶした円・弧の塗りつぶし部分を「円ソリッド」と呼びます。

 教材データ：「jww_method」-「3」フォルダーの「47.jww」

円・弧の塗りつぶし

1 「ソリッド」コマンドを選択し、コントロールバー「円・連続線指示」ボタンを🖱。

2 操作メッセージが「ソリッド図形にする円・連続線を指示してください」になったことを確認し、塗りつぶし対象として、円を🖱。

3 塗りつぶし対象として、弧を🖱。

右の結果の図のように、2は円の内部が、3は弧の両端点から中心点を結ぶ線と弧に囲まれた内部が、それぞれ塗りつぶされます。

弧を弓形に塗りつぶす

1 「ソリッド」コマンドのコントロールバー「弓形」にチェックを付ける。

POINT 「弓形」がグレーアウトしてチェックを付けられない場合は、コントロールバー「円・連続線指示」ボタンを🖱してください。

2 塗りつぶし対象として、弧を🖱。

右の結果の図のように、2の弧の両端点を結ぶ線と弧に囲まれた内部が塗りつぶされます。

円・弧の外側の塗りつぶし

1 「ソリッド」コマンドのコントロールバー「円外側」にチェックを付ける。

POINT 「円外側」がグレーアウトしてチェックを付けられない場合は、コントロールバー「円・連続線指示」ボタンを🖱してください。

2 塗りつぶし対象として円を🖱。

3 塗りつぶし対象として弧を🖱。

右の結果の図のように、2は円に外接する正方形と円の間が、3は弧の外接線と弧に囲まれた内部が、それぞれ塗りつぶされます。

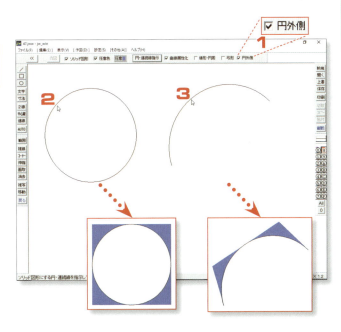

155

METHOD 48

中抜き状に塗りつぶす

Jw_cadの「ソリッド」コマンドでは、中抜きをして塗りつぶすことはできません。そのような表現をしたい場合は、全体を塗りつぶしたうえで、中抜き部分を白く塗りつぶすことで表現します。

教材データ：「jww_method」－「3」フォルダーの「48.jww」

中抜き状の塗りつぶし

外側の図形を塗りつぶしたレイヤの上に、白く塗りつぶした図形のレイヤを重ねることで、中抜き表現をします。

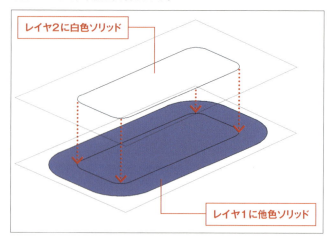

レイヤ2に白色ソリッド

レイヤ1に他色ソリッド

HINT　ソリッドの描画順を指定

色ソリッドの上（前面）に常に中抜き部分の白ソリッドが重なるよう、ソリッドの描画順を指定しておく必要があります。
基本設定の「jw_win」ダイアログ「一般（1）」タブの「画像・ソリッドを最初に描画」にチェックを付け、「ソリッド描画順」として「レイヤ順」にチェックを付けてください。

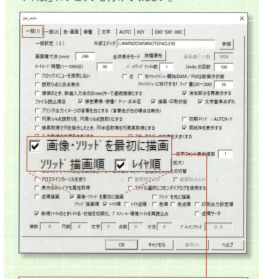

重なっているソリッドは、レイヤ番号0→1→2→3…の番号順に描画される

中抜きしたように塗りつぶす

教材図面「48.jww」を開き、外側の図形を塗りつぶししましょう。

1 「ソリッド」コマンドを選択し、塗りつぶし色を確認する。

　　　　　　　　　「ソリッド」コマンドの選択→p.150
　　　　　　　　　塗りつぶし色の指定→p.163

2 コントロールバー「曲線属性化」にチェックを付け、「円・連続線指示」ボタンを🖱。

3 コントロールバー「線形・円周」「弓形」「円外側」のチェックが外れていることを確認し、塗りつぶす範囲として、外側の図形の外形線を🖱。

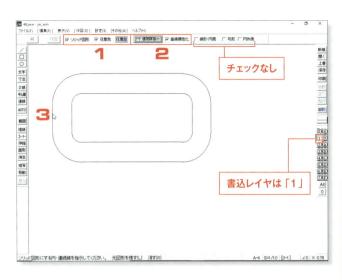

「1」レイヤより後ろのレイヤを書込レイヤにし、内側の図形を白で塗りつぶしましょう。

4 「2」レイヤを🖱し、書込レイヤにする。

POINT 前ページのHINTでソリッドの描画順を「レイヤ順」としたため、**3**のソリッドが作図されているレイヤ「1」よりも後ろのレイヤを書込レイヤにします。

5 コントロールバー「任意■」ボタンを🖱。

6 「色の設定」パレットで塗りつぶし色として白を選択し、「OK」ボタンを🖱。

7 塗りつぶす範囲として、内側の図形の外形線を🖱。

右の結果の図のように、**7**で🖱した図形が白で塗りつぶされ、中抜きしたように表現されます。

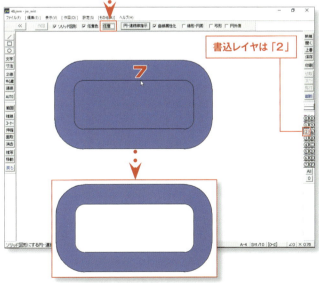

METHOD 49

範囲選択指示で閉じた図形を中抜きして塗りつぶす

```
ソリッド中抜　※ 外部変形
［収録ファイル名］Solid3.LZH
　　　　　　　インストール方法→p.278
［開発元］KITI
［料金］無料
［URL］http://kiti-ku.o.oo7.jp/
　※Windows 10（64bit版）で動作確認済み
```

外部変形「ソリッド中抜」のコントロールバー

「外部変形」コマンドは、Jw_cadの規則に準じて作成された別のプログラム（外部変形）を使って、作図・変更を行います。

外部変形「ソリッド中抜」では、閉じた図形を範囲選択することで、その内部を塗りつぶします。内部にさらに閉じた図形がある場合は、それを中抜きして塗りつぶします。

「ソリッド中抜」のコントロールバーでは、以下の指示が行えます。

- 前回の塗りつぶし色（書込線色で塗りつぶした場合は現在の書込線色）で塗りつぶす（→次ページ）
- 円弧部の塗りつぶしがうまく行えない場合に円分割倍率（例：2、3…）を指示。数値が大きいほど処理時間が長くなり、データ量も増える
- 書込線色で塗りつぶす
- 塗りつぶし色の確認および指定を行う。「色の設定」パレットが開き、塗りつぶし色を指示できる。「色の設定」パレットを閉じた後、作図ウィンドウ左上に 未実行 と表示されるが問題ない
- 色の作成が可能（→p.163）

Jw_cadの「ソリッド」コマンドでは、中抜きの塗りつぶしはできないため、「METHOD 48」では中抜き範囲を白で塗りつぶし、疑似的に中抜きを表現しました。外部変形「ソリッド中抜」を利用して閉じた図形を範囲選択することで、実際に中抜きの塗りつぶしができます。

教材データ：「jww_method」−「3」フォルダーの「49.jww」

158

外部変形「ソリッド中抜」で
中抜き形状を塗りつぶす

教材図面「49.jww」を開き、作図されている2つの閉じた図形を外部変形「ソリッド中抜」で中抜きして塗りつぶしましょう。

1 メニューバー[その他]−「外部変形」を選択する。

2 「ファイル選択」ダイアログのフォルダーツリーで、「JWW」フォルダー内の「Solid3」フォルダーを🖱。

3 「Solid3.bat」を🖱🖱。

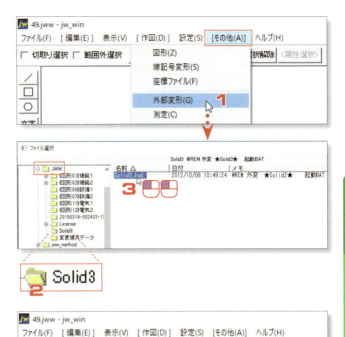

4 コントロールバー「前色・塗る」ボタンを🖱。

POINT Jw_cadの「ソリッド」コマンドのソリッド色とは関係なく、外部変形「ソリッド中抜」で前回塗りつぶした色で塗りつぶします。塗りつぶし色を指定するには、4の操作前にコントロールバー「色を指示」ボタンを🖱して「色の設定」パレットで指定します（→前ページ）。

5 範囲選択の始点として、図の左上で🖱。

6 選択範囲枠で、塗りつぶし対象の図を囲み、終点を🖱。

7 塗りつぶし対象の閉じた図が選択色になったことを確認し、コントロールバー「選択確定」ボタンを🖱。

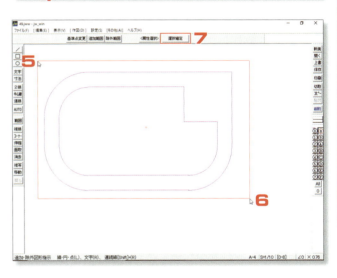

内側の閉じた連続線の内部を中抜きして、右図のように塗りつぶします。なお、この方法で塗りつぶしたソリッドには曲線属性（→p.150）は付きません。

POINT 外形線が塗りつぶし部分に隠れる場合は、🖱↗ 全体 などを行い、画面を再表示してください。解消されない場合は、p.152のHINTを参照してください。

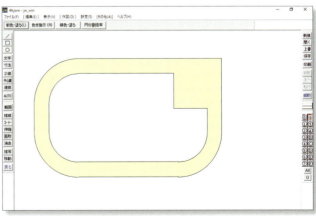

CHAPTER 3 Jw_cadで画像編集・着色・ハッチング・文字加工をする方法

159

METHOD 50

ドーナツ状に塗りつぶす

円環ソリッドについて

「ソリッド」コマンドのコントロールバー「円・連続線指示」ボタンを🖱すすることで、「円環ソリッド」モードになります。円・弧を指示して開く「数値入力」ダイアログに内側の円・弧の半径を入力することで、ドーナツ状に塗りつぶされます。

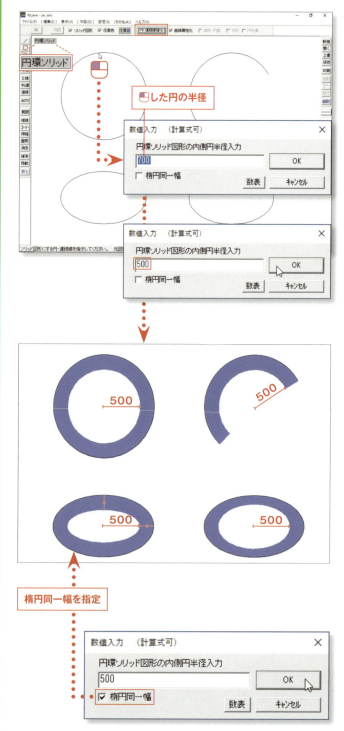

Jw_cadの「ソリッド」コマンドでは中抜きをして塗りつぶすことはできませんが、円・弧（楕円含む）に限り、内側の円の部分を抜いたドーナツ状に塗りつぶすことができます。これを「円環ソリッド」と呼びます。

 教材データ：「jww_method」－「3」フォルダーの「50.jww」

円・弧をドーナツ状に塗りつぶす

教材図面「50.jww」を開き、内側の円を白抜きにした状態で塗りつぶしましょう。

1 「ソリッド」コマンドを選択し、塗りつぶし色を指定する。

「ソリッド」コマンドの選択→p.150
塗りつぶし色の指定→p.163

2 「円・連続線指示」ボタンを🖱。

POINT 「円・連続線指示」ボタンを🖱すると円・弧をドーナツ状に塗りつぶす円環ソリッドモードになり、作図ウィンドウ左上に 円環ソリッド と表示されます。

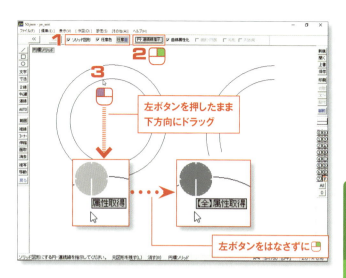

内側の円の半径を取得しましょう。

3 内側の円を🖱↓し、クロックメニューAM6時 属性取得 が表示された状態で（左ボタンをはなさずに）🖱して（右ボタンはすぐはなす）、PM6時【全】属性取得 が表示されたら左ボタンもはなす。

以上で、**3**の要素が属性取得され、作図ウィンドウ左上に**3**の円半径が表示されます。

4 円環ソリッド対象の外側の円を🖱。

5 内側の円（**3**で取得した）の半径が入力された「数値入力」ダイアログが開くので、「OK」ボタンを🖱。

POINT 通常、「数値入力」ボックスには、**4**でクリックした円の半径寸法が色反転した状態で表示されます。しかし、ここでは**3**の操作を行っているため、**3**の円の半径寸法が色反転した状態で入力されています。

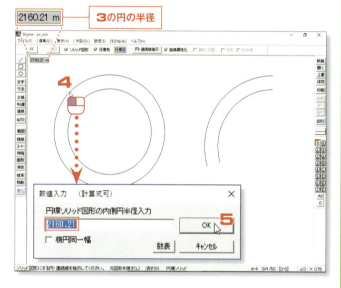

右図のように、**3**で取得した半径の円部分を抜いたドーナツ状に**5**の円が塗りつぶされます。

3〜**5**と同様にして、右側の同心円弧の間を塗りつぶしましょう。

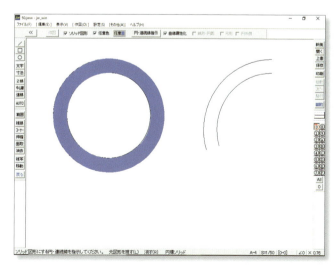

METHOD 51 塗りつぶし色を指定・作成する

塗りつぶし（ソリッド）色は「任意色」と「線色」の2つの指定方法があります。ここでは、両者の違いおよび「任意色」選択時に独自に色を作成する方法を紹介します。

教材データ：「jww_method」－「3」フォルダーの「51.jww」

ソリッド色における任意色と線色の違い

「ソリッド」コマンドのコントロールバー「任意色」にチェックを付けると「任意色」指定、チェックがない場合は「線色」指定になります。

▼「任意色」のチェックなし　線色指定

で「線属性」ダイアログが開き、既存の線色から選択する

▼「任意色」のチェックあり　任意色指定

で「色の設定」パレットが開き、色を選択・作成する

「任意色」ソリッドと「線色」ソリッドでは、印刷結果が以下のように異なります。

▼「カラー印刷」のチェックなしで印刷（モノクロ印刷）

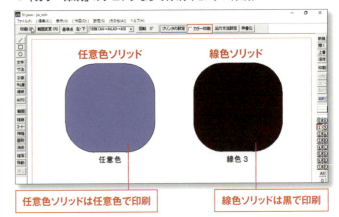

任意色ソリッドは任意色で印刷　　線色ソリッドは黒で印刷

▼「カラー印刷」のチェックありで印刷（カラー印刷）

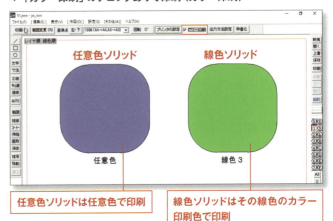

任意色ソリッドは任意色で印刷　　線色ソリッドはその線色のカラー印刷色で印刷

任意色の作成

教材図面「51.jww」を開き、塗りつぶし色を作成しましょう。

1 「ソリッド」コマンドを選択し、コントロールバー「任意色」を🖱し、チェックを付ける。　　　　　　「ソリッド」コマンドの選択 →p.150

2 コントロールバー「任意■」ボタンを🖱。

POINT 「色の設定」パレットの基本色を🖱し、「OK」ボタンを🖱することで、色を指定できます。「基本色」にない色は**3**～**6**の手順で作成します。

3 「色の設定」パレットの「色相スクリーン」上で🖱し、色調を選択する。

4 明度スライダー上で🖱し、色の明度を調整する。

POINT **3**、**4**の操作を繰り返して「色|純色」欄を作成する色に調整することで、独自の色を作成します。作成した色のRGB値は「赤(R)」「緑(G)」「青(B)」ボックスに表示されます。これらの数値を変更することでも色を調整できます。

5 「OK」ボタンを🖱。

コントロールバー「任意■」が作成した色になります。

POINT 作成した色は、他の図面ファイルを開くか、Jw_cadを終了するまで、「色の設定」パレットに残ります。

HINT 既存のソリッド色の取得

「ソリッド」コマンドで、ステータスバーのメッセージが「始点を指示してください… [Shift] + (R):色取得」と表示されている状態で、既存のソリッドを Shift キーを押したまま🖱することで、🖱したソリッド色がコントロールバーの「任意■」(現在の塗りつぶし色)になります。

POINT ステータスバーのメッセージが違う場合は、コントロールバー「円・連続線指示」を🖱して切り替えます。

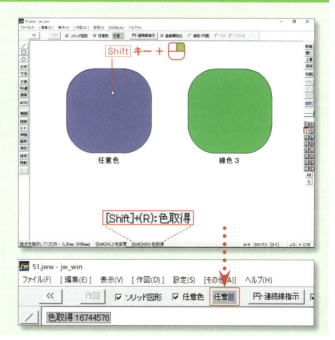

METHOD 52
塗りつぶし（ソリッド）の色を変更する

図面の塗りつぶし（ソリッド）の色は後から変更することもできます。色を個別に変更する場合は「ソリッド」コマンドで、複数のソリッドの色を一括して変更する場合は「範囲」コマンドの「属性変更」で行います。

教材データ：「jww_method」－「3」フォルダーの「52.jww」

塗りつぶし（ソリッド）の色を変更する2つの方法

図面の塗りつぶしの色（ソリッド色）の変更は、個別に行う場合と複数のソリッドに対してまとめて行う場合では操作手順が異なります。
いずれの場合も、変更後のソリッド色は「ソリッド」コマンドのコントロールバーで指定します。

ソリッド色の指定→前ページ

▼ 個別に変更　「ソリッド」コマンド（→次ページ）

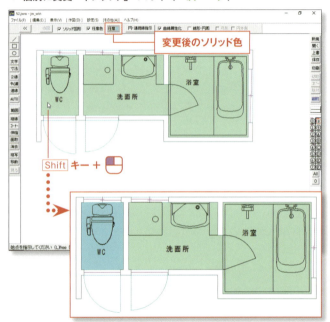

▼ まとめて変更　「範囲」コマンド（→p.166）

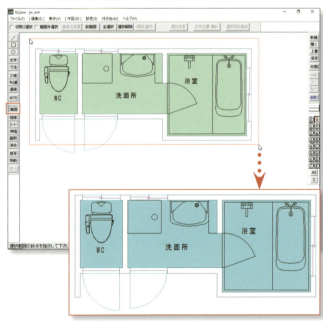

個別にソリッド色を変更

教材図面「52.jww」を開き、トイレのソリッド色を水色に変更しましょう。

1. 「ソリッド」コマンドを選択し、塗りつぶし色を水色に指定する。

   「ソリッド」コマンドの選択→p.150
   塗りつぶし色の指定→p.163

2. 変更対象としてトイレ部分のソリッドを、Shiftキーを押したまま🖱。

🖱したソリッドが **1** で指定した色に変更され、作図ウィンドウ左上には 属性変更 のメッセージが表示されます。

POINT ソリッド色の変更によって、ソリッドに重なる線・文字要素が隠れる場合は、ズーム操作を行い、画面を再表示してください。

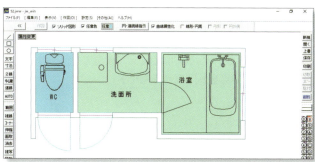

HINT ソリッドの一部だけが色変更される場合

上記 **2** の操作の結果、右図のように、🖱した部分の三角形のみが色変更される場合があります。これは、塗りつぶし時にコントロールバー「曲線属性化」にチェックを付けずに塗りつぶしたソリッドです。

曲線属性化→p.150

このような場合は、次ページの「まとめてソリッド色を変更」の方法で色変更してください。

🖱した個所の三角形のソリッドだけ色変更される

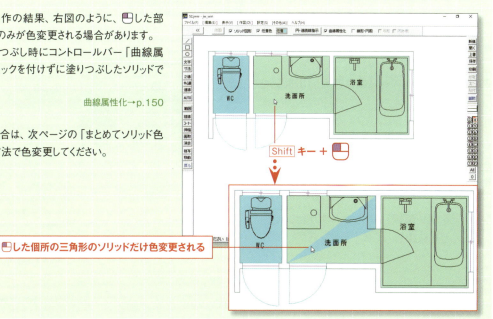

まとめてソリッド色を変更

WC、洗面所、浴室のソリッド色をまとめて水色に変更しましょう。はじめに、変更後の色を指定します。

1 「ソリッド」コマンドを選択し、塗りつぶし色を水色に指定する。

「ソリッド」コマンドの選択→p.150
塗りつぶし色の指定→p.163

変更対象のソリッドを指定しましょう。

2 「範囲」コマンドを選択する。

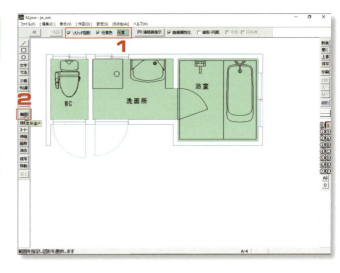

3 図面の左上で🖱。
4 表示される選択範囲枠でソリッドを含む図を囲み、終点を🖱（文字を除く）。

選択範囲枠内の文字以外の要素がすべて選択色になるので、ソリッド要素だけを対象にしましょう。

5 コントロールバー「〈属性選択〉」ボタンを🖱。

6 属性選択のダイアログで「ソリッド図形指定」にチェックを付ける。

POINT **6**の結果、「ハッチ属性指定」にチェックが付く場合は、再度🖱してチェックを外したうえで、チェックボックスではなく、「ソリッド図形指定」の文字を🖱してください。

7 「【指定属性選択】」にチェックが付いていることを確認し、「OK」ボタンを🖱。

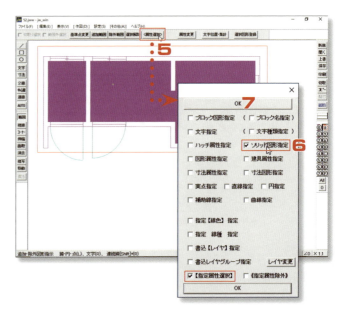

ソリッド要素だけが対象として選択色に、その他の要素は対象から除外され元の表示色に戻ります。選択色の要素に対して色変更の指示をしましょう。

8 コントロールバー「属性変更」ボタンを🖱。

9 属性変更のダイアログで、「指定【線色】に変更」を🖱。

10 「線属性」ダイアログの「OK」ボタンを🖱し、ダイアログを閉じる。

POINT 「線属性」ダイアログでは、通常は変更後の線色を指定します。ここでは変更対象にソリッド以外の要素を含んでいないため、どの線色が選択されていても結果に影響はありません。ソリッドは **1** で指定した色に変更されます。

11 「指定【線色】に変更」にチェックが付いていることを確認し、「OK」ボタンを🖱。

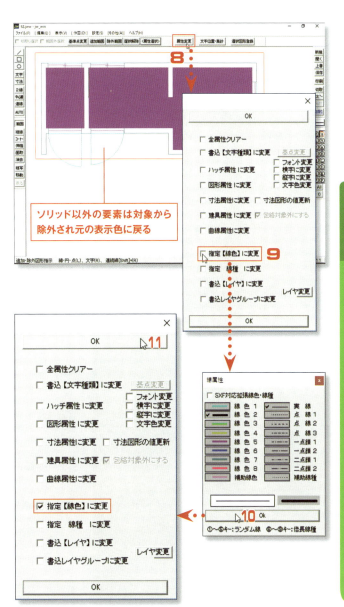

選択色で表示されていたソリッドが **1** で指定した水色に一括変更されます。

POINT ソリッド色の変更によって、ソリッドに重なる線・文字要素が隠れる場合は、ズーム操作を行い、画面を再表示してください。

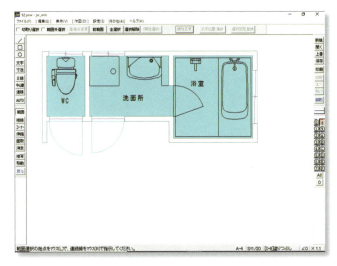

METHOD 53

印刷時にのみ網掛けや塗りつぶしを施す

> 印刷時にのみ網掛けや塗りつぶしを施す

レイヤ名での指定により、そのレイヤに作図した閉鎖連続線の内部に、印刷時に網掛けや塗りつぶしを施して印刷することができます。

▼ **この方法の特徴（○：長所、×：短所）**

○ 網掛けやソリッドを作図した場合よりも図面ファイルのファイルサイズを抑えられる。

○ 塗りつぶし範囲の形状が複雑で「ソリッド」コマンドでの塗りつぶしが困難な場合にも塗りつぶせる。

× 他のCADに渡した場合は網掛け・塗りつぶしは反映されない。

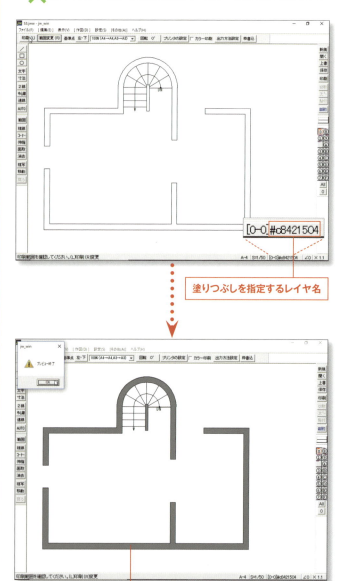

塗りつぶしを指定するレイヤ名

印刷時に指定の色で塗りつぶされて印刷される

レイヤ名で指定することで、印刷時のみそのレイヤに作図されている閉じた連続線の内部に網掛けや塗りつぶしを施して印刷できます。「ソリッド」コマンドで塗りつぶすことが困難な形状の塗りつぶしや、図面のファイルサイズをコンパクトに抑えたい場合に利用します。

 教材データ：「jww_method」－「3」フォルダーの「53.jww」

網掛け印刷の指定

印刷時の網掛け指定は、「#t」に続いて①〜⑤を入力します。文字はすべて半角文字で入力してください。

#t11031.0
① ② ③ ④ ⑤

上記は、実点1、角度45°（15×3）、ピッチ1.0mmを示します。

①実点色番号（1〜8）
　2色の実点を交互に作図する場合は、a（線色1）〜f（線色6）を指定する。
②交互に作図する実点の色番号（1〜8）
　交互に違う色番号の実点を作図する場合（①にa〜fを記入）にその色番号を指定する。①で1〜8を指定した場合は「1」を記入する。
③ダミー
　0を記入する。
④角度（0、1〜9、a〜f）
　15°単位で指定する。
　0（0°）、1（15°）、2（30°）…9（135°）、a（150°）、b（165°）
⑤ピッチ（図寸mm単位）
　0.1〜9.9（mm）で指定する。

任意色ソリッドによる塗りつぶし印刷の指定

印刷時の任意色ソリッドによる塗りつぶし指定は、「#c」に続けて任意色値を（0〜16777215の範囲で任意に指定）入力します。文字はすべて半角文字で入力してください。

#c8421504

任意色（黒：0〜白：16777215）

任意色の塗りつぶしを指定すると、モノクロ印刷（「カラー印刷」にチェックを付けない）時にも指定の任意色で印刷されます。

※ 教材図面「53.jww」の「8」レイヤには「色の設定」パレットの基本色を、「9」レイヤには基本色の任意色値を記載しています。

任意色値

線色ソリッドによる塗りつぶし印刷の指定

印刷時の線色ソリッドによる塗りつぶし指定は、「#cp」に続けて線色番号を入力します。文字はすべて半角文字で入力してください。

#cp102

標準線色（1〜8）
SXF対応拡張線色（101〜355）

線色での塗りつぶしを指定すると、モノクロ印刷（「カラー印刷」にチェックを付けない）時は黒で印刷されます。

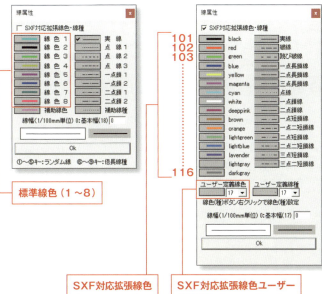

標準線色（1〜8）

SXF対応拡張線色（101〜116）

SXF対応拡張線色ユーザー定義線色（117〜355）

任意色ソリッドによる塗りつぶし印刷の指定

教材図面「53.jww」を開き、その「0」レイヤに作図されている躯体に塗りつぶし印刷の指定をしましょう。はじめに塗りつぶし色（ここでは濃いグレー）の任意色値を取得します。

1 Tabキーを4回押す。

2 作図ウィンドウ左上に 属性取得 ＋ と表示されることを確認し、塗りつぶしに使用する濃いグレーのソリッドを🖱。

POINT Tabキーを押すと 図形がありません と表示される場合は、メニューバー［設定］-「基本設定」を選択し、「jw_win」ダイアログ「KEY」タブの「直接属性取得を行う」のチェックを外してください。

🖱したソリッドが作図されているレイヤ「8」が書込レイヤになり、作図ウィンドウ左上に🖱したソリッドの任意色値が表示され、クリップボードにコピーされます。

POINT ここでは同じ図面ファイルにあらかじめ塗りつぶしておいた濃いグレーのソリッドを属性取得しましたが、他の図面ファイルを開いて**1**〜**2**の操作を行って利用することも可能です。

「0：躯体」レイヤのレイヤ名を変更して塗りつぶしの指定をしましょう。

3 レイヤバーの書込レイヤ「8」を🖱。

4 「レイヤ一覧」ダイアログの「0：躯体」レイヤのレイヤ名を🖱。

5 「レイヤ名設定」ダイアログが開くので「レイヤ名」ボックスに「#c」（半角文字）を入力し、その後ろを🖱。

6 表示されるメニューの「貼り付け」を🖱。

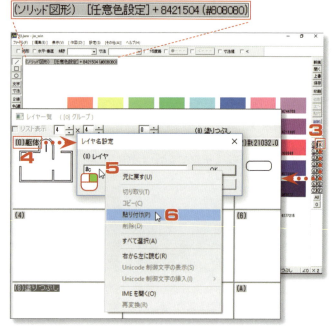

7 「#c」の後ろに**2**で属性取得したソリッドの任意色値が入力されたことを確認し、「OK」ボタンを🖱。

8 レイヤ名が変更されたことを確認したら ✕（閉じる）ボタンを🖱し、「レイヤ一覧」ダイアログを閉じる。

> **POINT** 教材図面「53.jww」では、「2」レイヤに作図した図形に印刷時にのみ網掛けを施して印刷するよう、「2」レイヤのレイヤ名に「#t21032.0」を設定しています。

9 「印刷」コマンドを選択し、躯体が濃いグレーで塗りつぶされて印刷されることを確認する。

網掛けを指定するレイヤ名

HINT 印刷プレビューで確認

実際に印刷をする前に、網掛けや塗りつぶしの指定結果を印刷プレビューで確認できます。
「印刷」コマンドでコントロールバー「印刷」ボタンを、Ctrlキーを押したまま🖱してください。

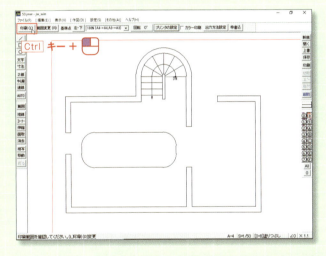

印刷プレビューになり、右図のように「0」「2」レイヤに設定した塗りつぶし、網掛けが表示されます。「プレビュー終了」と表記されたメッセージウィンドウの「OK」ボタンを🖱すると、プレビューが終了します。

> **POINT** 印刷プレビューではズーム操作は行えません。確認したい部分を拡大表示したうえで、印刷プレビューを行ってください。また「不正なデータがあります。続行しますか」と表記されたメッセージウィンドウが開く場合は、「OK」ボタンを🖱し、プレビュー画面で正常に塗りつぶしや網掛けが施されているかを確認してください。塗りつぶしや網掛けを指示したレイヤに閉じた連続線以外の要素が作図されている場合や、塗りつぶしや網掛けの範囲を示す連続線の一部が途切れている場合に、このメッセージが表示されます。

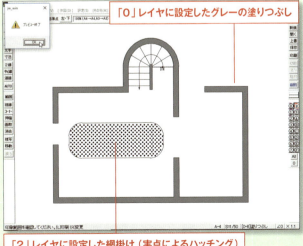

「0」レイヤに設定したグレーの塗りつぶし

「2」レイヤに設定した網掛け（実点によるハッチング）

METHOD 54

塗りつぶし（ソリッド）上に白抜き文字を記入する

白抜き文字の記入に必要な設定

ソリッド上に文字色「白」の文字を記入することで白抜き文字になります。

モノクロ印刷時、文字はすべて黒で印刷されるため、白抜き文字を使用するにはカラー印刷することが前提となります。また、基本設定の「jw_win」ダイアログで、以下2つの設定が必要です。

▼「一般（1）」タブ　文字がソリッドよりも前面に描画される設定

▼「DXF・SXF・JWC」タブ　背景色と同じ色を反転しない設定

チェックを外す

塗りつぶし（ソリッド）上に白い文字を記入することで表現できる白抜き文字は、文字の色No.を「sxf8」（白）に指定して記入する他、いくつかの設定が必要です。白抜き文字はカラー印刷時のみ有効です。

 教材データ：「jww_method」－「3」フォルダーの「54.jww」

白抜き文字の記入

教材図面「54.jww」を開き、青いソリッド上に文字色を白に設定した文字を記入しましょう。

1 メニューバー[設定]-「基本設定」を選択し、前ページの設定項目を確認する。

2 「文字」コマンドを選択し、コントロールバー「書込み文字種」ボタンを🖱。

3 「書込み文字種変更」ダイアログで書込文字種として「任意サイズ」を選択し、「幅」「高さ」ボックスを「35」(mm)にする。

4 「任意サイズ」の「色No.」ボックスの▼を🖱し、「sxf8」を選択する。

POINT 「sxf8」はカラー印刷色を白とする、SXF対応拡張線色です。

5 「OK」ボタンを🖱。

6 「文字入力」ボックスに記入文字(右図では「白抜き」)を入力する。

7 コントロールバー「基点(中中)」にし、文字の記入位置として長方形中心の仮点を🖱。

右の結果の図のように、白抜きで文字が記入されます。

POINT 印刷のときには、「印刷」コマンドのコントロールバー「カラー印刷」にチェックを付けて印刷してください。「カラー印刷」のチェックを付けないと文字は黒で印刷され、白抜き文字にはなりません。

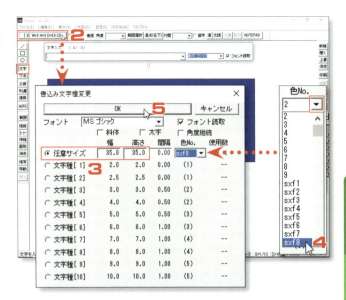

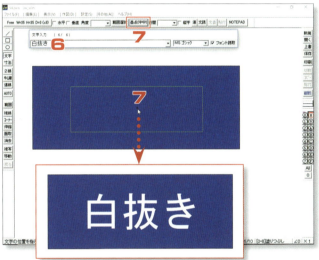

HINT 文字を白で縁取る

「jw_win」ダイアログの「文字」タブの「文字の輪郭を背景色で描画」にチェックを付けることで、図面上のすべての文字(寸法図形の寸法値は除く)を背景色(白)で縁取りして表示・印刷できます。

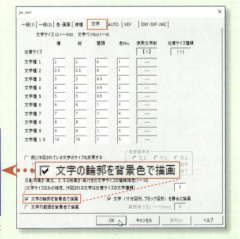

※ 背景色が白以外の場合も白で縁取られて印刷されます。

METHOD 55
円・楕円に沿って文字を配置する

文字貼付け＞円・楕円 ※ 外部変形
［収録ファイル名］ str_along.zip
［開発元］Snap_Kin
［料金］無料
［URL］http://snapkin.web.fc2.com
※Windows 10（64bit版）で動作確認済み
インストール方法→p.275

外部変形「文字貼付け＞円・楕円」で円・楕円上に文字を配置

「外部変形」コマンドは、Jw_cadの規則に準じて作成された別のプログラム（外部変形）を使って、作図・変更を行います。
外部変形「文字貼付け＞円・楕円」では、記入済みの文字列と円・円弧を指定することで、指定した文字列を1文字ずつバラバラにして、指定した円・弧や楕円・弧の外周と内周の両方に沿って貼り付けます。

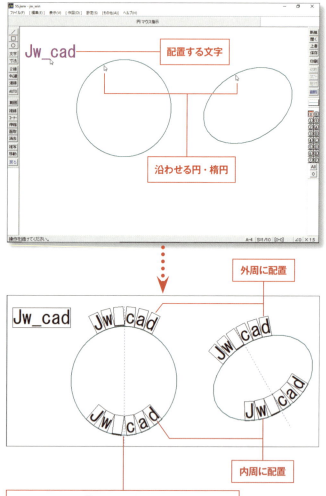

※ 上図は「文字枠」を表示する設定（→p.87）にしています。

円・楕円周上に沿うように文字を記入するには、1文字ずつ接線の角度に傾けて記入しなければならず、煩雑です。しかし、外部変形「文字貼付け＞円・楕円」を利用することで、簡単に円・楕円周上に沿って文字を配置できます。

 教材データ：「jww_method」－「3」フォルダーの「55.jww」

記入済みの文字を円弧に沿わせて配置

教材図面「55.jww」を開き、記入されている文字を、作図済みの円弧上に沿って配置しましょう。

1 メニューバー［その他］-「外部変形」を選択する。

2 「ファイル選択」ダイアログのフォルダーツリーで、「JWW」フォルダー内の「str_along」フォルダーを🖱。

3 「STR_ALONG1.BAT」を🖱🖱。

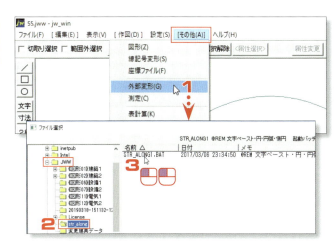

4 円弧に沿わせる文字を🖱。

5 円弧を🖱。

4の文字が右図のように、円弧の中点を基準に、外周と内周に沿って記入されます。

POINT 文字は1文字ずつバラバラになって配置されます。不要な文字は「消去」コマンドで🖱して、1文字ずつ消してください。

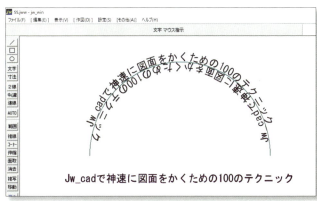

METHOD 56
文字を囲む影付き枠を作図する

[影付き四角枠（Shaded Box）] ※ 外部変形
[収録ファイル名] shaded_box.zip インストール方法→p.275
[開発元] Snap_Kin
[料金] 無料
[URL] http://snapkin.web.fc2.com
※Windows 10（64bit版）で動作確認済み

外部変形「影付き四角枠」で作図できる枠

「外部変形」コマンドは、Jw_cadの規則に準じて作成された別のプログラム（外部変形）を使って、作図・変更を行います。
外部変形「影付き四角枠」では、記入済みの文字を範囲選択枠で囲むことで、囲んだ枠を基準とした大きさの影付きの枠を作図します。コントロールバーでの指示で、影の明暗、サイズ、ぼかし具合および枠の形状が指定できます。

▼ 影の明暗

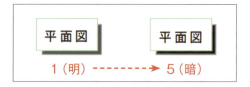

▼ 影のサイズ

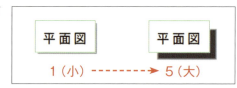

▼ 影の
　ぼかし具合

▼ 枠の形状

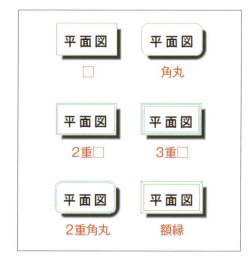

外部変形「影付き四角枠（Shaded Box）」を利用することで、記入済みの文字を囲む影付きの枠を作図できます。

教材データ：「jww_method」－「3」フォルダーの「56.jww」

記入済みの文字に影付きの枠を作図

教材図面「56.jww」を開き、左に記入されている複数行の文字に、影付きの額縁枠を作図しましょう。

1 メニューバー[その他]-「外部変形」を選択する。

2 「ファイル選択」ダイアログのフォルダーツリーで、「JWW」フォルダー内の「shaded_box」フォルダーを🖱。

3 「SHADED_BOX1.BAT」を🖱🖱。

4 選択範囲枠の始点を🖱。

5 対象とする複数行の文字を囲み、終点を🖱。

POINT 影付きの枠は、この選択範囲枠の大きさを基準に作図されます。始点・終点指示時の🖱(Read)は無効です。文字が完全に収まる大きさで、おおまかに囲んでください。

6 囲んだ文字が選択色になったことを確認し、コントロールバー「選択確定」ボタンを🖱。

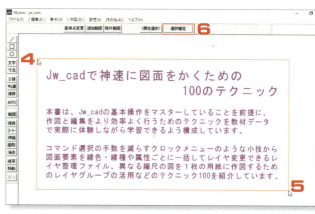

7 影の明暗(影の色)を指定するため、コントロールバーの(ここでは)「4」ボタンを🖱。

8 影サイズ(影の幅)を指定するため、コントロールバーの(ここでは)「4」ボタンを🖱。

9 影のぼかし具合を指定するため、コントロールバーの(ここでは)「5(大ボケ)」ボタンを🖱。

10 枠の形状を指定するため、コントロールバーの(ここでは)「額縁」ボタンを🖱。

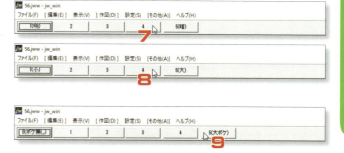

右図のように、影付きの額縁枠が作図されます。

POINT 枠の線色・線種は固定です。作図される枠の角度は、囲んだ文字の角度に関わらず常に水平で、軸角には対応していません。

METHOD 57 雲マークを作図する

線記号変形データファイルとは

「JWW」フォルダーには、標準で「JW_OPT4.DAT」「JW_OPT4B.DAT」……「JW_OPT4J.DAT」の10個の線記号変形データファイルが用意されています。

▼ エクスプローラーで「JWW」フォルダーを開いたところ

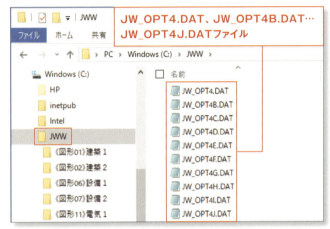

JW_OPT4.DAT、JW_OPT4B.DAT…JW_OPT4J.DATファイル

※ アイコンは関連付けの設定によって異なる

▼ Jw_cadの「線記号変形」コマンドの「ファイル選択」ダイアログ

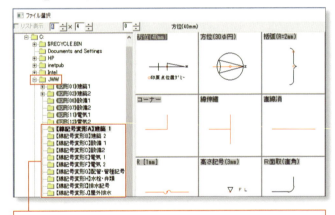

JW_OPT4.DAT、JW_OPT4B.DAT…JW_OPT4J.DATファイルはフォルダーアイコンで表示される

JW_OPT4.DAT、JW_OPT4B.DAT……JW_OPT4J.DATの10個の線記号変形データファイルは、「線記号変形」コマンドの「ファイル選択」ダイアログでは、「JWW」フォルダー下の10個の線記号変形フォルダー（「【線記号変形A】建築1」～【線記号変形J】屋外排水」）として表示されます。線記号変形データファイルのファイル名はJW_OPT4.DAT、JW_OPT4B.DAT……JW_OPT4Z.DATのいずれかで、1つのフォルダーに26個までの線記号変形データファイルを収録できます。

次ページでは、線記号変形データ「JW_OPT4z.dat」を「jww_method」フォルダー内の「3」フォルダーに収録した状態で使用しますが、「JWW」フォルダー内に「JW_OPT4z.dat」をコピーして利用することも可能です。

Jw_cadには、雲マークを作図する機能はありませんが、教材データの線記号変形ファイル「JW_OPT4z.dat」を利用することで、書込線色・線種の雲マークを簡単に作図できます。

 教材データ：「jww_method」－「3」フォルダーの「57.jww」「JW_OPT4z.dat」

対角を指示して雲マークを作図する

教材図面「57.jww」を開き、リビングとデッキテラスの間の窓を囲む雲マークを「線色8」で作図しましょう。

1 書込線を「線色8・実線」にする。
2 メニューバー［その他］－「線記号変形」を選択する。

3 「ファイル選択」ダイアログのフォルダーツリーで、「jww_method」フォルダーを🖱🖱。
4 その下に表示される「3」フォルダーを🖱🖱。
5 その下に表示される「【線記号変形Z】雲マーク」を🖱。
6 「雲マーク（対角指示）」を🖱🖱。

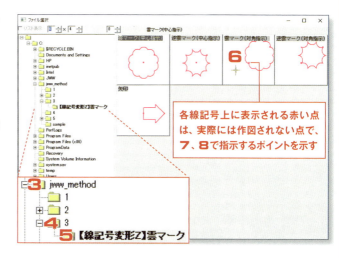

各線記号上に表示される赤い点は、実際には作図されない点で、7、8で指示するポイントを示す

7 作図位置として、右図の位置で🖱。
8 仮表示される雲マークで窓を囲み、終点を🖱。

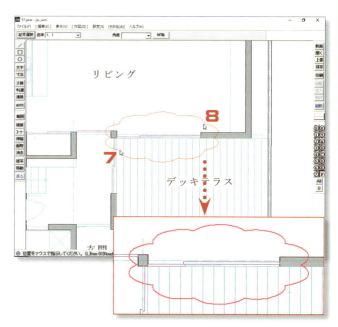

右の結果の図のように、書込線で雲マークが作図されます。

METHOD 58

断面記号を一括作図する

断面記号 ※ 外部変形
［収録ファイル名］ Dmk3.LZH インストール方法→p.278
［開発元］KITI
［料金］無料
［URL］http://kiti-ku.o.oo7.jp/
※Windows 10（64bit版）で動作確認済み

外部変形「断面記号」で作図できる記号

「外部変形」コマンドは、Jw_cadの規則に準じて作成された別のプログラム（外部変形）を使って、作図・変更を行います。
外部変形「断面記号」では、線1、線2を指示することで、線1の長さで、線1と線2との間隔を厚みとする、下図の断面記号を作図します。

▼ 作図できる断面記号の種類

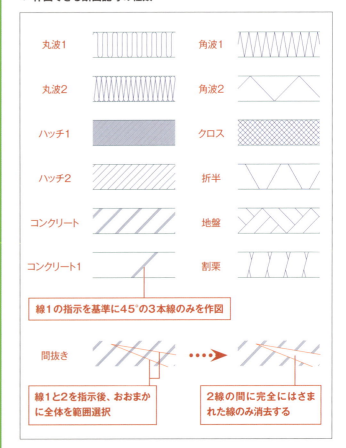

指示する2本の線の間隔（Y方向）によって、断面記号の大きさが変わります。長さ（X方向）の範囲だけ繰り返し作図します。

断熱材、割栗、地盤、折板などの断面記号の作図は、あらかじめ登録しておいた図形を読み込み、必要な範囲に連続複写するという手順が一般的な作図方法です。外部変形「断面記号」を利用することで、指示した2線間にこれらの記号を素早く作図できます。

 教材データ:「jww_method」－「3」フォルダーの「58.jww」

2線の間に断面記号「丸波2」を作図

教材図面「58.jww」を開き、斜線上に断熱材記号（丸波2）を作図しましょう。

1 メニューバー［その他］-「外部変形」を選択する。

2 「ファイル選択」ダイアログのフォルダーツリーで、「JWW」フォルダー内の「Dmk3」フォルダーを🖱。

3 「★Dメニュー.bat」を🖱🖱。

POINT **3**で「★Dメニュー.bat」の代わりに「丸波2.bat」を🖱🖱で選択すると、**4**の操作を省いて**5**の操作をする状態になります。

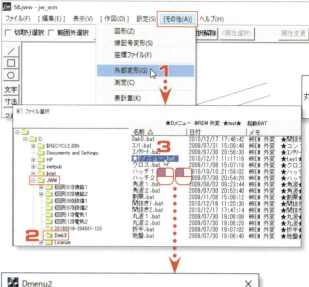

4 開いた「Dmenu2」ダイアログの「丸波2.bat」ボタンを🖱🖱。

5 1本目の線として、下側の斜線を🖱。

POINT 1本目の線上に、次に指示する線までの間隔を高さ（Y方向）とした「丸波2」の断面記号を作図します。

6 2本目の線として、上側の斜線を🖱。

右の結果の図のように、**5**の線の傾きで、線上に断面記号「丸波2」が書込線で作図されます。続けて、別の線を1本目として🖱、2本目の線を🖱することで、同じ断面記号「丸波2」を作図できます。

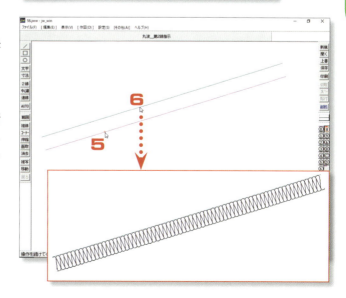

対角を指示して
断面記号「割栗」を作図

続けて、「割栗」を対角指示で作図しましょう。

1 Escキーを押し、コントロールバー「外部変形再選択」ボタンを🖱。

POINT **1**の操作の代わりにメニューバー[その他]－「外部変形」を選択しても同じ結果になります。

2 「ファイル選択」ダイアログで「Dmk3」フォルダー内の「★Dメニュー.bat」を🖱🖱。

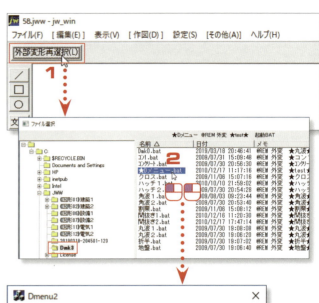

3 開いた「Dmenu2」ダイアログの「割栗.bat」の「点」ボタンを🖱🖱。

POINT 「点」ボタンを選択すると、対角の2点を指示することで断面記号を作図します。

4 原点として、左下の仮点を🖱。

5 対角点として、水平線の右端点を🖱。

右の結果の図のように、**4**–**5**を対角とする長方形の範囲に断面記号「割栗」が作図されます。

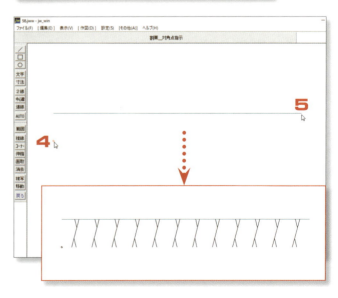

CHAPTER | 4

Jw_cadで
DXF・SXFファイル
を利用する方法
メソッド

画像・PDFから変換したDXFファイルや他所から受け取ったDXF・SXFファイルを図面として利用するために知っておきたい、縮尺・大きさの調整／SXF対応拡張線色・線種・個別線幅の変更／部分図・ブロック・曲線属性の解除の方法などを紹介します。

METHOD 59 補助線と仮点を一括消去する

DXF形式で保存すると、補助線は印刷される線に、仮点は印刷される点になります。そのため、補助線や仮点を使った図面をDXF形式で保存して渡す場合は、これらを消去してからDXF形式で保存することをお勧めします。ここでは、すべての補助線と仮点を一括消去する方法を紹介します。

教材データ:「jww_method」−「4」フォルダーの「59.jww」

消去操作の前に

消去操作の前に以下を行い、すべてのレイヤグループのすべてのレイヤの要素を消去可能な状態にします。

1 すべてのレイヤを編集可能にする

「書込レイヤ」ボタンを🖱し、「レイヤ設定」ダイアログの「全レイヤ編集」ボタンを🖱することで、レイヤ番号に×の付いたプロテクトレイヤ以外は、すべて編集可能レイヤになります。

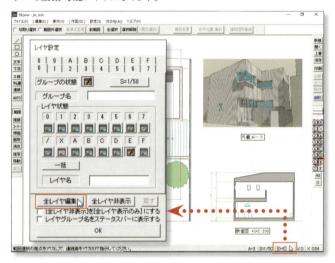

2 プロテクトレイヤを解除する

×の付いたプロテクトレイヤは、1の方法では編集可能レイヤにできません。また、編集可能レイヤであっても、プロテクトレイヤの要素は消去されません。
Ctrlキーを押しながらレイヤ番号を🖱して、プロテクトレイヤを解除しましょう。

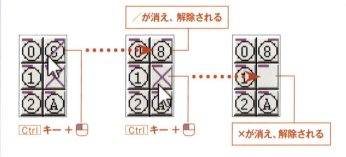

※ レイヤ要素の編集を禁じる指定がプロテクトレイヤで、レイヤ番号に／または×が付きます。×付のプロテクトレイヤは、レイヤ状態の変更もできません。

補助線を一括消去

図面「59.jww」を開き、前ページの方法ですべてのレイヤを編集可能にしたうえで以下の操作を行い、すべての要素を選択しましょう。

1 「範囲」コマンドを選択する。

2 コントロールバー「全選択」ボタンを🖱️し、すべての要素を対象にする。

選択色になった要素から補助線種の要素だけを選択しましょう。

3 コントロールバー「〈属性選択〉」ボタンを🖱️。

4 属性選択のダイアログの「補助線指定」と「【指定属性選択】」にチェックを付け「OK」ボタンを🖱️。

5 補助線のみが選択色になったことを確認し、「消去」コマンドを🖱️。

選択色の補助線が一括消去されます。

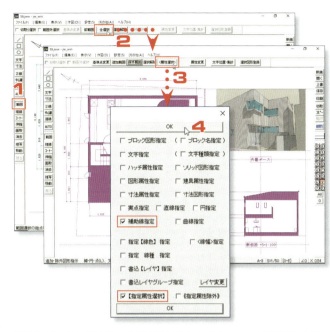

補助線の要素のみが選択色になり、補助線以外の要素は選択から除外され、元の色に戻る

仮点を一括消去

前項に続けて、仮点をすべて消去しましょう。

1 メニューバー[作図]-「点」を選択する。

2 コントロールバー「全仮点消去」ボタンを🖱️。

すべての仮点が一括消去されます。

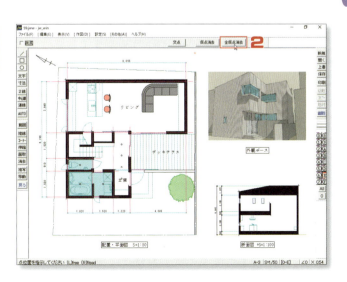

METHOD 60

DXFファイルを利用する前に確認・修正する手順

他のCADから受け取ったDXFファイルをJw_cadで開いてそのまま利用できることはまれで、何かしらの修正を必要とすることがほとんどです。ここでは開いたDXFファイルをJw_cadの図面として利用するための、一般的な修正手順を説明します。

DXFファイルをJw_cadの図面として利用するための確認・修正手順

他のCADで作図したDXFファイルを、Jw_cadで100%元図面と同じ状態で開くことはできません。縮尺、用紙サイズ、文字サイズ、線色・線種、レイヤ、実寸法が異なることや、図面の一部が欠落することなどがあります（→p.62）。

ここでは、Jw_cadで開いたDXF図面の一般的な確認事項と修正手順を説明します。

Jw_cadで開く前に、ODA File Converter（→p.74）で、R12形式のDXFに変換しておくと、元図面により近い状態で開けるようになります（例→p.188）。

1 DXFファイルを開く →p.61

　　開くと作図ウィンドウに何も表示されない場合 →p.63

2 すべてのレイヤの要素を編集可能にする

ファイルを開く前のレイヤ状態でDXFファイルが開きます。非表示レイヤがある場合は、すべてのレイヤの要素を編集可能にしてから、修正を行います（→p.184）。

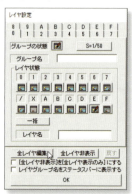

3 必要に応じて、ひとまとまりの要素（ブロック、曲線属性）を解除（分解）する

　　ブロックの解除 →p.203

　　曲線属性の解除（クリアー）→p.205

今後、図面を修正、流用するときに支障がないのであれば、解除は不要です。
次項の「4　必要に応じて、SXF対応拡張線色・線種をJw_cadの標準線色・線種に変更する」を、図面全体に対して一括で行う場合は、すべてのブロックを解除する必要があります。

4 **必要に応じて、SXF対応拡張線色・線種をJw_cadの標準線色・線種に変更する** →p.215

SXF線色・線種のままで作図・編集・印刷に差し支えなければ、変更は不要です。

POINT DXFファイルの線色・線種を「METHOD 71」の方法で一括変更する場合、一括変換を終えるまで図面の保存はしないでください。一括変更の結果が異なります。

5 **データ整理を行う** →p.190

「データ整理」コマンドの「連結整理」で、同一レイヤに重なった同一線色・線種の線・円・弧を1つにします。

6 **大きさ（実寸法）と縮尺が正しいかを確認する** 距離測定 →p.192

7 **実寸法や縮尺が異なる場合は、大きさを調整する**

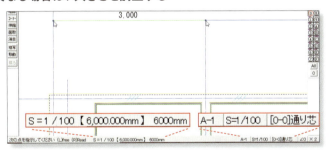

実寸法が異なる

- 画像やPDFをDXFファイルに変換した図面の場合
  ➡ 図面全体の大きさを変更することで調整する
  →p.195

- 実寸は違うが、用紙サイズと見た目の大きさは元図面と同じ場合
  ➡ 縮尺を図寸固定で変更することで図面全体の実寸法を調整する
  →p.197

実寸法は正しい

- 実寸法は正しいが、縮尺が元図面と異なる場合
  ➡ 縮尺を実寸固定で変更することで図面全体の大きさを調整する
  →p.199

- 異縮尺の図が混在する図面で、一部の図の縮尺が違う場合
  ➡ 縮尺の違う図を正しい縮尺になるレイヤグループに移動することで調整する
  →p.200

METHOD 61
PDFから変換したDXFファイルを利用する

IllustratorでPDFから変換したDXFファイル

「METHOD 11」でPDFから変換したDXFファイルをDWG TrueView（→p.66）で開くと、p.48のように開けますが、Jw_cadで開いた場合には、下図のように、AutoCADにおけるスプラインや文字などの要素が読み込めません。

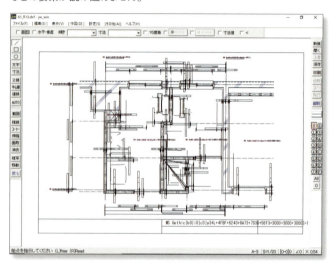

これは、Jw_cadが読み込みに対応しているDXFファイルがR12形式であるのに対し、書き出したDXFファイルがR13形式であることが原因です。

このDXFファイルをODA File Converter（→p.74）を利用してR12形式のDXFに変換したうえでJw_cadで開くと、下図のように元図面に近い状態で開くことができます。

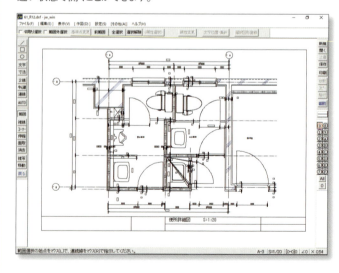

ここではPDFから変換したDXFファイル「61-R13.dxf」を、さらにR12形式に変換した「61-R12.dxf」を教材として、Jw_cadで開き、縮尺や図面位置の調整を行います。

IllustratorでPDFファイルから変換したDXFファイル（→p.48）をJw_cadで開いた際に必要となる変更操作や、その特徴などを説明します。PDFファイルから変換したDXFファイルに限らず、他のCADで保存したDXFファイルでも同じような現象が生じる場合があります。

 教材データ：「jww_method」-「4」フォルダーの「61-R12.dxf」「61-R13.dxf」

開いたDXFファイルの縮尺を調整

Jw_cadで用紙サイズを「A3」に設定したうえで、「METHOD 14」の手順で教材「61-R12.dxf」を開くと、右図のように作図ウィンドウには何も表示されません。p.63 HINTの方法で確認すると、縮尺が「S=1/1e+006」（1/1000000）に設定されていることが原因と思われます。縮尺を元図面と同じ「1/20」に変更しましょう。

1「縮尺」ボタンを🖱。

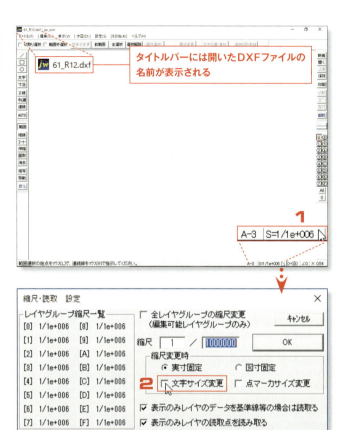

2「縮尺・読取 設定」ダイアログの「縮尺変更時」欄の「文字サイズ変更」にチェックを付ける。

POINT 縮尺変更時、図寸管理されている文字要素の大きさは、通常変更されません。**2**のチェックを付けると、図面の縮尺変更と同じ倍率で文字要素も大きさ変更されます。大きさ変更された文字要素の文字種は「任意サイズ」になります。

3「全レイヤグループの縮尺変更」にチェックを付ける。

POINT チェックを付けることで、書込レイヤグループだけでなく、編集可能なすべてのレイヤグループの縮尺を変更します。

4「縮尺」の「分母」ボックスの数値を「20」に変更する。

5「OK」ボタンを🖱。

縮尺が1/20に変更され、作図ウィンドウ右上に図面の一部が表示されます。
次ページ「用紙枠外の図面を用紙枠内に移動」を行いましょう。

この段階で、図面がまったく表示されない場合も、次ページ「用紙枠外の図面を用紙枠内に移動」の操作で、用紙枠内に図面を移動できます。

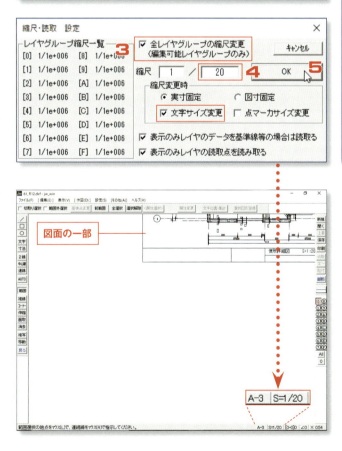

用紙枠外の図面を用紙枠内に移動

用紙枠の外にある図面を用紙枠内に移動しましょう。移動対象の図面が見える範囲にない場合も、同じ手順で用紙枠内に移動できます。

1 「範囲」コマンドを選択する。

2 コントロールバー「全選択」ボタンを🖱。

3 編集可能なすべての要素が選択され、選択色になるので、「移動」コマンドを🖱。

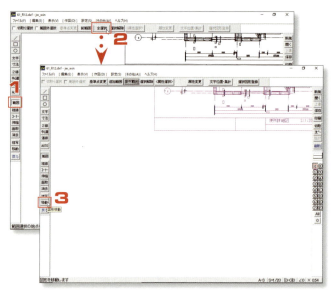

4 移動要素の中央付近を基準点としてマウスポインタに仮表示されるので、移動先として用紙の中央付近を🖱。

5 「／」コマンドを選択し、「移動」コマンドを終了する。

POINT 「アンドゥバッファがいっぱいです…」のメッセージが表示される場合があります。これは、大量の要素を移動したことにより、「戻る」コマンドで戻せる回数（初期値：100）に制限が生じたことを示すものです。そのまま操作を続けて問題ありません。

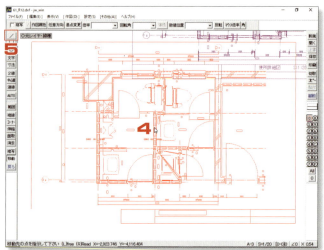

「データ整理」を行い重複した要素を整理

図面全体を選択して、重複した要素を1つにしましょう。

1 「範囲」コマンドを選択する。

2 コントロールバー「全選択」ボタンを🖱。

3 メニューバー［編集］－「データ整理」を選択する。

POINT データ整理の「重複整理」では、同じレイヤに重複して作図された同一線色・線種の線・円・弧・実点・ソリッド、同一文字種（サイズ）・フォント・色で、同一の記入内容の文字および寸法図形を1つにします。「連結整理」は、「重複整理」の機能に加え、同じレイヤに作図されている同一線色・線種の線で、外見上は1本の線に見えて途中で切断されている線どうしも1本に連結します。

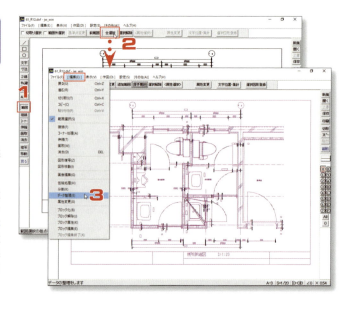

4 コントロールバー「連結整理」ボタンを🖱。

同一レイヤに重なった同一線色・線種の要素が1つに整理され、作図ウィンドウ左上に減った要素数が表示されます。
「保存」コマンドでJw_cadの図面ファイルとして保存したうえで、寸法が記入されている2点間の距離を測定し、図面が実寸法と合うように大きさを調整しましょう。

2点間の距離測定 →次ページ
図面の大きさ調整 →p.194

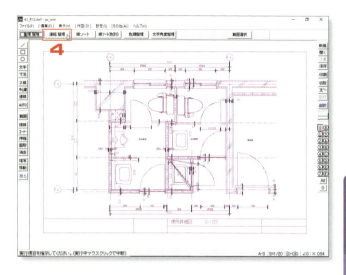

HINT IllustratorでPDFから変換したDXFファイルの特徴

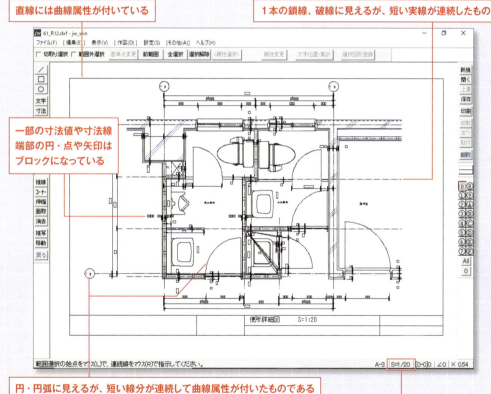

- 直線には曲線属性が付いている
- 1本の鎖線、破線に見えるが、短い実線が連続したもの
- 一部の寸法値や寸法線端部の円・点や矢印はブロックになっている
- 円・円弧に見えるが、短い線分が連続して曲線属性が付いたものである
- ファイルを開いたときに縮尺が小さ過ぎて何もないように見えるため縮尺を変更する
- 「jw_win」ダイアログの「一般(1)」に表示されるこの図面の要素数。円・弧の数は「0」

METHOD 62

図面上の距離を測定する

PDF図面やスキャナーで読み取りした図面を変換したCADデータ、あるいは他のCADで書き出したDXFファイルを開いたら、必ず図面上の距離を測定して確認しましょう。教材図面「62_63.jww」は、「METHOD 11」でPDFをDXF変換した図面を開き、「METHOD 61」の操作を行ってJw_cadの図面として保存したものです。

教材データ：「jww_method」－「4」フォルダーの「62_63.jww」

測定時の注意点

「測定」コマンドでの測定結果は、測定時の書込レイヤグループの縮尺に換算されます。測定対象の要素が作図されているレイヤグループの縮尺と測定時の書込レイヤグループの縮尺が異なる場合、正しい測定結果になりません。

書込レイヤグループの縮尺（S=1/20）換算で測定されるため S=1/5の図面上の20mmの距離が80mmと測定される

書込レイヤグループ「0」（S=1/20）

測定対象の要素を「属性取得」して、その要素が作図されているレイヤグループを書込レイヤグループにして測定を行うことで、正しい測定結果を得ることができます。

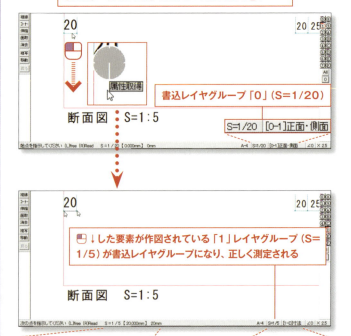

測定対象を🖱↓AM6時 属性取得（またはメニューバー［設定］－「属性取得」を選択し、測定対象を🖱）

書込レイヤグループ「0」（S=1/20）

🖱↓した要素が作図されている「1」レイヤグループ（S=1/5）が書込レイヤグループになり、正しく測定される

図面上の2点間を測定

「62_63.jww」を開き、横方向の寸法を測定しましょう。属性取得はこの図面では不要なため省きます。

1 メニューバー［その他］－「測定」を選択する。

2 コントロールバー「距離測定」が選択されていることを確認し、「mm/【m】」ボタンを🖱して、「【mm】/m」（測定単位mm）に、「小数桁」ボタンを「小数桁3」にする。

3 測定の始点として右図の引出線端点を🖱。

4 終点として右図の引出線端点を🖱。

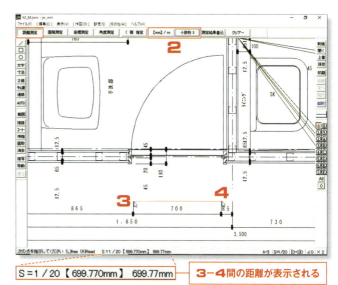

3-4間の距離が表示される

縦方向の寸法を測定しましょう。

5 コントロールバー「クリアー」ボタンを🖱。

6 測定の始点として右図の引出線端点を🖱。

7 終点として右図の引出線端点を🖱。

この測定結果では、横方向（X）は、700mmのところが699.77mm、縦方向（Y）は、1,050mmのところが1050.29mmでした。小数点以下を四捨五入することで記載された寸法と同じになる程度の違いは誤差とみなしてもかまいません。より正確な大きさに調整する場合は、X方向の倍率を「700÷699.77」、Y方向の倍率を「1050÷1050.29」に変更します。

※ より正確に変更するには、縦横方向数カ所を測定し、平均的な倍率を割り出すことをお勧めします。

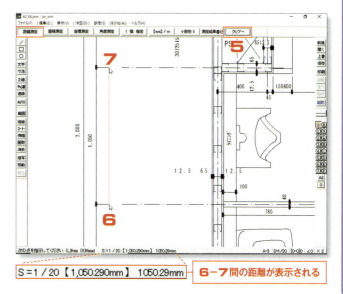

6-7間の距離が表示される

HINT　SXF形式の部分図とブロックの属性取得

SXF形式の部分図（→p.208）の要素を属性取得すると、「選択された部分図を編集します」ダイアログが開きます。「OK」ボタンを🖱して、部分図の編集モードで測定を行ってください。

部分図の編集 →p.209

ブロック（→p.202）の要素を属性取得すると、「選択されたブロックを編集します」ダイアログが開きます。属性取得は完了しているので、「キャンセル」ボタンを🖱して、ブロック編集をキャンセルしてから測定を行ってください。

▼SXF形式の部分図を属性取得した場合

▼ブロックを属性取得した場合

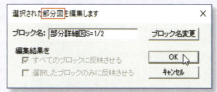

METHOD 63
図の大きさを正しい寸法に調整する

開いたDXFファイルの図面上の距離を測定し、実寸法が違う場合には、「移動」コマンドで倍率を指定して大きさ調整をします。ここでは「METHOD 62」で測定した図面の大きさを調整します。

教材データ：「jww_method」-「4」フォルダーの「62_63.jww」

大きさ調整のための確認と概要

はじめに、実寸法がわかっている2点間の距離を、「測定」コマンドで測定します（→p.192）。
わかっている実寸法と測定結果の距離が同じであれば、大きさ調整は不要です。
ここでは、「METHOD 62」で測定した教材図面「62_63.jww」を正しい寸法に調整します。
教材図面のようにPDFからDXFに変換した図面や、スキャナーで読み取った図をDXF変換した図面は、縦横比が異なることがあります。その場合は、「横方向の倍率」と「縦方向の倍率」を指定して大きさを変更します。

▼「METHOD 62」で教材図面「62_63.jww」を測定した結果

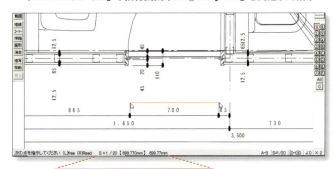

横方向（X）は700mmのところが699.77mm

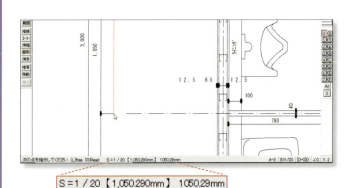

縦方向（Y）は1,050mmのところが1050.29mm

大きさを正しく調整するには、「移動」コマンドのコントロールバー「倍率」ボックスに、X方向の倍率として「700÷699.77」、Y方向の倍率として「1050÷1050.29」を指定して移動します。「倍率」ボックスには、計算式も入力できるため、これらをあらかじめ計算しなくても、「700/699.77,1050/1050.29」（「÷」は「/」を入力）と入力できます。

図面全体の大きさを調整する

教材図面「62_63.jww」を開き、横（X）方向を「700÷699.77」倍、縦（Y）方向を「1050÷1050.29」倍にして、図面全体を移動することで調整しましょう。

1 「範囲」コマンドを選択する。

2 コントロールバー「全選択」ボタンを🖱。

3 すべての要素が選択色になったことを確認し、「移動」コマンドを選択する。

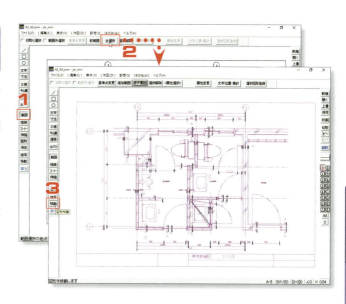

4 コントロールバー「倍率」ボックスに「700/699.77, 1050/1050.29」を入力する。

POINT 「数値入力」ボックスに、X（横）方向とY（縦）方向の倍率を「，」（カンマ）で区切って入力します。数値の代わりに計算式を入力することで、その計算結果を指定できます。「÷」は「/」、「×」は「*」を入力します。

5 コントロールバー「作図属性」ボタンを🖱。

6 「作図属性設定」ダイアログの「文字も倍率」にチェックを付け「OK」ボタンを🖱。

POINT 通常、倍率を指定して移動しても、図寸で管理される文字の大きさは変化しません。この「文字も倍率」にチェックを付けることで、コントロールバー「倍率」で指定した倍率で文字の大きさも変更されます。大きさ変更された文字の文字種は「任意サイズ」になります。

「700/699.77, 1050/1050.29」を入力

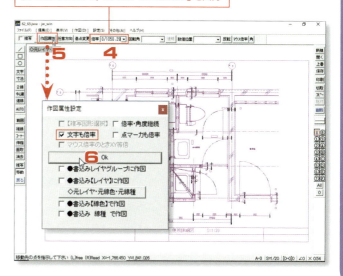

7 移動先として用紙の中央付近を🖱。

移動対象とした図面が横（X）1.000328679倍、縦（Y）0.999723886倍の大きさで移動されます。

8 「／」コマンドを選択し、「移動」コマンドを終了する。

9 「測定」コマンドで再度測定し、実寸法が正しくなったことを確認する。

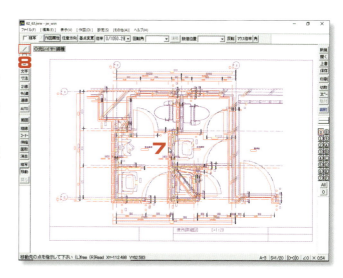

METHOD 64

図の大きさを縮尺変更で調整する

実寸法が異なる図の大きさ調整は、「METHOD 63」の方法の他、図寸（用紙に対する図の大きさ）を固定したまま、縮尺を変更することで調整できる場合もあります。

教材データ：「jww_method」－「4」フォルダーの「64.jww」

図寸固定指定の縮尺変更で調整できる図面

以下のような図面は、図寸を固定したまま縮尺変更することで正しい実寸法に調整できます。

▼ 例1　用紙に対する大きさは正しいが、図面の縮尺はS＝1/100で、図面上3000mmと記載されている2点間を測定すると6000mmある。

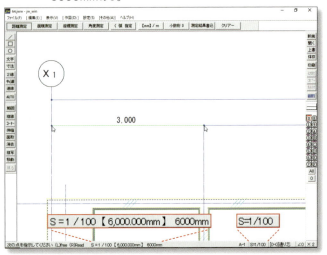

図面の見た目の大きさはこのままで、縮尺がS＝1/50であれば実寸法が正しいことになります。このような場合は、縮尺を「図寸固定」で1/50に変更することで調整します（→次ページ）。

▼ 例2　用紙に対する大きさは正しいが、異縮尺の図が混在しており、一部の図の縮尺と実寸が異なる。

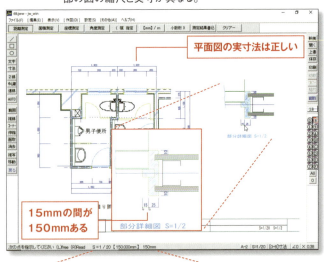

実寸が縮尺と異なる図を正しい縮尺のレイヤグループに変更することで調整できます。SXF形式の部分図を解除した場合などに、このようになります（→p.210）。

図寸固定指定で縮尺変更

教材図面「64.jww」(S=1/100)は、用紙サイズをA1に設定してDXFファイルを開き、Jw_cadの図面として保存したものです。図面上3000mmと記載されている2点間を測定すると、6000mmと測定されます。用紙に対する図面の大きさ(図寸)は変更せずに、その縮尺だけをS=1/50に変更しましょう。

1 ステータスバーの「縮尺」ボタンを🖱。

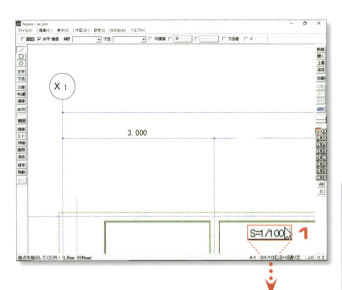

2 「縮尺・読取 設定」ダイアログで、「全レイヤグループの縮尺変更」にチェックを付ける。

POINT 通常、書込レイヤグループの縮尺を変更しますが、「全レイヤグループの縮尺変更」にチェックを付けることで、編集可能なすべてのレイヤグループの縮尺を一括で変更します。

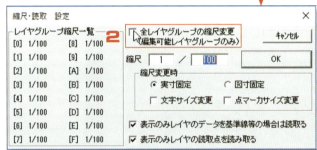

3 「図寸固定」を選択する。

POINT 「図寸固定」を選択して縮尺変更を行うと図面の用紙に対する大きさは変更されず、縮尺のみが変更されます。そのため実寸法も変更されます。

4 縮尺の「分母」ボックスを「50」に変更する。

5 「OK」ボタンを🖱。

図面枠の用紙に対する大きさ(図寸)は変化せずに、縮尺設定がS=1/50に変更されます。

POINT 「図寸固定」による縮尺変更は、実寸法を正しく調整するとき以外にも、例えば、S=1/100で作成した図面枠を違う縮尺の図面で使うときなどに利用できます。

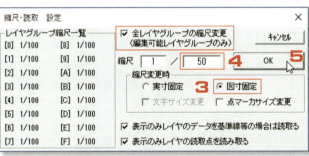

6 「測定」コマンドで測定し、正しい実寸法になったことを確認する。

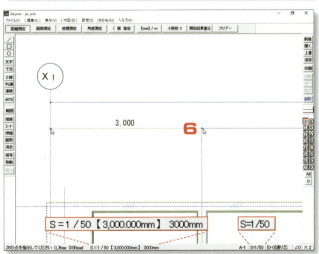

METHOD 65

図面の縮尺を変更する

図面の縮尺の調整が必要な場合

DXFファイルを開いて寸法を測定すると、実寸法は正しいが、縮尺が元図面とは異なっていることがあります。ここでは、そのような場合の縮尺の調整方法を以下の2つの例で説明します。

▼ 例1　本来S＝1/50の図面がS＝1/40になっている

S=1/50に変更する方法 →次ページ

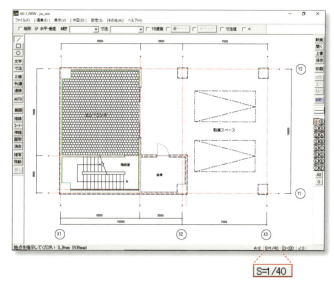

S=1/40

▼ 例2　異縮尺の図が混在する図面で、本来S=1/4の詳細図が S=1/20になっている

部分詳細図をS=1/4に変更する方法 →p.200

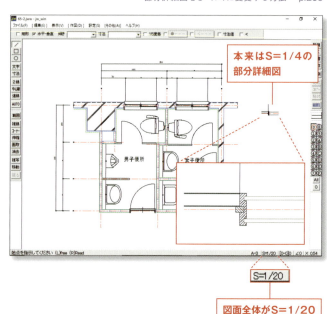

本来はS=1/4の部分詳細図

S=1/20

図面全体がS＝1/20

Jw_cadの図面の縮尺は、いつでも変更できます。それはDXFファイルを開いた場合も同じです。例えば、実寸法は正しいが縮尺が元図面とは違うといった場合、実寸固定を指定して縮尺変更することで調整できます。

教材データ：「jww_method」－「4」フォルダーの「65-1.jww」「65-2.jww」

図面全体の縮尺を変更

教材図面「65-1.jww」は、用紙サイズをA2サイズに設定してDXFファイルを開き、それをJw_cadの図面として保存したものです。測定すると、実寸法は合っていますが、本来S=1/50であるはずの縮尺がS=1/40になっています。この縮尺を、実寸法を保ってS=1/50に変更しましょう。

1 ステータスバー「縮尺」ボタンを🖱。

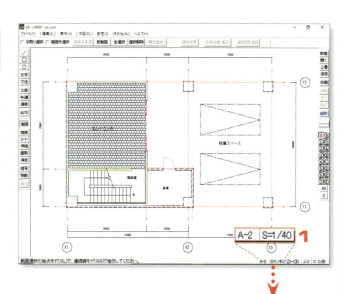

2 「縮尺・読取　設定」ダイアログで、「全レイヤグループの縮尺変更」にチェックを付ける。

POINT 通常、書込レイヤグループの縮尺を変更しますが、**2**のチェックを付けることで、編集可能なすべてのレイヤグループの縮尺を変更します。

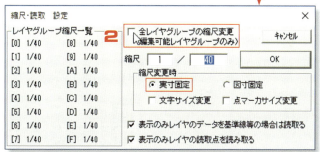

3 「実寸固定」が選択されていることを確認し、「文字サイズ変更」にチェックを付ける。

POINT 「実寸固定」では、実寸法を保って縮尺変更します。図寸管理されている文字要素の大きさは、通常変更されません。しかし、**3**のチェックを付けることで縮尺変更に伴い、文字の大きさも同じ倍率で変更されます。

4 「縮尺」を元図面と同じ1/50にする。

5 「OK」ボタンを🖱。

S=1/50に変更され、作図ウィンドウに表示される図面が、用紙中心を基準に一回り小さくなります。実寸固定で縮尺変更したため、実寸法は正しいままで変化しません。

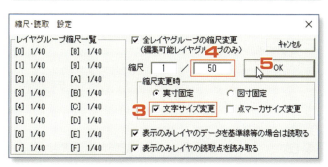

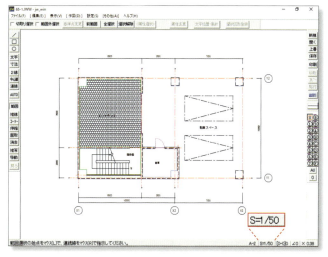

異縮尺の図の縮尺を調整

教材図面「65-2.jww」は、「METHOD 14」で開いたDXFファイルをJw_cadの図面として保存したものです。いずれの図も実寸法は正しいですが、右の部分詳細図は本来S=1/4であるはずがS=1/20になっています。部分詳細図のためのS=1/4のレイヤグループを用意し、そのレイヤグループに部分詳細図を（実寸を保持したまま）移動することで調整しましょう。

1 レイヤバーの「0」レイヤグループボタンを🖱。

POINT レイヤグループバーが表示されている場合は、**1**の操作は不要です。

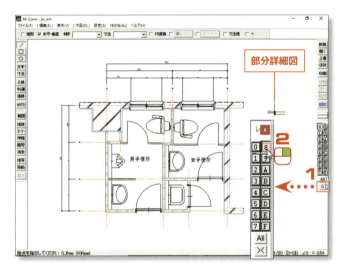

2 レイヤグループバーで要素の存在しないレイヤグループ「8」を🖱し、書込レイヤグループにする。

POINT 要素が存在するレイヤグループ番号の上部にはバーが表示されています。上部バーのないレイヤグループを書込レイヤグループにします。

要素の存在を示すバー（紫色）

3 ステータスバー「縮尺」ボタンを🖱し、書込レイヤグループ「8」の縮尺を「1/4」に変更する。

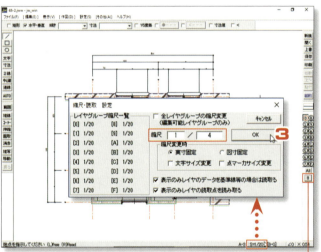

現在の書込グループ「8」

4 「範囲」コマンドを選択し、部分詳細図を範囲選択する。

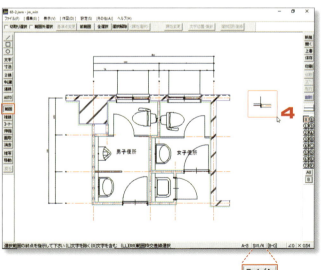

S=1/4

5 この図では、ハッチングが選択色にならないため、個別に要素を🖱して選択色にする。

POINT この図のハッチングは、選択範囲枠の外に基準点を持つブロック図形（→p.202）のため、4の操作で選択されませんでした。このような要素は、個別に🖱して選択対象に追加します。

6 「切取」コマンドを選択する。

POINT 「移動」コマンドでは、異なる縮尺のレイヤグループへ図の実寸法を保ったまま移動することはできません。実寸法を保って移動するには、「切取」と「貼付」コマンドで移動します。

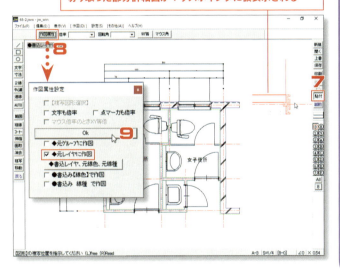

書込レイヤグループの縮尺（S=1/4）に準拠した大きさで、切り取った部分詳細図がマウスポインタに仮表示される

7 選択色の要素が切り取られ、作図ウィンドウから消えたら、「貼付」コマンドを選択する。

8 コントロールバー「作図属性」ボタンを🖱。

9 「作図属性設定」ダイアログで「◆元レイヤに作図」にチェックを付け、「Ok」ボタンを🖱。

POINT 9のチェックを付けることで、書込レイヤグループ「8」の各レイヤに元と同じレイヤ分けで作図されます。

10 部分詳細図の貼り付け位置を🖱。

11 「／」コマンドを選択し、「貼付」コマンドを終了する。

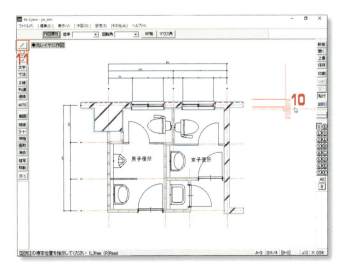

METHOD 66

ブロック図形を解除する

複数の要素をひとまとまりとして扱えるのが「ブロック図形」です。基本的にブロック図形はJw_cadで作成しますが、開いたDXF・SXFファイル内の要素がブロック図形になっている場合もあります。ここではブロック図形の性質とその解除方法を紹介します。

教材データ：「jww_method」－「4」フォルダーの「66_67.jww」

ブロック図形の特性

ブロック図形には以下のような特性があります。

▼ 複数の要素がひとまとまりで扱われる

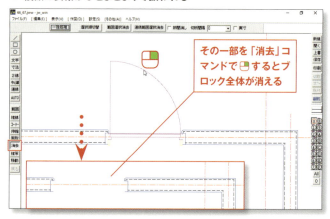

▼ 線色・線種変更や、図形の一部だけの編集は行えない

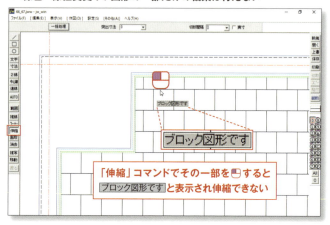

▼ 選択範囲枠で囲んでも選択されないことがある

ブロック図形の解除

教材図面「66_67.jww」を開き、すべてのブロック図形を解除しましょう。

1 「範囲」コマンドを選択する。

2 コントロールバー「全選択」ボタンを🖱。

POINT ここではすべてのブロック図形を解除するため全選択します。特定のブロック図形を解除する場合は、解除対象のブロック図形を範囲選択します。選択範囲枠に入るように囲んでも選択されないブロックは、🖱することで対象に追加できます。

3 編集可能な全要素が対象として選択色になるので、メニューバー[編集]－「ブロック解除」を選択する。

以上でブロックが解除されました。図面上のブロックの数を確認しましょう。

4 基本設定の「jw_win」ダイアログ「一般（1）」タブの最下行「ブロック,ソリッド」ボックスで、ブロック数を確認する。

POINT ブロックは二重、三重に適用されている多重構造のものがあります。1回のブロック解除で一番上の階層のブロックが解除されます。すべてのブロックを解除するには、ブロック数が0になるまでブロック解除操作（**1**-**3**）を繰り返し行います。

5 「キャンセル」ボタンを🖱し、ダイアログを閉じる。

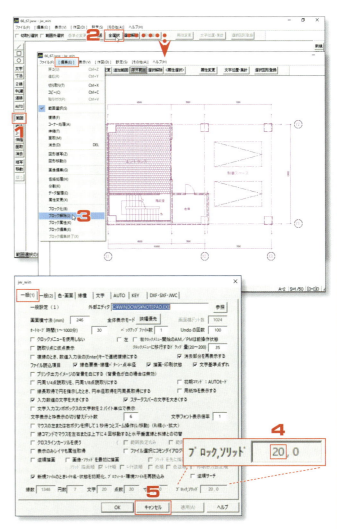

HINT ブロックツリーでブロック図形を確認

図面内のブロック図形の有無は、メニューバー[表示]－「ブロックツリー」を選択して開く「ブロックツリー」ダイアログでも確認できます。

ブロック名「*D13」のブロック

多重構造のブロック（「*D13」内にあるブロック）

先頭が⊞のブロックは多重構造のブロック。⊞を🖱するとその中のブロックが表示される

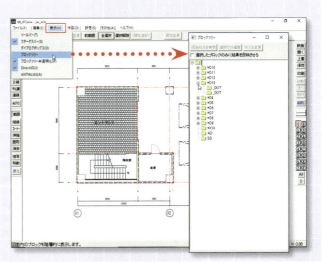

METHOD 67

曲線属性を解除（クリアー）する

曲線属性は連続する複数の線分をひとまとまりとして扱うもので、「曲線」コマンドで作図した曲線や「日影図」コマンドで作図した日影線に曲線属性が付いています。また、DXF・SXF図面では曲線には見えない線などに曲線属性が付いていることもあります。ここでは、曲線属性の性質とその解除（クリアー）方法を紹介します。

教材データ:「jww_method」－「4」フォルダーの「66_67.jww」

曲線属性の特性

曲線属性には以下のような特性があります。

▼ 複数の要素がひとまとまりで扱われる

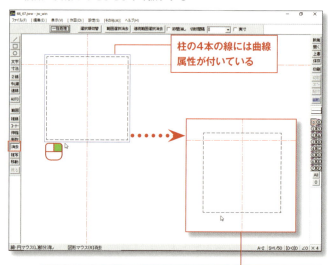

柱の4本の線には曲線属性が付いている

「消去」コマンドで線を🖱すると🖱した以外の3本の線も消える

▼「コーナー」「伸縮」「包絡処理」コマンドでの編集ができない

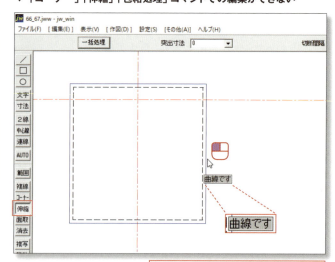

曲線です

「伸縮」コマンドでその一部を🖱すると 曲線です と表示され伸縮できない

▼ ブロック図形との違い
- 線色、線種変更、「消去」コマンドの部分消しは可能。
- 基準点、ブロック名に該当する情報は持たない。
- 多重構造は作れない。

204

曲線属性の解除（クリアー）

教材図面「66_67.jww」を開き、柱の曲線属性を解除（クリアー）しましょう。

1. 「範囲」コマンドを選択し、曲線属性をクリアーする対象として、柱の仕上線を🖱（連続線）。

POINT 線を🖱（連続線）すると、その線に連続したすべての線が選択されます。また、ひとまとまりとして扱われる曲線属性やブロック図形なども、🖱で選択できます。

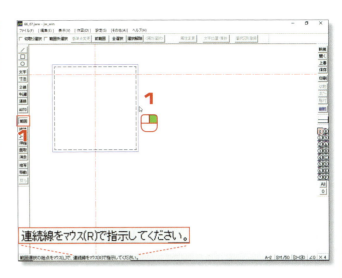

2. 曲線属性をクリアーする対象として、柱の躯体線を🖱（連続線）。
3. コントロールバー「属性変更」ボタンを🖱。
4. 属性変更のダイアログの「全属性クリアー」にチェックを付け、「OK」ボタンを🖱。

以上で、4本の線をひとまとまりとしていた柱の曲線属性がクリアーされ、4本の線に分解されます。

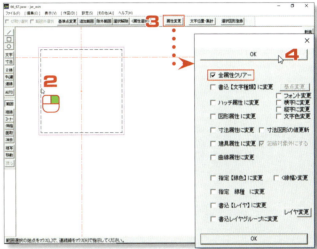

HINT 図面内のすべての曲線属性を一括でクリアー

上記 1、2 の代わりに以下の操作を行います。

1. 「範囲」コマンドのコントロールバー「全選択」ボタンを🖱し、図面全体を対象にする。
2. コントロールバー「〈属性選択〉」ボタンを🖱し、ダイアログの「曲線指定」と「【指定属性選択】」にチェックを付けて「OK」ボタンを🖱。

曲線属性の要素のみが選択色になるので 3 へ。

POINT 2 の操作を行わずに 3 以降の操作をした場合、曲線属性以外の属性（ハッチ属性や寸法属性など）もすべてクリアーされます。

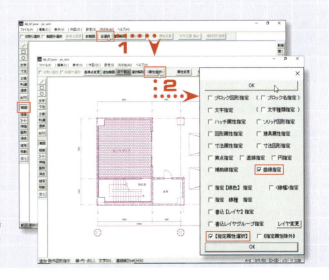

METHOD 68

寸法端部の小さい円を実点に一括変換する

```
点 ⟷ 微小・円 変換    ※ 外部変形
［収録ファイル名］TEN_EN.lzh　インストール方法→p.279
［開発元］Snap_Kin
［料金］無料
［URL］http://snapkin.web.fc2.com
　　　※ Windows 10（64bit版）で動作確認済み
```

外部変形「点 ⟷ 微小・円 変換」の機能

「外部変形」コマンドは、Jw_cadの規則に準じて作成された別のプログラム（外部変形）を使って、作図・変更を行います。外部変形「点 ⟷ 微小・円 変換」では、選択した範囲内にある小さい円（微小円）を実点に、または実点を小さい円に一括変換します。DXFファイルを開くと、寸法端部が下図のように、小さい円あるいは小さい円と実点になっていることがあります。このような小さい円を実点に一括変更できます。

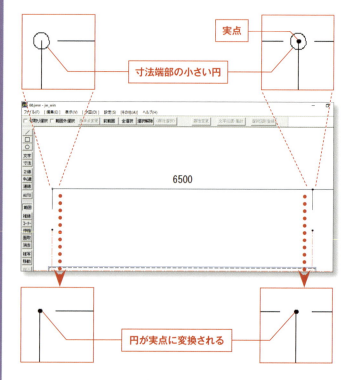

DXFファイルを開くと、寸法端部に実点の代わりに小さい円が作図されていることがあります。外部変形「点 ⟷ 微小円 変換」を利用することで、この円を実点に一括変換できます。

教材データ：「jww_method」－「4」フォルダーの「68.jww」

DXFファイルを開いて「METHOD 66」の方法ですべてのブロックを解除した図面「68.jww」を教材として、外部変形「点⟷微小円 変換」を使って、小さい円をもともとある実点と同じ線色2の実点に一括変更する方法を説明します。変換により同じ位置に重なった線色2の実点は、「データ整理」コマンド（→p.190）の「重複整理」で1つにできます。半径何mm以下の小さい円を変換対象にするかを指示するため、あらかじめ「属性取得」（→p.225）を利用して、端部の小さい円の図寸半径を確認しておきます。教材図面の小さい円の図寸半径は、0.25mmです。

小さい円を実点に一括変換

教材図面「68.jww」を開き、図寸半径0.25mmの小さい円を線色2・実点に一括変換しましょう。

1 メニューバー［その他］－「外部変形」を選択する。

2 「ファイル選択」ダイアログのフォルダーツリーで、「JWW」フォルダーを🖱。

3 「TEN_EN.BAT」を🖱🖱。

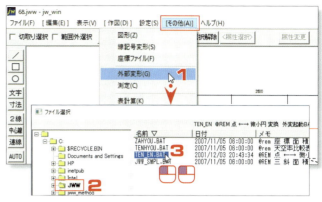

4 コントロールバー「点←微小円」ボタンを🖱。

5 選択範囲の始点として図面の左上で🖱。

6 範囲選択枠で図面全体を囲み、終点を🖱。

7 コントロールバー「除外範囲」ボタンを🖱。

POINT 変更対象の小さい円以外の要素が含まれていても問題はありませんが、選択要素数が多すぎると変換処理ができないことがあります。そのため、変換に関係のない図面部分を除外します。

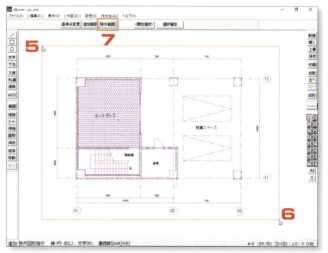

8 除外範囲の始点を🖱。

9 除外範囲選択枠で寸法を除く図面部分を囲み、終点を🖱。

10 図面部分が選択から除外され、元の色に戻ったことを確認し、コントロールバーの「選択確定」ボタンを🖱。

11 変換対象の円半径として、コントロールバー「0.5mm」ボタンを🖱。

12 実点の線色とし、コントロールバー「2」ボタンを🖱。

半径が図寸0.5mm以下の小さい円が線色2・実点に変換され、作図ウィンドウ左上には、右図のように変換した円の数を示すメッセージが表示されます。

POINT 「データが多すぎます。範囲を分割してください」とメッセージウィンドウが表示された場合は、範囲選択した要素数が多すぎることが原因です。何カ所かに分けて変換操作を行ってください。

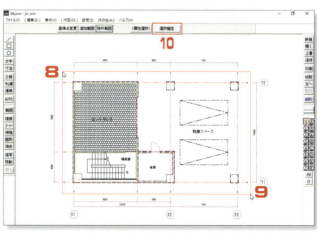

METHOD 69
SXF図面の部分図を編集する

SXF形式の図面の部分図は、個々に縮尺情報を持ったブロック図形です。そのままでは、図の一部を消すことや、線色・線種を変更するなどの編集はできません。部分図を編集するには、部分図を解除せずに部分図の編集モードに入るか、部分図を解除します。

教材データ：「jww_method」-「4」フォルダーの「69.jww」

部分図を編集する2つの方法

ここでは、「METHOD 19」で開いたSXF形式のファイルをJw_cadの図面として保存した「69.jww」をモチーフに、その部分図を編集する2つの方法を解説します。

▼ **方法1** 部分図のまま、「部分図の編集」ウィンドウを開いて編集
→次ページ

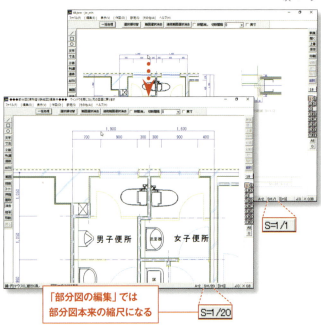

「部分図の編集」では部分図本来の縮尺になる　S=1/1　S=1/20

▼ **方法2** 部分図を解除し、部分図に適した縮尺のレイヤグループに移動したうえで編集 →p.210

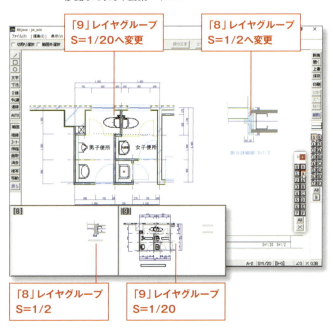

「9」レイヤグループ S=1/20へ変更　「8」レイヤグループ S=1/2へ変更

「8」レイヤグループ S=1/2　「9」レイヤグループ S=1/20

208

部分図のまま編集

教材図面「69.jww」を開き、「平面図　S=1/20」の寸法の一部を消してみましょう。

1. 編集対象の寸法線を🖱↓AM6時 属性取得 。
2. 「選択された部分図を編集します」ダイアログが開くので、「OK」ボタンを🖱。

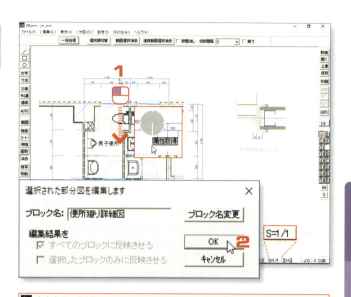

3. S=1/20の「部分図編集」ウィンドウになるので、編集図面を🖱、拡大 で囲み、拡大表示する。

POINT　1で🖱↓した部分図以外の図面要素は編集できないため、グレー表示になります。また、部分図編集ウィンドウで使用できないコマンドはグレーアウトします。

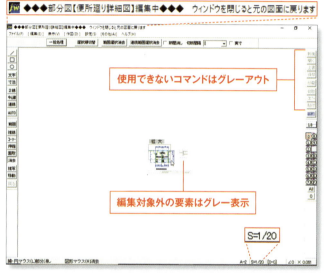

4. 「消去」コマンドを選択し、上の寸法「1900」の寸法線を🖱。

POINT　SXF形式の直線寸法は、その寸法補助線（Jw_cadにおける引出線）と端部の円・点・矢印もともに寸法図形になります。そのため、寸法線を🖱することで、ひとまとまりになっている寸法部が消去されます。

5. 編集を完了したら、タイトルバーの ✕ （閉じる）ボタンを🖱し、部分図編集ウィンドウを閉じる。

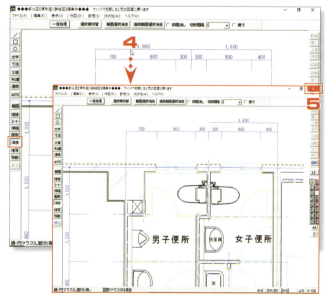

部分図を解除し、レイヤグループを変更して編集

教材図面「69.jww」を開き、その部分図を解除して、部分詳細図をS=1/2のレイヤグループに、平面図をS=1/20のレイヤグループに変更しましょう。はじめにすべてのレイヤグループを編集可能にしましょう。

1 ステータスバー「書込レイヤ」ボタンを🖱。

2 「レイヤ設定」ダイアログの「全レイヤ編集」ボタンを🖱。

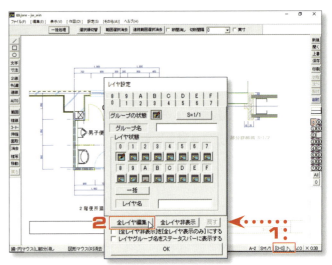

部分図を解除しましょう。

3 「範囲」コマンドを選択し、コントロールバー「全選択」ボタンを🖱。

4 メニューバー［編集］-「ブロック解除」を🖱。

これで、縮尺情報を持った各部分図が解除されます。

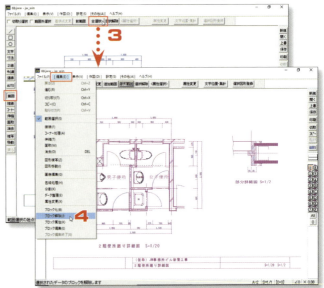

S=1/2の部分詳細図用にレイヤグループを用意し、解除した部分詳細図をそのレイヤグループに変更しましょう。

5 レイヤバーの「0」レイヤグループボタンを🖱。

POINT レイヤグループバーが表示されている場合は、**5**の操作は不要です。

6 レイヤグループバーで要素のないレイヤグループ「8」を🖱し、書込レイヤグループにする。

POINT レイヤグループ番号ボタンの上に表示される紫色のバーは、そのレイヤグループに要素が作図されていることを示します。バーのないレイヤグループを選択します。

要素が存在することを示す紫色のバー

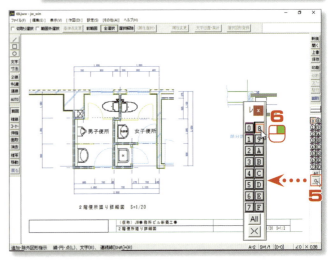

7 「縮尺」ボタンを🖱し、書込レイヤグループの縮尺を1/2に変更する。

8 「範囲」コマンドを選択し、選択範囲枠でS=1/2の部分詳細図全体を囲み、終点を🖱（文字を含む）。

9 選択色にならないハッチングとLGSを🖱し、対象に追加する。

POINT ハッチングとLGSは、選択範囲枠の外に基準点があるブロック図形のため、8の操作では選択されません。

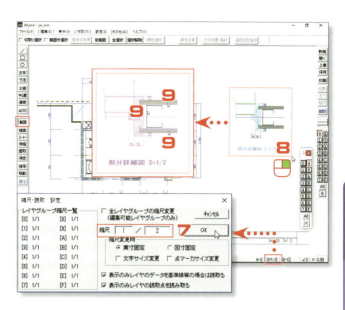

10 コントロールバー「属性変更」ボタンを🖱。

11 属性変更のダイアログで「書込レイヤグループに変更」にチェックを付け、「OK」ボタンを🖱。

12 「縮尺の異なる図形があります。」のメッセージウィンドウが開くので「OK」ボタンを🖱。

部分詳細図がS=1/2のレイヤグループに移動されます。

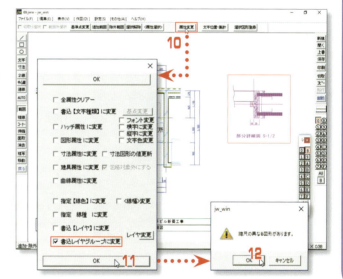

13 同様にして（6〜12）、レイヤグループ「9」をS=1/20にして、左側のS=1/20の図を「9」レイヤグループに変更する。

以上で、Jw_cadで異縮尺の図面を1枚の用紙に作図する場合と同じように、縮尺ごとのレイヤグループにそれぞれの図面が作図された状態になります。
それぞれの図面の測定・編集は、「属性取得」（→p.192）して、編集する図面が作図されているレイヤグループを書込レイヤグループとした状態で行ってください。

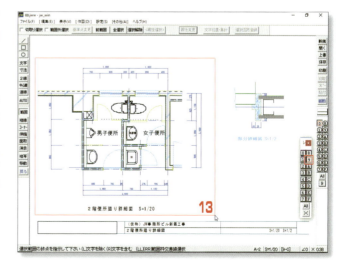

METHOD 70 寸法図形を解除する

寸法図形の特性

Jw_cadの「寸法図形」は、寸法線とその寸法値を1セットとして扱うもので、以下の特性があります。

- 寸法線を伸縮すると寸法値もその実寸法に変更される。
- 寸法線の線色・線種を変更できない。
- 寸法線または寸法値のいずれか一方だけは消去できない。

▼Jw_cadの「寸法図形」

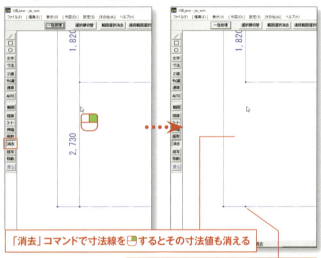

「消去」コマンドで寸法線を🅻するとその寸法値も消える

端部の実点や寸法補助線（引出線）は残る

SXFファイルの「直線寸法」は、Jw_cadで開くと寸法図形になります。Jw_cadの寸法図形と違うのは、寸法線と寸法値に加え、寸法補助線（Jw_cadにおける引出線）や端部の実点、矢印（点マーカーと呼ぶ）も1セットになることです。

▼SXFファイルを開いた場合の「寸法図形」

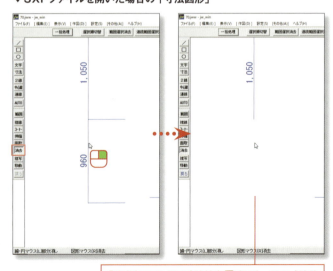

「消去」コマンドで寸法線を🅻すると、その寸法値に加え、寸法補助線、端部の実点も消える

Jw_cadには、寸法線とその寸法値を1セットとして扱う「寸法図形」という機能があります。寸法図形の線色・線種を変更するには寸法図形を解除する必要があります。SXFファイルの「直線寸法」は、Jw_cadで開いたとき寸法図形として読み込まれます。ここでは、SXFファイルを開いた場合の寸法図形を例に、寸法図形の解除方法について説明します。

 教材データ：「jww_method」－「4」フォルダーの「70.jww」

寸法図形を一括解除

p.210「部分図を解除し、レイヤグループを変更して編集」の方法でSXFファイルの部分図を解除し、さらにブロックもすべて解除した教材図面「70.jww」を開き、すべての寸法図形を解除しましょう。

1 メニューバー［その他］－「寸法図形解除」を選択する。

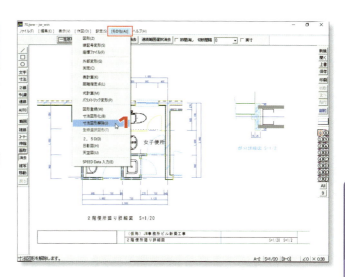

2 コントロールバー「範囲選択」ボタンを🖱。

3 範囲選択の始点として、図面の左上で🖱。

4 表示される選択範囲枠で図面全体を囲み、終点を🖱（文字を除く）。

POINT この段階で、寸法図形以外の要素が選択されていても問題ありません。

5 コントロールバー「選択確定」ボタンを🖱。

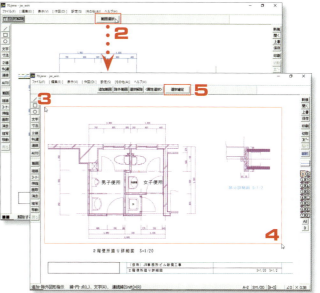

選択した寸法図形が解除され、作図ウィンドウ左上に解除された個数が表示されます。
SXFファイルの寸法図形を解除すると、寸法補助線の端部に仮点が現れます。この仮点は、p.185「仮点を一括消去」の方法で消去できます。

寸法補助線（引出線）端部に仮点が現れる

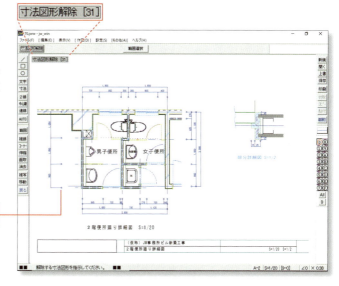

METHOD 71

SXF対応拡張線色・線種を標準線色・線種に一括変更する

┌─────────────────────────────────────┐
「線色入れ換え」「線種入れ換え」　※ 外部変形
[収録ファイル名] Cc402.lzh／Tc102.lzh　インストール方法→p.277
[開発元] KITI
[料金] 無料
[URL] http://Kiti-ku.o.oo7.jp/
　　　　　※ Windows 10（64bit版）で動作確認済み
└─────────────────────────────────────┘

SXF対応拡張線色・線種の特徴

Jw_cadの標準線色「線色1」〜「線色8」は、線色ごとに印刷線幅とカラー印刷色を設定します。それに対しSXF対応拡張線色は、表示色を兼ねたカラー印刷色の区別で、その印刷線幅は色に関わりなく個々の線について作図時に「線幅」ボックスで指定します。そのため、同じ線色でも線幅も同じとは限りません。

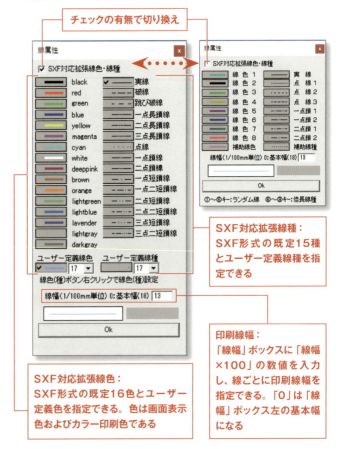

SXF対応拡張線種：
SXF形式の既定15種とユーザー定義線種を指定できる

SXF対応拡張線色：
SXF形式の既定16色とユーザー定義色を指定できる。色は画面表示色およびカラー印刷色である

印刷線幅：
「線幅」ボックスに「線幅×100」の数値を入力し、線ごとに印刷線幅を指定できる。「0」は「線幅」ボックス左の基本幅になる

DXF・SXFファイルをJw_cadで開くと、その線色・線種はSXF対応拡張線色・線種になります。そのまま図面を利用することもできますが、ここでは、外部変形プログラム「線色入れ換え」「線種入れ換え」を利用して、Jw_cadの標準線色・線種に一括変更する方法を紹介します。

 教材データ：「jww_method」−「4」フォルダーの「71.jww」「71.tse」

教材図面「71.jww」は「METHOD 19」で開いたSXFファイルの部分図とブロック、寸法図形を解除し、各レイヤグループの「E」「F」レイヤを空にしたものです。この図面のSXF対応拡張線色・線種をJw_cadの標準線色・線種に一括変更する例で説明します。DXFファイルの場合は、ブロック解除後、図面の保存をする前にこの一括変更を行ってください。

SXF対応拡張線色・線種を標準線色・線種に一括変更

教材図面「71.jww」を開き、外部変形プログラムを選択して、変更対象を指定しましょう。

1 メニューバー［その他］－「外部変形」を選択する。

2 「ファイル選択」ダイアログのフォルダーツリーで「JWW」フォルダーを🖱🖱し、その下に表示される「Cc402」フォルダーを🖱。

3 「CcTc.bat」を🖱🖱。

POINT　「Cc402.LZH」と「Tc102.LZH」をp.277のとおりにインストールしていないと、3のファイルは表示されません。ここでは　線色と線種の両方を一括変換するため、「CcTc.bat」を選択します。線色だけを変換する場合は「Cc4.bat」を、線種だけを変換する場合は「Tc.bat」をそれぞれ選択してください。

4 作図ウィンドウ左上に ★線色線種変換★ と表示されることを確認し、選択範囲の始点として図面の左上で🖱。

5 表示される選択範囲枠で図面全体を囲み、終点を🖱（文字を除く）。

6 コントロールバー「選択確定」ボタンを🖱。

線色変換の指定を行う「Cc4」ダイアログが開きます。それぞれのSXF対応拡張線色をどの標準線色に変更するかを指示しましょう。

POINT　SXF対応拡張線色だけでなく、標準線色1～8、補助線色の線色を一括変更することも可能です。線色名右の「線番号」ボックスの▼を🖱し、表示されるリストから変更後の線番号を🖱で選択します。

7 SXF対応拡張線色101の「線番号」ボックスの▼を🖱し、表示されるリストから「2」（標準線色2）を🖱で選択する。

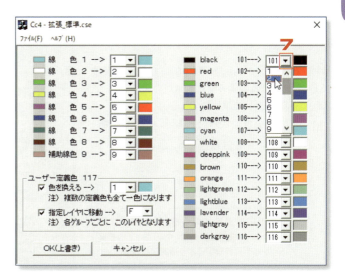

8 同様に、SXF対応拡張線色102〜116の「色番号」ボックスに、適宜、標準線色の1〜8を指定する。

9 「ユーザー定義色」欄の「色を換える」のチェックを外す。

10 「指定レイヤに移動」にチェックを付け、「移動先」の▼を🖱し、「E」に変更する。

POINT 9にチェックを付けると、すべてのユーザー定義色を「色番号」ボックスで指定の色に変換します。10にチェックを付けると、「レイヤ番号」ボックスで指定のレイヤにユーザー定義線色の要素を移動します。

11 「OK（上書き）」ボタンを🖱。

12 右図のメッセージウィンドウが開いた場合は「はい」ボタンを🖱。

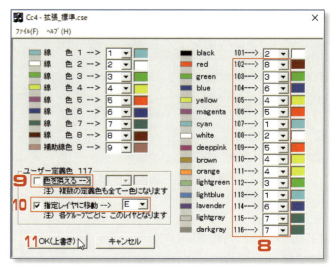

続けて、開いた「Tc」ダイアログで、それぞれのSXF対応拡張線種をどの標準線種に変更するかを指定します。「番号」ボックスを🖱し、線種番号を入力して変換後の線種を指定します。また、これらの指定を設定ファイルとして保存しておき、適宜、開いて利用できます。ここでは、あらかじめ用意してある線種変更指定ファイル「71.tse」を開いて利用しましょう。

13 メニューバー［ファイル］－「開く」を選択する。

14 「ファイルを開く」ダイアログの「ファイルの場所」を「jww_method」フォルダー内の「4」フォルダーにする。

15 「71.tse」を🖱で選択し、「開く」ボタンを🖱。

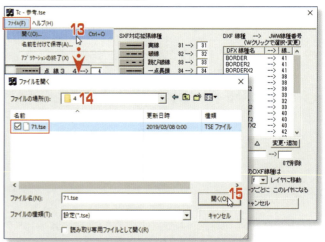

設定ファイル「71.tse」が開き、SXF対応拡張線種とDXF線種の変換後の線種番号が右図のように変更されるので、一括変換しましょう。

16 「無指定のDXF線種は「f」レイヤに移動」にチェックを付け、「OK（上書き）」ボタンを🖱。

SXF対応拡張線種のうち、三点鎖線などJw_cadの標準線種にないものは、そのまま「F」レイヤに移動するよう指定している

「71.tse」は、DXF線種も類似のJw_cad標準線種に変換するよう指定している

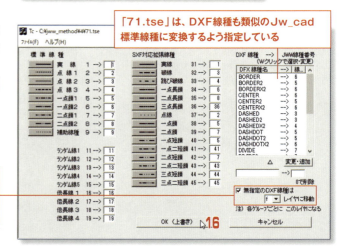

ダイアログが閉じ、線色と線種が一括変換されます。ユーザー定義線色、ユーザー定義線種があった場合は、それぞれの設定ダイアログで指定したレイヤ（ユーザー定義線色は「E」レイヤ、ユーザー定義線種は「F」レイヤ）に移動します。

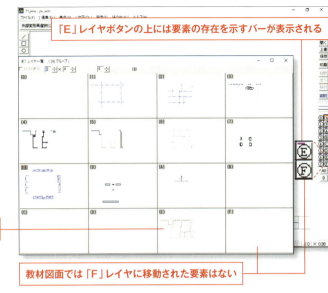

「E」レイヤボタンの上には要素の存在を示すバーが表示される

ユーザー定義線色の要素

教材図面では「F」レイヤに移動された要素はない

HINT DXF線種の変換設定の変更・追加

前ページで開いた「71.tse」では、右図のようにDXF線種（AutoCADの線種）とその変換後の標準線種を設定しています。
DXFファイルの線色・線種を一括変更する場合は、図面を保存する前に一括変換操作を行ってください。保存すると線種の名称が変わってしまうため、「DXF線種」欄で指定したJw_cad線種には変更されません。

ここでは、DXF線種の変換指定を変更する手順を説明します。

1 変更するDXF線種を🖱🖱。

2 下のボックスに**1**のDXF線種名と変更後の線種番号が表示されるので、線種番号ボックスを🖱し、線種番号を書き換える。

POINT 新しくDXF線種を追加する場合は、**1**の操作の代わりに「線種名」ボックスに追加するDXF（AutoCAD）線種名を入力してください。

3 「変更・追加」ボタンを🖱。

POINT 設定した内容は、「OK（上書き）」ボタンを🖱することで、実行されるとともに保存されます。異なる設定を使い分けたい場合には、「OK（上書き）」ボタンを🖱する前にメニューバー[ファイル]-「名前を付けて保存」を選択し、ファイル名を付けて保存します。前ページの**13**〜**15**の手順で適宜、設定ファイルを開いてご利用ください。

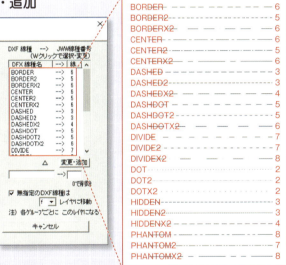

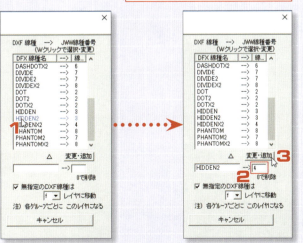

METHOD 72
個別線幅を基本幅に一括変更する

「METHOD 71」の方法でSXF対応拡張線色・線種を標準線色・線種に一括変更した後も、個別に線幅が指定された線が残っている場合があります。それらの線は、標準線色ごとに設定した印刷線幅（基本幅）ではなく、線ごとの個別線幅で印刷されてしまいます。ここでは、個別線幅を一括して基本幅に変更する方法を紹介します。

教材データ：「jww_method」－「4」フォルダーの「72.jww」

個別線幅の確認

SXF対応拡張線色は、個別に印刷線幅が指定されていますが、Jw_cadの標準線色でも個々の線に印刷線幅を指定できます。それを「個別線幅」と呼びます。「METHOD 71」で標準線色・線種に一括変更した図面「72.jww」を開き、個別線幅を確認しましょう。

1 図面「72.jww」の壁芯を🖱↓AM6時 属性取得 。

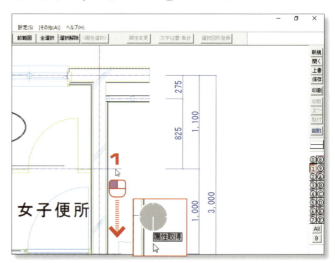

2 「線属性」バーを🖱。

> 書込線が**1**と同じ線色・線種・線幅になり、個別線幅の数値が表示される

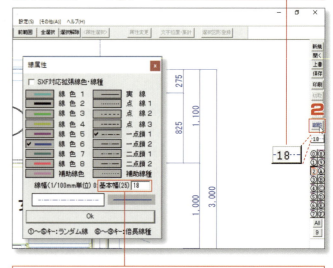

> （　）内の数値でその線色の基本幅（基本設定の「色・画面」タブで指定した印刷線幅）が、「線幅」ボックスの数値で🖱↓した線の個別線幅が確認できる

218

個別線幅を基本幅に一括変更

続けて、図面「72.jww」のすべての線幅を基本幅に一括変更しましょう。

1 「線属性」コマンドを🖱。

2 「線属性」ダイアログの「線幅」ボックスを「0」にし、「Ok」ボタンを🖱。

3 「範囲」コマンドを選択し、コントロールバー「全選択」ボタンを🖱。

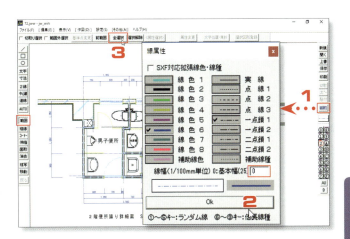

4 図面全体が選択されたことを確認し、コントロールバー「属性変更」ボタンを🖱。

5 属性変更のダイアログの「〈線幅〉変更」を🖱し、チェックを付ける。

POINT 5のチェックを付けることで、選択した要素が現在の線幅（1〜2で設定した基本幅）に変更されます。

6 「OK」ボタンを🖱。

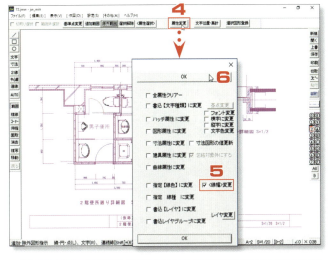

HINT　印刷時のみ個別線幅を基本幅にして印刷する方法

メニューバー［設定］－「基本設定」で開く「jw_win」ダイアログの「色・画面」タブの設定を以下のように変更することで、個別線幅の標準線色を「色・画面」タブで指定の基本幅で印刷できます。

1 「色・画面」タブの「線幅を1/100mm単位とする」のチェックを外す。

2 右図のメッセージウィンドウが開くので「OK」ボタンを🖱。

POINT 2のチェックを外すことで、線色ごとの「線幅」の値はドット単位の値に変換されます。また、「線属性」ダイアログの「線幅」ボックスが表示されなくなり、個別線幅が無効になります。2に再びチェックを付けると、元の個別線幅になります。

3 「OK」ボタンを🖱。

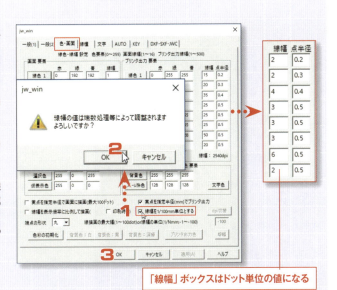

「線幅」ボックスはドット単位の値になる

METHOD 73
ユーザー定義線種を標準線種に変更する

ユーザー定義線種の短所

SXF対応拡張線種のユーザー定義線色・線種は、図面ファイルごとに独自に定義して使用できる線色・線種です。そのため、それらの定義がされていない図面ファイルにコピーすると、ユーザー定義線色の要素はすべてグレーになり、ユーザー定義線種の要素は表示されません。
また、ユーザー定義線種は「レイヤー覧」ダイアログで表示されないなどの不都合も生じます。
ここでは、教材図面「73.jww」を開き、ユーザー定義線種で作図されている通り芯を標準線種の「一点鎖2」に変更しましょう。

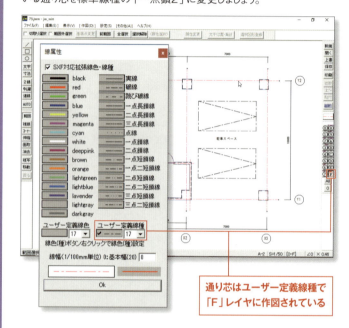

通り芯はユーザー定義線種で「F」レイヤに作図されている

ユーザー定義線種の通り芯は「レイヤー覧」ダイアログに表示されない

ユーザー定義線種は、「レイヤー覧」ダイアログで表示されない、他の図面ファイルにコピーすると表示されない、DXFファイルに保存すると他のCADで開けなくなることがあるなどの不都合が生じます。そのため、標準線種に変更することをお勧めします。

 教材データ:「jww_method」-「4」フォルダーの「73.jww」

ユーザー定義線種を標準線種に変更

教材図面「73.jww」を開き、通り芯のユーザー定義線種を標準線種「一点鎖2」に変更しましょう。はじめに変更対象の線種を属性取得して書込線種にします。

1 線種を変更する線（通り芯）を🖱↓AM6時 属性取得 。

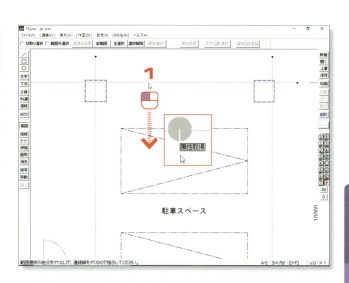

変更対象として、属性取得した線種の要素を選択しましょう。

2 「範囲」コマンドを選択し、コントロールバー「全選択」ボタンを🖱して、図面全体を選択する。

3 コントロールバー「＜属性選択＞」ボタンを🖱。

4 属性選択のダイアログで「指定　線種　指定」を🖱。

5 「線属性」ダイアログの「SXF対応拡張線色・線種」にチェックを付け、属性取得した線の線種「ユーザー定義線種」が選択（凹表示）されていることを確認して「OK」ボタンを🖱。

POINT 1で属性取得したため、「線属性」ダイアログでは通り芯と同じ「ユーザー定義線種17」が選択されています。

6 属性選択のダイアログで「指定　線種　指定」と「【指定属性選択】」にチェックが付いていることを確認し、「OK」ボタンを🖱。

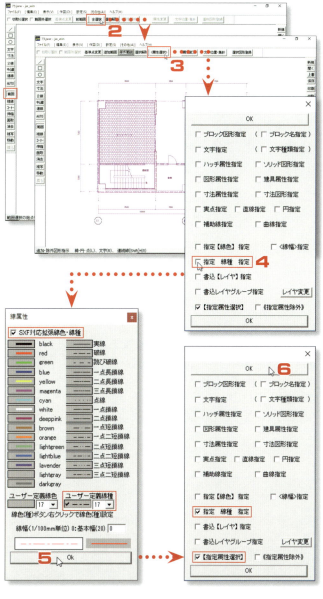

属性取得したユーザー定義線種のみが選択色になるので、変更後の線種「一点鎖2」を指定して変更しましょう。

7 コントロールバー「属性変更」ボタンを🖱。

8 属性変更のダイアログで「指定　線種　に変更」を🖱。

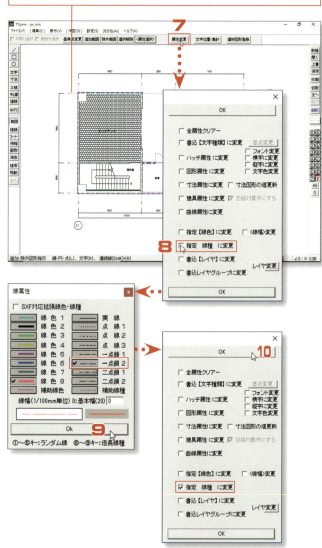

1で属性取得したユーザー定義線種のみが変更対象になり、他の要素は対象から除外されて元の色に戻る

9 「線属性」ダイアログで「一点鎖2」ボタンを🖱で選択し、「OK」ボタンを🖱。

10 属性変更のダイアログで、「指定　線種　に変更」にチェックが付いていることを確認し、「OK」ボタンを🖱。

以上で選択要素の線種が「一点鎖2」に変更されます。

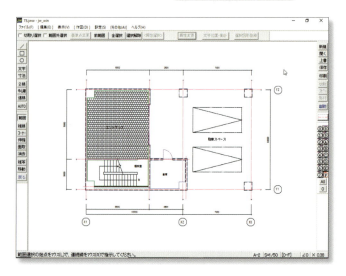

CHAPTER 5

Jw_cadをもっと便利に使うための方法(メソッド)

図面・図形ファイルの名前変更や一覧画面の印刷／ネットワーク上にある図面ファイルの利用／インターネットからのデータのダウンロード／ZIP・LZH（圧縮）ファイルの展開／ファイルの圧縮など、Jw_cadをより便利に使う方法を紹介します。

METHOD 74

要素の属性（長さ・角度・半径）を確認する

「属性取得」コマンドを利用して、作図済みの線の長さや角度、円・円弧の半径などを確認できます。ここでは、「METHOD 68」の補足として、記入済みの円の半径を確認する方法を紹介します。

教材データ：「jww_method」－「5」フォルダーの「74.jww」

属性取得とは

要素の線色・線種、および作図されているレイヤを「属性」と呼びます。「属性取得」コマンドは、作図済みの要素を🖱することで、書込レイヤ・書込線色・線種を🖱した要素の属性と同じ設定にします。メニューバー［設定］－「属性取得」を選択する代わりに、キーボードの Tab キーを押すことでも「属性取得」コマンドを選択できます。

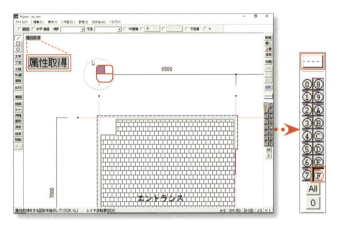

▼ Tab キーを1回押す　属性取得
　メニューバー［設定］－「属性取得」と同じ。

▼ Tab キーを2回押す　レイヤ非表示化
　メニューバー［設定］－「レイヤ非表示化」と同じ。
　🖱した要素が作図されているレイヤを非表示レイヤにする。

▼ Tab キーを3回押す　属性取得　→次ページ

POINT　Tab キーを押すと 図形がありません と表示される場合は、メニューバー［設定］－「基本設定」を選択し、「jw_win」ダイアログの「KEY」タブの「直接属性取得を行う」のチェックを外してください。

なお、クロックメニュー🖱↓AM6時 属性取得 でも、属性取得が行えます。

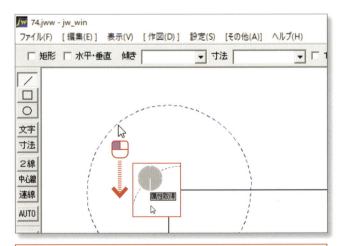

要素にマウスポインタを合わせ、🖱↓（下方向へ🖱ドラッグ）し、クロックメニューAM6時 属性取得 が表示されたら、ボタンをはなす

記入済みの円の半径を確認

「METHOD 68」と同じ内容の図面「74.jww」を開き、左上の青い点線の円で囲まれている寸法端部に作図されている小さい円の半径を確認しましょう。

1 Tabキーを3回押し、作図ウィンドウ左上に 属性取得 と表示されることを確認する。

POINT Tabキーを1回押すと 属性取得、もう1度押すと 非表示レイヤ化、再度押すと 属性取得 になります。

図形がありません と表示される場合 →前ページのPOINT

2 寸法端部の小さい円を🖱。

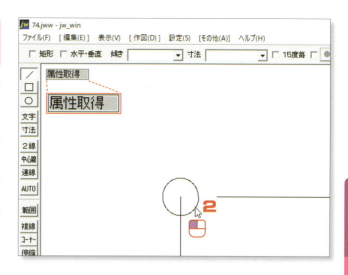

属性取得され、作図ウィンドウ左上に円の半径などが表示されます。

POINT 本来、正円の「傾き」は［0°］、「扁平率」は（100%）、「開始角>終了角」は「0°->360°」ですが、もともとDXFファイルであったこの図面では、右図のように表示されます。

この円は、半径12.5mmと確認できました。
「METHOD 68」では、図寸の円半径が必要なため、確認できた半径に縮尺を掛けます。

　12.5×1/50＝0.25

これにより、0.25mmがこの円の図寸半径であることがわかります。

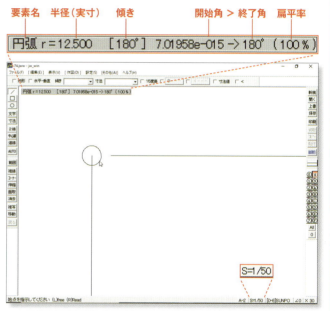

HINT 文字サイズの確認

2で文字要素を🖱すると、文字要素の文字種、サイズなどが表示されます。

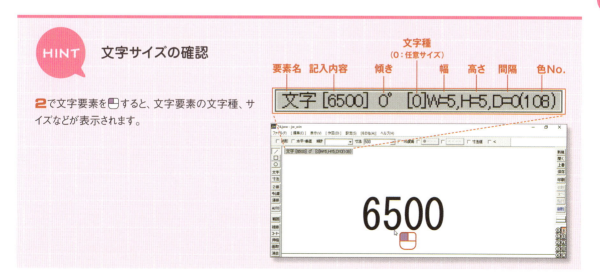

METHOD 75 図面ファイル・図形ファイルの名前を変更する

「ファイル選択」ダイアログでの図形ファイルの表示順について

Jw_cadの「図形」コマンドで開く「ファイル選択」ダイアログでは、図形はファイル名の順（数字0から昇順 → アルファベット → かな → 漢字）で表示されます。ファイル名を変更することで、よく利用する図形をダイアログの上段に表示することが可能です。

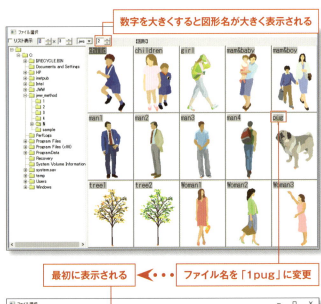

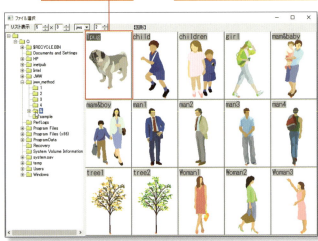

ここでは、図形を例に名前変更の手順を説明します。

Jw_cadの図面ファイルや図形ファイルの名前は、メニューバー［ファイル］－「ファイル操作」－「ファイル名変更」で変更する他、「ファイル選択」ダイアログでも変更できます。ここでは、図形ファイルの名前を変更する例で説明します。

教材データ：「jww_method」－「5」フォルダーのJWS図形ファイル

HINT 図面ファイル名の変更

「開く」コマンドの「ファイル選択」ダイアログで、右ページの図形ファイルと同様の手順で名前が変更できます。図面ファイルの表示順は、ファイル名、更新日時、メモ内容の昇順・降順を指定できます。

表示順の変更方法→p.229

図形ファイル名の変更

ここでは、図形ファイル名を変更する例で説明しますが、図面ファイル名の変更も「開く」コマンドで開く「ファイル選択」ダイアログで同様に行えます。

1 メニューバー［その他］-「図形」を選択する。

2 「ファイル選択」ダイアログで、名前を変更する図形ファイルの収録場所（「jww_method」-「5」フォルダー）を選択する。

3 名前を変更する図形ファイルのファイル名部分（右図では「pug」）を🖱。

4 「ファイル名変更」ダイアログが開くので、「ファイル名変更」ボックスの「.JWS」より前の名前部分を（右図では「1pug」に）変更し、「OK」ボタンを🖱。

POINT ここでは、「ファイル選択」ダイアログの先頭に 3 の図形が表示されるようにファイル名の頭に「1」を付けています。変更できるのは「.」よりも前の名前部分です。「.」とその後ろの拡張子（ここでは「JWS」）を変更すると、Jw_cadで使えなくなるので注意してください。間違って変更や消去した場合は、「ファイル名変更」ダイアログの「キャンセル」ボタンを🖱して「ファイル名変更」を中断した後、3 からやり直してください。

図形ファイル名が変更されます。ファイルの表示順はこの段階では変化ありません。

5 フォルダーツリーの他のフォルダー（右図では「jww_method」）を🖱。

6 再度、「5」フォルダーを🖱。

図形一覧が再表示され、ファイルの表示順が変更されたことを確認できます。

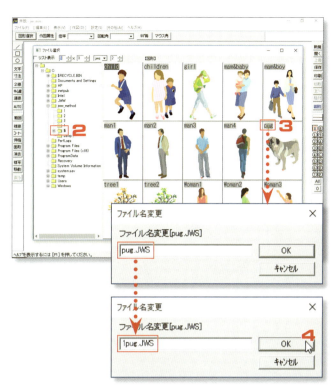

METHOD 76 図面ファイルの表示順を変更する

「ファイル選択」ダイアログのリスト表示

「ファイル選択」ダイアログの左上「リスト表示」を🖱️してチェックを付けることで、サムネイル表示からリスト表示に切り替わります。

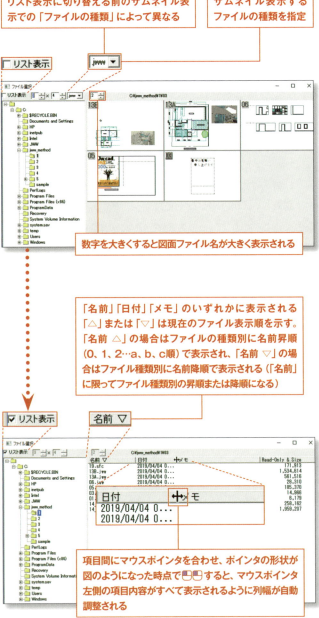

リスト表示で表示されるファイルの種類はリスト表示に切り替える前のサムネイル表示での「ファイルの種類」によって異なる

ファイルの種類 サムネイル表示するファイルの種類を指定

数字を大きくすると図面ファイル名が大きく表示される

「名前」「日付」「メモ」のいずれかに表示される「△」または「▽」は現在のファイル表示順を示す。「名前 △」の場合はファイルの種類別に名前昇順（0、1、2…a、b、c順）で表示され、「名前 ▽」の場合はファイル種類別に名前降順で表示される（「名前」に限ってファイル種類別の昇順または降順になる）

項目間にマウスポインタを合わせ、ポインタの形状が図のようになった時点で🖱️🖱️すると、マウスポインタ左側の項目内容がすべて表示されるように列幅が自動調整される

「ファイル選択」ダイアログの「リスト表示」にチェックを付けると、図面ファイルの表示状態がサムネイル表示からリスト表示に切り替わります。リスト表示では図面ファイルの並び順を名前順や日付順に変更できます。その変更はサムネイル表示での表示順にも反映されます。

 教材データ：「jww_method」−「1」フォルダーの図面ファイル

図面ファイルの表示順を切り替え

「ファイル選択」ダイアログで、図面ファイルの表示順を変更しましょう。

1 「開く」コマンドを選択する。

2 「ファイル選択」ダイアログのフォルダーツリーで「jww_method」－「1」フォルダーを🖱。

3 「リスト表示」を🖱してチェックを付ける。

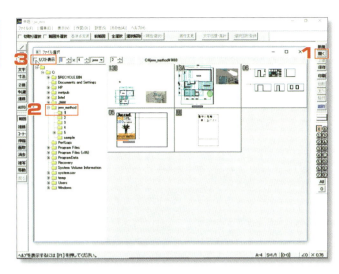

POINT リスト表示されるファイルの種類は、リスト表示に切り替える前のサムネイル表示での「ファイルの種類」によって異なります。「ファイルの種類」が「.jww」の状態でリスト表示にすると、DXF/JWC/JWW/P21/SFCの5種類のファイルをリスト表示します。

4 「名前」項目バーを🖱。

POINT 項目バーに表示される△は昇順、▽は降順を示します。

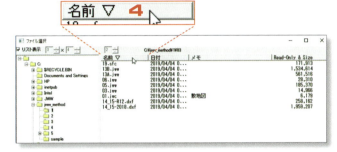

「名前」項目に「△」が表示され、ファイルの種類別に名前の昇順に並び替わります。

POINT 「名前△」では、ファイル種類別（dxf、jwc…拡張子のアルファベット順）に名前昇順（0、1、2…a、b、c順）で表示されます。

5 「リスト表示」を🖱してチェックを外す。

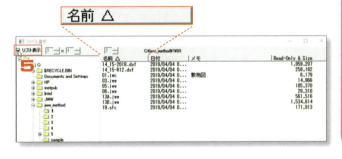

「リスト表示」のチェックが外れ、サムネイル表示でのJWW図面ファイルの表示順も、**4**で変更した名前昇順になります。

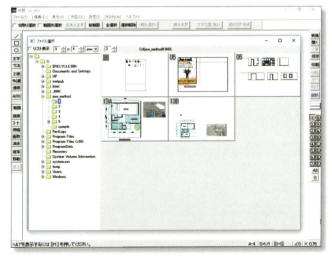

METHOD 77 デスクトップやネットワーク上のフォルダーを利用する

ネットワーク上のフォルダーとJw_cadの「ファイル選択」ダイアログ

エクスプローラーやWord・Excelなどの「開く」ダイアログで表示される「デスクトップ」「ドキュメント」およびネットワーク上の他のパソコンのフォルダーは、Jw_cadの「ファイル選択」ダイアログでは表示されません。

▼ エクスプローラー画面

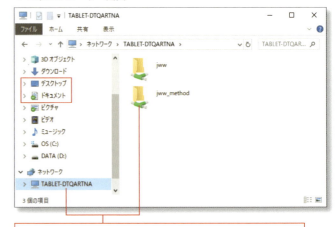

ネットワーク上のパソコンと共有設定されているフォルダーが表示

▼ Jw_cadの「ファイル選択」ダイアログ

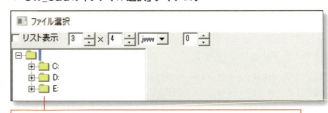

エクスプローラーで表示される「デスクトップ」「ドキュメント」やネットワーク上のフォルダーが表示されない

Jw_cadから「デスクトップ」「ドキュメント」やネットワーク上の他のパソコンのフォルダー内のファイルを開くことや、そのフォルダーに図面ファイルを保存するには、Windows標準のコモン（共通）ダイアログを利用します。

→次ページ

▼ Jw_cadで使用できるコモンダイアログ

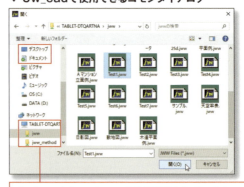

ネットワーク上のパソコンと共有設定されているフォルダーが表示

Jw_cadの「ファイル選択」ダイアログでは、「デスクトップ」「ドキュメント」やネットワーク上の他のパソコンのフォルダーは表示されません。Jw_cadから簡単にそれらを利用する方法を紹介します。

Windowsのコモンダイアログを使用する設定

下記の設定を行うことで、Windowsのコモンダイアログからネットワーク上のフォルダーの図面ファイルを利用できます。

1. メニューバー［設定］－「基本設定」を選択する。
2. 「jw_win」ダイアログの「一般（1）」タブの「ファイル選択にコモンダイアログを使用する」を🖱し、チェックを付ける。
3. 「OK」ボタンを🖱。

以上の設定で、Jw_cadで図面ファイルを開く・保存するときに開く「ファイル選択」ダイアログが、Windows標準の「開く」「名前を付けて保存」ダイアログ（コモンダイアログ）になります。

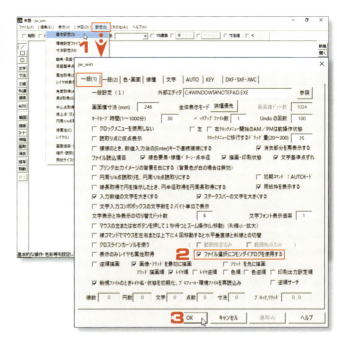

HINT コモンダイアログでのファイル表示

コモンダイアログでのファイルの表示は、「その他のオプション」を🖱して表示されるリストから選択・切り替えできます。

デスクトップやネットワーク上の共有フォルダーも選択できる

「その他のオプション」

なお、プレビューウィンドウを表示しても、図面ファイルのプレビューはできません。

コモンダイアログを使わずに、Jw_cadの「ファイル選択」ダイアログのままネットワーク上のフォルダーや図面ファイルを利用したい場合は、「METHOD 78」をご参照ください。

「プレビューウィンドウ」の表示⇔非表示切り替え

POINT Jw_cadには、排他制御機能（複数のパソコンで同時に同一ファイルを開き、編集・上書を防ぐ機能）がありません。ネットワーク上の共有フォルダーの図面ファイルを編集するときには、同時に複数のパソコンで編集して上書き保存することのないように注意してください。

231

METHOD 78

ネットワーク上のフォルダーを「ファイル選択」ダイアログで利用する

ネットワーク上の共有フォルダーと「ファイル選択」ダイアログ

ネットワーク上の他のパソコンのフォルダーは、エクスプローラーやWord・Excelなどの「開く」ダイアログでは表示されますが、Jw_cadの「ファイル選択」ダイアログには表示されません。

▼ エクスプローラーでネットワーク上の共有フォルダーを見る

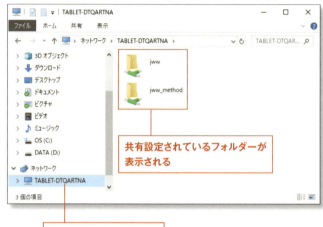

▼ Jw_cadの「ファイル選択」ダイアログにはネットワーク上の共有フォルダーは表示されない

Jw_cadの「ファイル選択」ダイアログではネットワーク上の他のパソコンのフォルダーは表示されません。Jw_cadの「ファイル選択」ダイアログでネットワーク上の他のパソコンのフォルダーを利用するには、「ネットワークドライブの割り当て」を行います。

Jw_cadの「ファイル選択」ダイアログでネットワーク上の他のパソコン内のファイルを開くことや、そのフォルダーに図面ファイルを保存するには、「ネットワークドライブの割り当て」を行い、Jw_cadの「ファイル選択」ダイアログからネットワーク上のフォルダーを選択できるようにする必要があります。「ネットワークドライブの割り当て」は、ネットワーク上の共有フォルダーをそのパソコンの1つのドライブとして設定する機能です。
ネットワーク上の共有フォルダーをJw_cadの「ファイル選択」ダイアログに表示されるように、「ネットワークドライブの割り当て」を行う手順を紹介します。

ネットワークドライブの割り当て

割り当てるネットワーク上のフォルダーが、共有フォルダーとして設定済みであることを前提に説明します。

共有フォルダー設定 →p.235

1 エクスプローラーを起動し、フォルダーツリーの「PC」(もしくは「コンピューター」)を🖱。

エクスプローラーの起動 →p.15

2 表示されるメニューの「ネットワークドライブの割り当て」を🖱。

3 「ネットワークドライブの割り当て」ダイアログが開くので、「ドライブ」(初期値Z:)を確認、または適宜変更する。

4 「フォルダー」ボックス右の「参照」ボタンを🖱。

「フォルダーの参照」ダイアログが開き、ネットワーク上のパソコンが表示されます。

5 「フォルダーの参照」ダイアログで、3で指定した「Z:」ドライブに割り当てるパソコンを🖱🖱。

6 下側に表示されるフォルダーから3で指定した「Z:」ドライブに割り当てるフォルダーを🖱。

POINT 5で選択したパソコンで共有フォルダーとして設定されているフォルダーのみ表示されます。

7 「OK」ボタンを🖱。

POINT 7の結果、「Windowsセキュリティ」ダイアログが開く場合は、指示に従いユーザーIDとパスワードを入力し、「OK」ボタンを🖱してください。

8 「ネットワークドライブの割り当て」ダイアログの「完了」ボタンを🖱。

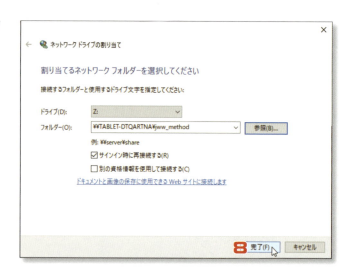

エクスプローラーのフォルダーツリーに割り当てた「Z:」ドライブが表示されます。

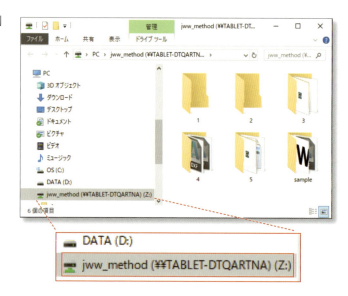

Jw_cadの「ファイル選択」ダイアログにも、割り当てた「Z:」ドライブが追加されます。このドライブを選択すると、割り当てたネットワーク上のフォルダーが開きます。

POINT Jw_cadには、排他制御機能（複数のパソコンで同時に同一ファイルを開き、編集・上書を防ぐ機能）がありません。ネットワーク上の共有フォルダーの図面ファイルを編集するときには、同時に複数のパソコンで編集して上書き保存することのないように注意してください。

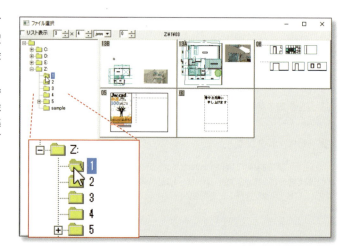

共有フォルダーの設定

p.233では、ネットワーク上の他のパソコンの「jww_method」フォルダーをZドライブに割り当てましたが、これを行うためには、事前にそのフォルダーのあるパソコンで「jww_method」フォルダーを共有フォルダーに設定しておく必要があります。以下に共有フォルダーに設定する手順を紹介します。

1 エクスプローラーで共有フォルダーに設定する（右図では「jww_method」）フォルダーを🖱し、表示されるメニューの「プロパティ」を🖱。

2 「jww_methodのプロパティ」ダイアログの「共有」タブを🖱。

3 「共有」ボタンを🖱。

4 「ネットワークアクセス」ダイアログで▼を🖱し、リストから共有する相手（右図ではすべてのユーザーを示す「Everyone」）を🖱で選択する。

5 「追加」ボタンを🖱。

6 必要に応じ、共有ユーザーのリストのアクセス許可のレベルの「読み取り▼」を🖱し、リストから「読み取り/書き込み」を🖱して、書き込みも可能にする。

7 「共有」ボタンを🖱。

8 「終了」ボタンを🖱。

9 「jww_methodのプロパティ」ダイアログで共有フォルダーになったことを確認し、「閉じる」ボタンを🖱。

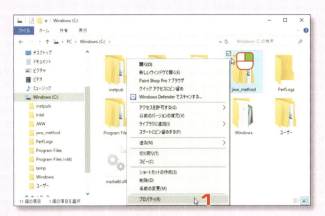

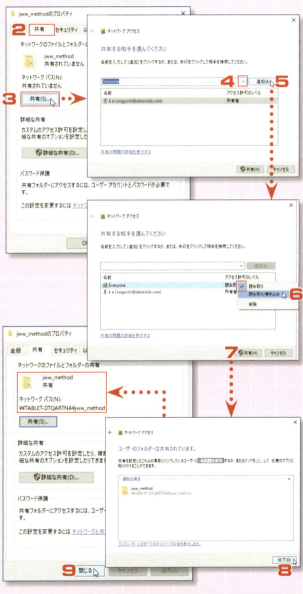

ネットワーク上の共有フォルダーに「jww_method」フォルダーが追加される

METHOD 79 インターネットで提供されるデータをダウンロードする

設備機器、内外装材など、各種メーカーのWebサイトでは、製品のCADデータや画像データが提供されています。メーカーのWebサイト以外にも、Jw_cadで使用するデータをダウンロードできるWebサイトが数多くあります。ここでは、独自に用意した練習用のWebサイトから、CADデータや画像をダウンロードしてみましょう。

ダウンロード練習用のWebサイトを開く

ダウンロードの練習用に用意したWebサイトを開きましょう。ここではWindowsに標準搭載のMicrosoft Edgeを使って説明します。

1 「スタート」ボタンを🖱し、スタートメニュー「M」欄の「Microsoft Edge」を🖱。

タクスバーの「Microsoft Edge」を🖱してもよい

2 アドレスバーに練習用Webサイト「obraclub.com」を入力し、Enterキーで確定する。

3 「データダウンロード練習」を🖱。

データダウンロード練習用のWebサイトが開きます。

ダウンロードデータ選択からダウンロード指示までの操作手順は、Webサイトごとに異なります。実際には、各Webサイトの説明をご参照ください。ここでは、上記のデータダウンロード練習用のWebサイトから、データをダウンロードする例で説明します。

データファイルをダウンロード

CADデータファイルは、何種類かの形式が用意されていることがあります。「DXF」と「JWC」は、どちらもJw_cadで利用できますが、DOS版JW_CADの図面のファイル形式である「JWC」のほうがより正確な状態で開けます。また、「DXF」と「JWK」では、DOS版JW_CADの図形データのファイル形式である「JWK」のほうがより正確な状態で読み込めます。複数のファイル形式が用意されている場合、図面・図形ファイルは「JWW」⇒「JWS」⇒「JWC」⇒「JWK」⇒「DXF」の順に優先して選択してください。ここでは、トラックの三面図をJWC形式でダウンロードしましょう。

1 ダウンロードするファイルの「JWC」を🖱。

2 「保存」ボタン右の ∧ を🖱し、「名前を付けて保存」を🖱。

POINT ここでは、「jww_method」フォルダーの「5」フォルダーに保存するため、2～3の操作を行います。2で「保存」ボタンを🖱した場合は「ダウンロード」に保存されます。

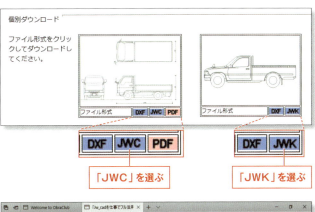

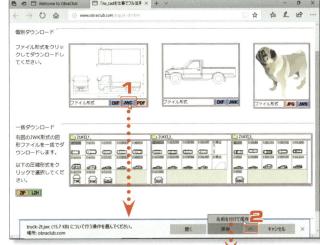

3 「名前を付けて保存」ダイアログのフォルダーツリーで、Cドライブの「jww_method」フォルダーを🖱🖱。

4 その下に表示される「5」フォルダーを🖱。

5 ファイル名を確認し、「保存」ボタンを🖱。

6 「truck-2t.jwc」のダウンロードが完了しました」のメッセージが表示されるので、「フォルダーを開く」ボタンを🖱。

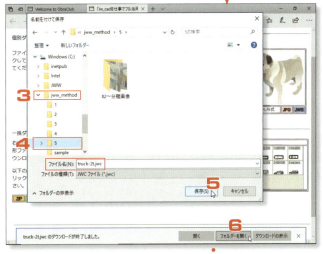

エクスプローラーで3、4で指定したフォルダーが開き、「truck-2t.jwc」が保存されていることを確認できます。JWC形式のファイルの関連付けはされていないため、ここで「truck-2t.jwc」を🖱🖱してJw_cadで開くことはできません。Jw_cadを起動し、メニューバー［ファイル］-「JWCファイルを開く」を選択して開いてください。

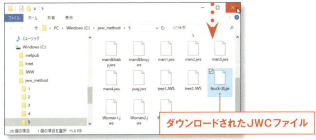

ダウンロードされたJWCファイル

237

🖱️でファイル参照ページが開く場合

PDFデータやJPEG画像データ（ここでは「PDF」や「JPG」マーク）を🖱️すると、それらを参照するページが開くことがあります。その場合はこのページで「名前を付けて保存」することで、そのファイルをダウンロードできます。

「PDF」マークを🖱️　　　「JPG」マークを🖱️

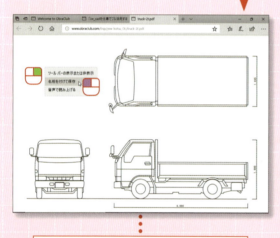 

表示されるPDF上で🖱️し、
表示されるメニューの「名前を付けて保存」を🖱️

表示される画像上で🖱️し、
表示されるメニューの「名前を付けて画像を保存」を🖱️

「名前を付けて保存」ダイアログで、保存先のフォルダーを選択し、「ファイル名」を確認して「保存」ボタンを🖱️

「名前を付けて保存」ダイアログで、保存先のフォルダーを選択し、「ファイル名」を確認して「保存」ボタンを🖱️

圧縮ファイルをダウンロード

ここでは、ZIPとLZHの2種類の圧縮ファイル形式が用意されています。Windows標準機能で展開できるZIP形式を選択してダウンロードしましょう。

1. 右図の「ZIP」マークを🖱。
2. 「保存」ボタン右の▲を🖱し、「名前を付けて保存」を🖱。

POINT ここでは、ダウンロードしたファイルが一目でわかるよう、その保存場所を「デスクトップ」にします。そのため、2～3の操作を行います。2で「保存」ボタンを🖱した場合は「ダウンロード」に保存されます。

3. 「名前を付けて保存」ダイアログのフォルダーツリーで、「デスクトップ」を🖱で選択する。
4. ファイル名を確認し、「保存」ボタンを🖱。

5. 「cars-jwk.zipのダウンロードが完了しました。」のメッセージが表示されるので、ダウンロードした圧縮ファイルを展開するため「開く」ボタンを🖱。

POINT 続けて展開しない場合は、右端の✕を🖱してメッセージを閉じます。

6. ダウンロードした「cars-jwk.zip」が開くので、p.241「ZIPファイルの展開」の3～8と同じ手順でファイル内の3つのフォルダーを選択して展開する。

POINT ここで展開するファイルは、拡張子が「jwk」の図形ファイルです。Jw_cadで使用するには、Jw_cadを起動して「図形」コマンドで読み込みます（→p.55）。

展開が完了したら、デスクトップにダウンロードした「cars-jwk.zip」は不要なので削除してください。

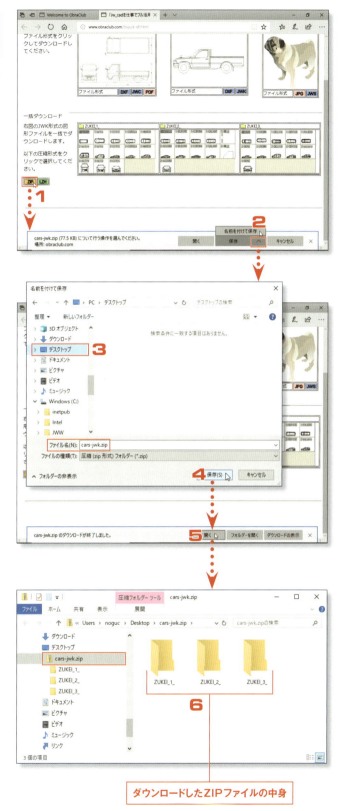

ダウンロードしたZIPファイルの中身

METHOD 80

ZIPファイル（圧縮ファイル）を展開する

ZIPファイル（圧縮ファイル）とは

圧縮ファイルとは、単体または複数のファイルやフォルダーをまとめて、ファイルサイズを小さくしたもので、ZIPファイルも圧縮ファイルの一種です。

拡張子「zip」のZIPファイルは、Windowsなどで標準の圧縮ファイル形式で、メールへのファイル添付用、インターネットへのアップロード/ダウンロード用として広く利用されています。

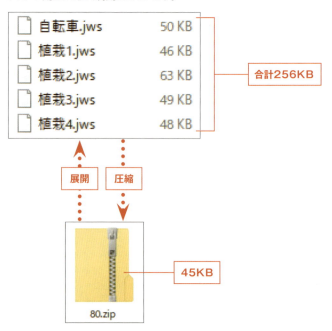

圧縮ファイルにまとめられているファイルを使用するには、展開する必要があります。

ZIPファイルの展開・作成は、Windowsの標準機能で行えます。

ここでは、上記の教材データ「80.zip」を「jww_method」フォルダーに展開する例で説明します。

メールに添付されてきたファイルやダウンロードしたファイルの拡張子が「zip」の場合、それは単体または複数のファイルやフォルダーをまとめてファイルサイズを小さくした圧縮（書庫）ファイルです。圧縮ファイルは、元の状態に展開しないと使用できません。

 教材データ：「jww_method」－「5」フォルダーの「80.zip」

240

ZIPファイルの展開

教材データ「80.zip」をCドライブの「jww_method」フォルダーに展開しましょう。

1 エクスプローラーを起動し、Cドライブの「jww_method」－「5」フォルダーを開く。　エクスプローラーの起動 →p.15

2 圧縮ファイル「80.zip」を🖱🖱。

3 「80.zip」ウィンドウが開き、「80.zip」内のファイルが表示されるので、先頭に表示されるファイルを🖱。

4 Shiftキーを押したまま、最後尾に表示されるファイルを🖱。

POINT 最初のファイルを🖱で選択してからShiftキーを押したまま最後のファイルを🖱することで、最初と最後のファイルとその間のすべてのファイルを選択できます。ここではすべてのファイルを選択していますが、必要なファイルだけを🖱（2つ目以降は、Ctrlキーを押したまま🖱）で選択することも可能です。

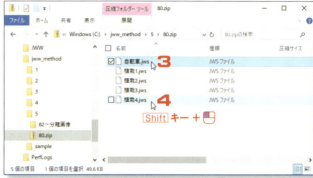

5 選択した（ハイライトされている）ファイルを🖱。

6 表示されるメニューの「コピー」を🖱。

7 フォルダツリーで展開先（Cドライブの「jww_method」フォルダー）を🖱。

8 「jww_method」フォルダー内の何もない位置で🖱し、表示されるメニューの「貼り付け」を🖱。

7で指定したフォルダー「jww_method」に、ZIPファイル内のファイルが展開されます。

POINT ここで展開されたファイルは、拡張子が「jws」の図形（JWS）ファイルのため、🖱🖱しても利用できません。展開したJWSファイルを使用するには、Jw_cadを起動して「図形」コマンドで読み込みます（→p.54）。

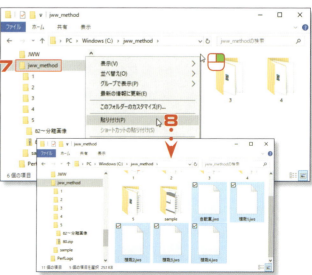

METHOD 81

LZHファイル（圧縮ファイル）を展開する

Lhaplus for Windows

［収録ファイル名］lpls174.exe　インストール方法→p.276
［バージョン］1.74
［開発元］Schezo
［対応OS］Windows 95/98/Me/NT4/2000/XP/2003/Vista/7/8/10
　　　　　※Windows 10（64bit版）で動作確認済み
［料金］無料
［URL］http://hoehoe.com

LZHファイル（圧縮ファイル）とは

圧縮ファイルは、単体または複数のファイルやフォルダーをまとめてファイルサイズを小さくしたもので、LZHファイルもその一種です。
拡張子「lzh」のLZHファイルは、Windowが登場する以前から日本で広く使用されていた圧縮ファイル形式です。

POINT LZHファイルのアイコンは、関連付けられているソフトウェアによって異なります。上図は、Lhaplus for Windowsに関連付けされている場合のアイコンです。

LZHファイルは、Windowの標準機能では展開（解凍とも呼ぶ）できません。展開（解凍）するには、別途、ソフトウェアが必要です。
ここでは、付録CD-ROMに収録の「Lhaplus for Windows」を使用して、LZHファイルを解凍（展開）する手順を説明します。

メールに添付されてきたファイルやダウンロードしたファイルの拡張子が「lzh」の場合、それは単体または複数のファイルやフォルダーをまとめてファイルサイズを小さくした圧縮（書庫）ファイルです。圧縮ファイルは、元の状態に展開（解凍）しないと使用できません。LZHファイルを展開するには、別途ソフトウェアが必要です。

　教材データ：「jww_method」－「5」フォルダーの「81.lzh」

LZHファイルの解凍（展開）

教材データ「81.lzh」と同じ場所にファイルを解凍しましょう。

1 エクスプローラーを起動し、Cドライブ「jww_method」-「5」フォルダーを開く。　　エクスプローラーの起動 →p.15

2 圧縮ファイル「81.lzh」を🖱。

3 表示されるメニューの「解凍」を🖱。

4 さらに表示されるメニューの「ここに解凍」を🖱。

「81.lzh」と同じ場所（「jww_method」-「5」フォルダー）に圧縮ファイルと同じ名前の「81」フォルダーができ、その中にファイルが解凍されます。

POINT 自動的にフォルダーを作るのと、解凍後に解凍された場所を開くのは、初期設定によるものです。
　　　　　　　　　フォルダーを作らずに解凍する方法 →p.279

POINT 解凍したJWKファイルは、🖱🖱では開けません。Jw_cadを起動して「図形」コマンド（→p.55）で利用します。

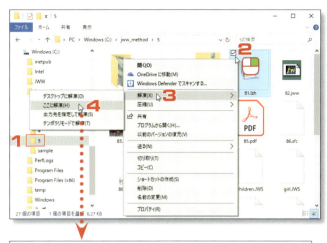

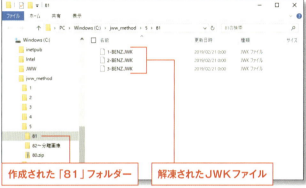

作成された「81」フォルダー　　解凍されたJWKファイル

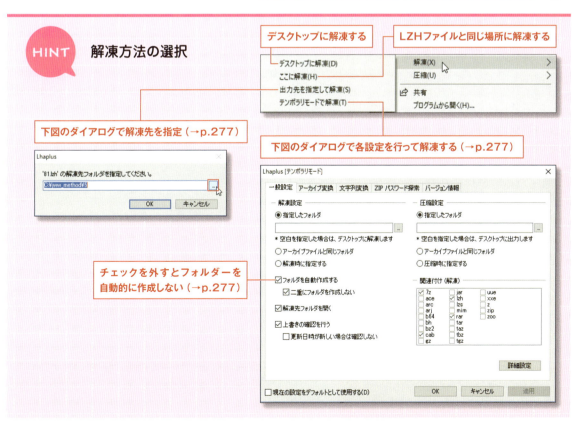

HINT 解凍方法の選択

243

METHOD 82
図面ファイルとフォルダーをZIP形式で圧縮する

圧縮ファイルの利用について

ファイルやフォルダーをひとまとめにして、ファイルサイズを小さくしたものが圧縮ファイルです。圧縮ファイルには数種類の形式がありますが、よく利用されているのがZIP形式です。
サイズがどの程度小さくなるかは、元ファイルの形式によって異なります。

▼ JWWファイルを圧縮

▼ DXFファイルを圧縮

画像を分離して旧バージョンで保存したJw_cad図面を他所に渡すには、旧バージョンで保存したJw_cad図面ファイルとともに、分離した画像をその収録フォルダーごと渡す必要があります。
しかし、メールに添付して送る場合、フォルダーをそのまま添付することはできません。そのような場合は、図面ファイルと収録フォルダーをまとめて圧縮ファイルにしたうえで、メールに添付します。

ここでは、画像を分離（→p.115）し、旧バージョン形式で保存（→p.117）したJw_cad図面「82.jww 」と、分離した画像を収録した「82〜分離画像」フォルダーをZIP形式の圧縮ファイルにする例で、圧縮ファイルの作成方法を紹介します。

POINT ZIP形式の圧縮ファイルはWindows、Mac OSいずれのパソコンでも展開できますが、それ以外のタブレットやスマートフォンは標準では展開できません。

ZIPファイルは、複数のファイルをひとまとめにしてファイルサイズを小さくした圧縮ファイル形式の1つで、広く利用されています。Windowsの標準機能でZIP形式ファイルに圧縮できます。

教材データ：「jww_method」ー「5」フォルダーの「82.jww」「82〜分離画像」フォルダー

図面ファイルと分離画像のフォルダーをZIPファイルに圧縮

「82.jww」と「82～分離画像」フォルダーをまとめてZIPファイルにしましょう。

1 エクスプローラーを起動し、「jww_method」フォルダー内の「5」フォルダーを開く。

エクスプローラーの起動→p.15

2 圧縮対象として、「82～分離画像」フォルダーを🖱。

3 圧縮対象として、Ctrlキーを押したまま「82.jww」を🖱。

POINT 複数のファイルやフォルダーを選択する場合、2つ目以降はCtrlキーを押したまま🖱することで選択します。ファイルを🖱で選択する際、マウスポインタを移動してドラッグ操作にならないよう注意してください。ドラッグ操作をすると、選択しているファイルがドラッグした先に移動されます。

4 選択してハイライトされたファイル（またはフォルダー）を🖱。

5 表示されるメニューの「送る」を🖱。

6 さらに表示されるメニューの「圧縮 (zip 形式) フォルダー」を🖱。

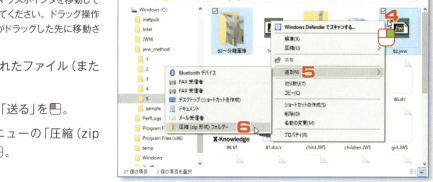

7 選択したファイル、フォルダーと同じ場所に圧縮ファイル（*.zip）が作成されます。自動的に付けられたファイル名が色反転されているので、適宜ファイル名を変更し、Enterキーを押して確定する。

ZIPファイルが作成されます。

POINT 作成した圧縮ファイルを🖱し、表示されるメニューの「送る」－「メール受信者」を🖱で選択することで、通常使用している電子メールソフトが起動し、新規メールに🖱した圧縮ファイルが添付されます。

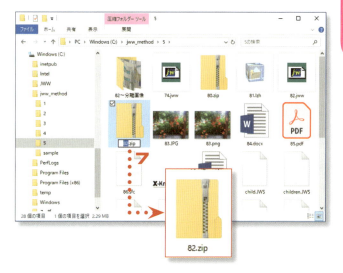

METHOD 83

JPEG・PNG画像をBMP画像に変換する

デジタルカメラで撮った写真やインターネットでダウンロードした画像の多くは、JPEG形式やPNG形式です。これらの画像を、標準のJw_cadで挿入できるBMP形式の画像に変換する方法を紹介します。

教材データ：「jww_method」－「5」フォルダーの「83.png」「83.jpg」

ペイントについて

Jw_cadの「画像編集」コマンドで挿入できる画像は、標準ではBMP形式の画像のみです。デジタルカメラで撮影した画像やインターネットでダウンロードする画像の多くは、BMP形式よりもファイルサイズがコンパクトなJPEG形式やPNG形式の画像です。これらの画像をJw_cad図面に挿入するにはBMP形式の画像に変換するか、それらの形式に対応した「Susie Plug-in」を入手してJw_cadにセットします（→p.20）。ここでは、Windowsに標準搭載されている画像処理ソフト「ペイント」を使って、JPEG形式やPNG形式の画像ファイルを開き、BMP形式の画像として保存する手順を紹介します。

▼ ペイントの起動

Windowsキーを押したままRキーを押して開く「ファイル名を指定して実行」ダイアログで、「名前」ボックスに「mspaint」を入力し、「OK」ボタンを🖱することで「ペイント」が起動します。　　ペイントの起動→p.38
Windows 10では「スタート」ボタン右の「検索」ボックス、Windows 8ではスタートメニューの「検索」を🖱して表示される「検索」ボックスに「mspaint」を入力し、Enterキーで確定することでもペイントが起動します。

▼ ペイントの画面

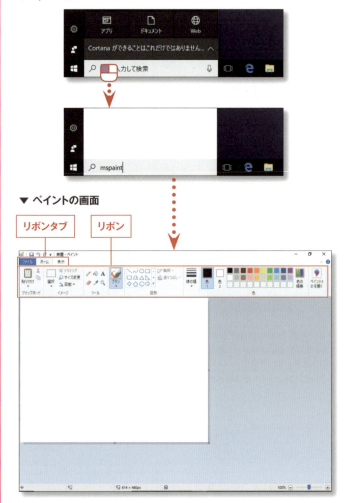

PNG画像を開き BMP画像として保存

「ペイント」で変換元の画像「83.png」を開きましょう。

1 ペイントの「ファイル」リボンタブ（Windows 7では「ペイント」タブ）を🖱し、「開く」を🖱。

2 「開く」ダイアログで、変換元の画像ファイルの収録場所（「jww_method」-「5」フォルダー）を選択する。

3 「ファイルの種類」が「すべてのピクチャファイル」になっていることを確認し、変換元の画像ファイル（「83.png」）を🖱で選択する。

4 「開く」ボタンを🖱。

POINT 画像全体を表示するには、右下のズームバーを左にスライドしてください。

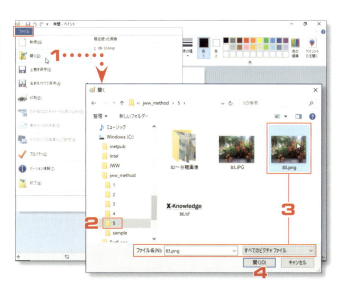

開いた画像をBMP形式の画像として保存しましょう。

5 「ファイル」リボンタブ（Windows 7では「ペイント」タブ）を🖱。

6 「名前を付けて保存」にマウスポインタを合わせ、さらに表示されるメニューの「BMP画像」を🖱。

POINT Windows 7では、「名前を付けて保存」ダイアログの「ファイルの種類」ボックスで「24ビット ビットマップ (*.bmp；*.dib)」を選択してください。

7 「名前を付けて保存」ダイアログで、「ファイルの種類」が「24ビット ビットマップ (*.bmp；*.dib)」になっていることと「ファイル名」を確認、適宜変更し、「保存」ボタンを🖱。

POINT 4でPNGファイルを開いた場合は、「この画像を保存すると画像内の透明度情報は失われます。続行しますか？」とメッセージウィンドウが表示されるので、「OK」ボタンを🖱してください。

BMP形式の画像として保存されます。

METHOD 84

JexPadでWord・Excelに貼り付けた図面を編集する

JexPadで貼り付けたJw_cadの図面の編集

「METHOD 29」でJw_cadの図面を貼り付けたWord文書「84.docx」を開き、図面の線色をすべて黒にしましょう。

1 「84.docx」の図面部分を🖱🖱。

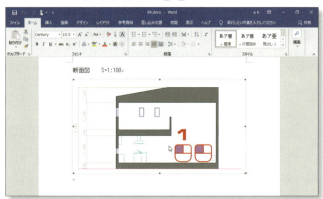

2 「オブジェクトの編集」ウィンドウになるので、JexPadの「基本設定」コマンドを🖱。

3 「基本設定」ダイアログの「線色をモノクロで表示する」にチェックを付け、「OK」ボタンを🖱。

POINT 「オブジェクトの編集」ウィンドウでは、JexPadでのコピー前と同様（→p.113）にレイヤ・線色・線幅・線種ピッチなどの設定変更や表示範囲を変更（→p.109）できます。「基本設定」ダイアログでは、点・補助線の表示⇔非表示指示なども行えます。

JexPad（→p.110）を利用して、Word文書に貼り付けたJw_cadの図面を編集する方法を説明します。ここではWordを例に説明しますが、Excelの場合の手順も同じです。

 教材データ：「jww_method」－「5」の「84.docx」

続けて、Jw_cadの図面のソリッドを消去しましょう。

4 「オブジェクトを編集」コマンドを🖱。

POINT 図面を編集する外部のソフトが登録されていない場合は、下図の「編集用外部アプリケーションの登録」ウィンドウが開きます。p.271の**8**～**12**を行ってください。

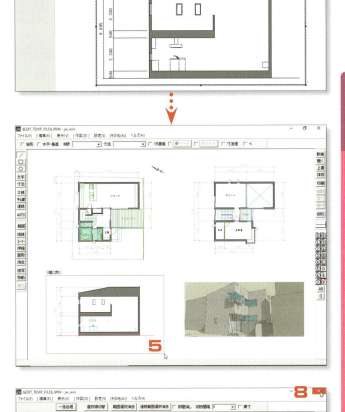

5 Jw_cadが起動し、Wordに貼り付けた図面ファイルが開くので、断面図部分を拡大表示する。

6 断面図のソリッドを消去する。
7 「上書」コマンドを🖱。
8 Jw_cadを終了する。

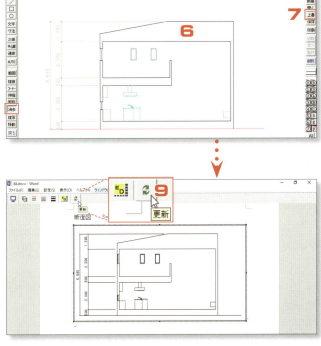

9 「オブジェクト編集」ウィンドウの「更新」ツールを🖱。

以上で、Word文書に貼り付けられた図面に、**6**で行った編集結果が反映されます。

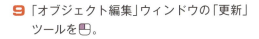

METHOD 85

開いたPDF図面にメモ（注釈）を書き込む

Adobe Acrobat Reader DC
→p.40

Adobe Acrobat Reader DCの注釈ツールの表示

「85.pdf」を開いた画面では、注釈を書き込むためのツールは表示されていません。「ツール」タブを🖱し、「注釈」の「開く」と🖱すると、注釈ツールが表示されます。

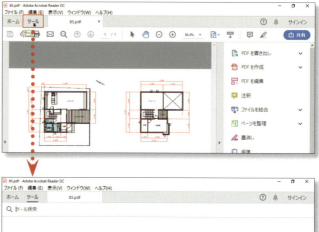

Adobe Acrobat Reader DCでは、PDF図面の閲覧・印刷の他、メモ（注釈）を記入することができます。Adobe Acrobat Reader DCで「85.pdf」を開き、注釈などを記入してみましょう。

 教材データ：「jww_method」-「5」フォルダーの「85.pdf」

文字への注釈と文字の記入

2階平面図の部屋名「フリースペース」に、取り消し線を引きましょう。

1. マーキーズーム（→p.43）を利用して右上の2階平面図の右図の部分を拡大表示する。
2. 「テキストと画像の選択」ツールを🖱。
3. 🖱→で、文字「フリースペース」を選択する。
4. 「テキストに取り消し線を引く」ツールを🖱。

取り消し線を引いた文字の上に、文字「子供部屋」を赤で記入しましょう。

5. 「テキスト注釈を追加」ツールを🖱。
6. 文字の記入位置を🖱。

7. 「テキストのプロパティ」を🖱。
8. 記入文字のサイズを「6」、色を「赤」にする。
9. 「子供部屋」と入力し、Enterキーを押して確定する。

POINT 確定すると、8で指定の大きさ、色で文字が記入されます。さらに Enter キーを押して、次の行の文字を入力できます。また、他の位置を🖱して、別の文字を記入することも可能です。文字の記入を終了するには、「テキスト注釈を追加」ツールを再度🖱してください。

HINT 文字の取り消し線と注釈の記入について

以下のような注釈の指定方法もあります。

1. 前ページの**2**〜**3**と同じ手順で、文字「フリースペース」を選択する。
2. 「置換テキストにノートを追加」ツールを🖰。
3. 表示されるノートに、文字「子供部屋」を入力し、ノートを閉じる。

上記の方法で記入すると、右図のように取り消し線とテキストの挿入マークが表示されます。マークにマウスポインタを合わせると、**3**で入力した文字がポップアップノートに表示されます。

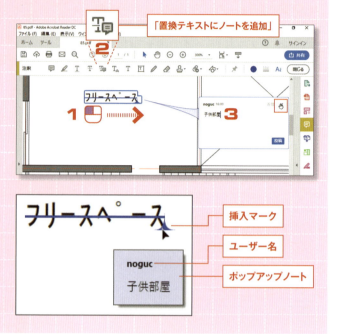

フリーハンドでの描画

2階平面図のフリースペースの入り口に片開きドアをフリーハンドで描画しましょう。

1. マーキーズーム（→p.43）を利用して、フリースペースの入り口付近を、右図のように拡大表示する。
2. 「フリーハンド描画」ツールを🖰。

POINT 描き始め位置からドラッグすることで、その軌跡に線を描画します。

3. 描き始めの位置として、右図の入り口の角にマウスポインタを合わせる。
4. ドラッグ操作で片開きドアを描画する。

描画したドアに注釈を付けましょう。

5. 描画したドアを🖰。
6. 表示されるメニューの「ポップアップノートを開く」を🖰。

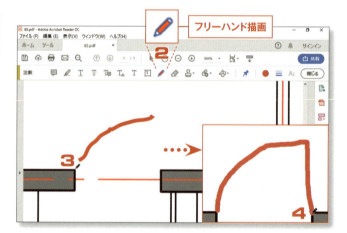

7 表示されるノートに文字「片開きドア」を入力し、ノートを閉じる。

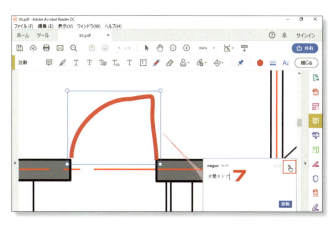

描画したドアに下図のようにポップアップノートマークが表示されます。マークにマウスポインタを合わせると、**7**で入力した文字がポップアップノートに表示されます。

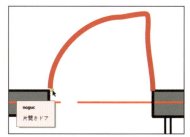

8 メニューバー[ファイル]-「上書き保存」を🖱し、上書き保存する。

> ### HINT 描画した線や、記入した注釈・文字の削除・変更
>
> Adobe Acrobat Reader DCで描画・記入した要素を「オブジェクト」と呼びます。オブジェクトを🖱すると、オブジェクト選択を示す枠が表示され、以下の操作を行うことで、選択したオブジェクトの削除や移動・変更ができます。
>
> - ドラッグしてドラッグ位置に移動
> - 🖱し、メニューの「削除」を選択すると削除、「ポップアップノートを開く」を選択するとポップアップノートの追加や内容変更（Ⓐ）
> - ツールバーの「線の色」を🖱し、線の色を変更（Ⓑ）
> - ツールバーの「線の太さ」を🖱し、線幅を変更（Ⓒ）
> - 枠の四隅の○（ハンドル）をドラッグして大きさ変更。テキスト（文字）の場合はテキスト範囲の変更
> - テキストを🖱して、記入内容を変更。右上の「テキストのプロパティ」でフォント、文字サイズ、色などを変更（Ⓓ）

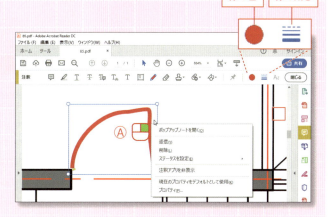

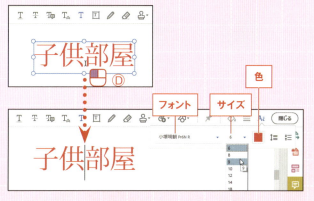

METHOD 86

SXF図面を閲覧・印刷する

SXF（SFC・P21）図面を閲覧・印刷できる無償のビューワー「Autodesk SXF Viewer」を紹介します。他所から受け取ったSFC・P21ファイルやJw_cadで保存したSFC・P21ファイルの確認などに利用できます。

教材データ：「jww_method」－「5」フォルダーの「86.sfc」

Autodesk SXF Viewer

［**開発元**］オートデスク
［**動作環境**］オートデスク社のWebサイトにて確認のこと
［**料金**］無料
［**URL**］http://www.autodesk.co.jp/

※本書で使用しているのは2019年4月時点のバージョン（2014）。
※Autodesk SXF Viewerは付録CD-ROMには収録していません。必要に応じて各自ダウンロードしてください（→p.282）。

背景色の設定

Autodesk SXF Viewerは、オートデスク社が無償提供する電子納品図面（SXFファイル）を表示・確認するためのビューワーです。ここでは、「METHOD 19」と同じ内容の教材図面「86.sfc」をモチーフに説明しますが、Jw_cadで保存したSFCファイルの内容を確認するときにも利用できます。なお、本書では画面の背景色を白に変更しています。図面ファイルを開いた後、以下の手順で変更できます。

1 メニューバー［管理］－「システム設定」を選択する。

2 「システム設定」ダイアログの「背景色」ボタンを🖱。

3 「色の設定」パレットで「白」を選択し、「OK」ボタンを🖱。

4 「システム設定」ダイアログの「OK」ボタンを🖱。

SXF（SFC/P21）ファイルを開き拡大・全体表示・印刷

Autodesk SXF Viewerを起動すると、同時に「開く」ダイアログが開きます。「86.sfc」を開きましょう。

1 「開く」ダイアログのフォルダーツリーで、ファイルの収録場所（「jww_method」－「5」フォルダー）を選択する。

2 「86.sfc」を🖱で選択する。

3 「開く」ボタンを🖱。

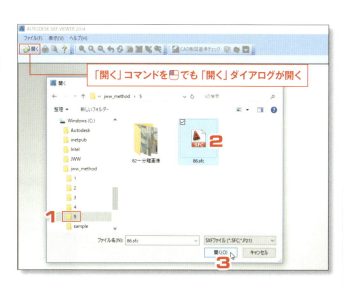

「開く」コマンドを🖱でも「開く」ダイアログが開く

開いた図面の一部を拡大表示しましょう。

4 拡大する範囲の左上から🖱↘で、拡大範囲を囲み、ボタンをはなす。

POINT Jw_cadと同様に🖱↘で範囲を囲んで拡大、🖱↗で全体表示ができます。他に以下のズーム機能が用意されています。

ズーム機能

対角を🖱して囲んだ範囲を拡大表示
1つ前の範囲を表示
用紙全体表示
ハンドスクロール
再描画
全図形表示
🖱のたびに縮小表示
🖱のたびに拡大表示
🖱↑拡大／🖱↓縮小

開いた図面を印刷しましょう。

5 「印刷」コマンドを選択する。

6 「印刷」ダイアログで適宜設定を変更し「OK」ボタンを🖱。

POINT カラー／モノクロ印刷の切り換えは、「印刷設定」ボタンを🖱して開く「印刷設定」ダイアログで指定できます。印刷する用紙サイズ・向きの設定は、「プリンター名」右の「プロパティ」ボタンを🖱し、プリンタのプロパティで指定してください。

印刷用紙のサイズ・向きの設定など

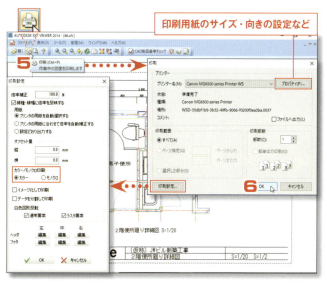

METHOD 87
画面を撮影・保存する（スクリーンショット）

Jw_cadの図形一覧画面や操作画面のスクリーンショットを撮り、画像として保存する方法を紹介します。

Windows 8/10のスクリーンショット機能

Windows 8/10では、パソコンに表示されている画面をPNG画像として保存する機能があります。Windowsキーを押したままPrintScreen（またはPrtSc）キーを押すと、そのときパソコンに表示されている画面がパソコン（または「OneDrive」）の「ピクチャー」フォルダー内の「スクリーンショット」フォルダーに、PNG形式の画像ファイルとして保存されます。

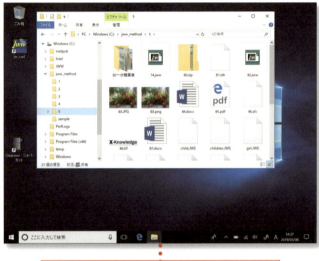

Windowsキーを押したままPrintScreenキーを押す

「ピクチャ」フォルダー内の「スクリーンショット」フォルダーに保存される

Windows 7にはこのスクリーンショット機能はないため、次ページでWindows 7/8/10で共通して行える方法を紹介します。

256

Jw_cadの画面を画像として保存

Jw_cadの「ファイル選択」ダイアログを画像として保存しましょう。

1. Jw_cadでメニューバー[その他]-「図形」を選択する。

2. 「ファイル選択」ダイアログの画面だけを撮影するため、Alt キーを押したまま PrintScreen キーを押す。

POINT Alt キーを押したまま PrintScreen キーを押すことで、現在アクティブな(操作している)ウィンドウを画像としてクリップボードにコピーします。パソコン画面全体をコピーする場合は、PrintScreen キーだけを押してください。

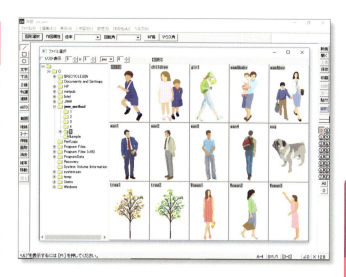

3. クリップボードにコピーした画像を画像ファイルとして保存するため、「ペイント」を起動し、「貼り付け」を🖱。

ペイントの起動→p.246

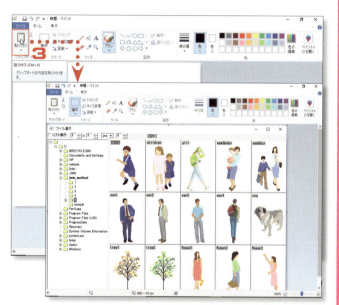

4. 2でクリップボードにコピーされた画像が、「ペイント」に貼り付けられるので、適宜トリミングを行う(→p.38)。

5. 「ファイル」タブの「名前を付けて保存」を選択する。

6. 「名前を付けて保存」ダイアログで保存場所、ファイル名、ファイルの種類を指定して保存する。

ペイントでの保存→p.39

POINT 保存した画像は、「ペイント」の「ファイル」リボンタブ(Windows 7では「ペイント」タブ)を🖱で表示される「印刷」を選択して印刷できます。また、Word文書などに画像を挿入することも可能です。

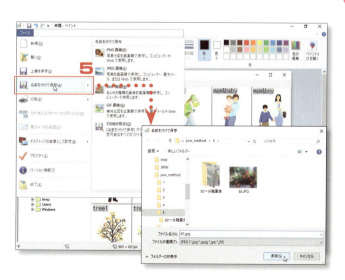

METHOD 88

BeLookで図形・図面ファイルの一覧を印刷する

BeLook

［収録ファイル名］BEL630.exe インストール方法→p.274
［バージョン］6.30
［開発元］Primesoft
［対応OS］Windows XP/Vista/7/8/10
［料金］1,800円
［URL］http://www.prime-soft.co.jp/

※ ユーザー登録については、メニューバー［ヘルプ］－「目次」を選択し、「お使いになる前に」の「ユーザー登録について」を参照してください。

BeLookの画面

BeLookはCAD図面ファイル、画像ファイルなどのサムネイル・一覧を表示・印刷できるエクスプローラー風のドキュメントビューワーです。エクスプローラーと同様にファイルの移動、コピー、削除、フォルダー作成などもできます。

▼ BeLookの画面

表示ファイルの種類を指定　表示数切り替え　一覧　詳細
フォルダーツリー

ユーザー登録をしていない状態では「BeLook6 Sample」の文字が表示される

表示対象のファイル数
現表示のページ数／全体の枚数

上図の画面は、メニューバー［ウィンドウ］－「オプション」を選択して開く「オプション」ダイアログの「オプション」タブで、「背景色」を「白」に設定している

Jw_cadの「ファイル選択」ダイアログで一覧表示した図面ファイルや図形ファイルを印刷する機能はありません。「METHOD 87」のように1画面ずつ画像として保存して印刷する方法もありますが、BeLookを利用すれば、1つのフォルダーに収録された図面・図形ファイルや画像ファイルの一覧を一括して印刷できます。

フォルダー内の画像・図面・図形ファイルの一覧画面を印刷

「jww_method」フォルダーの「1」フォルダー内のファイルの画像、図面、図形ファイルを一覧表示し、印刷しましょう。

1 フォルダーツリーで、「jww_method」フォルダーを🖱🖱し、その下に表示される「1」フォルダーを🖱。

2 「ファイルの種類」ボックスの▼を🖱し、表示されるリストの「設定」を🖱。

3 「ファイル種類」ダイアログの「一覧」ボックスで、表示しない種類のファイルを🖱して選択から外す。

POINT 「一覧」ボックスでファイルの種類を🖱することで、選択（ハイライト）⇔解除の切り換えができます。

4 「ファイル種類」ダイアログの「OK」ボタンを🖱。

表示された一覧を印刷しましょう。

5 「印刷」コマンドを🖱。

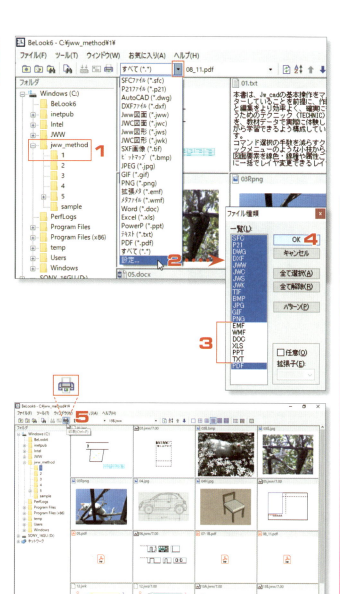

6 「印刷」ダイアログで、「印刷する図面」として「全ページ」を選択する。

POINT ユーザー登録していない状態では、「全ページ」を指定してもすべては印刷されません。

7 「オプション」欄の「印刷日付をつける」「ファイル日付をつける」にチェックを付ける。

8 「プリンタ名」「印刷の向き」「印刷色」を確認、適宜指定したら「OK」ボタンを🖱。

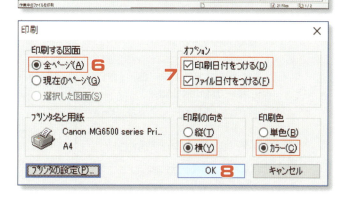

次ページのように、一覧表示が印刷されます。

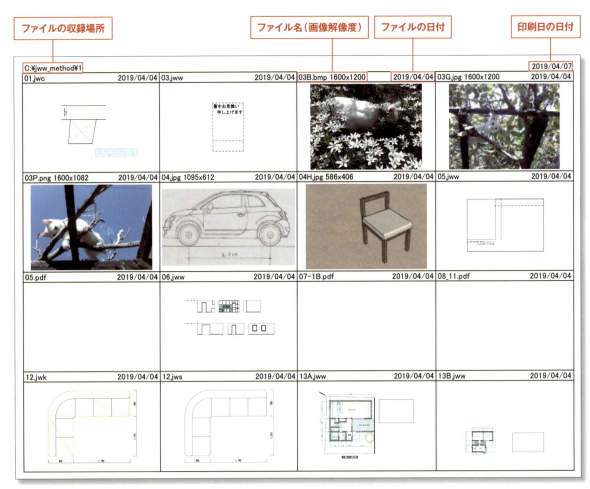

> **POINT** 点・塗りつぶし（ソリッド）、ハッチング、図面に挿入された画像および補助色・補助線種の要素は、表示・印刷されません。また、ユーザー登録をしていない状態では、「BeLook6 Sample」の文字入りで印刷されます。

HINT　JWS図形一覧を印刷する

「ファイルの種類」ボックスの▼を🖱し、リストから「Jww図形（*.jws）」を選択すると、JWS図形を一覧表示します。その状態で、印刷（**5**〜）を行うことで、JWS図形一覧を印刷できます。

> **POINT** 図形の基準点を示す赤い〇印は印刷されません。また、点・塗りつぶし（ソリッド）、ハッチング、挿入された画像、補助色・補助線種の要素は表示・印刷されません。

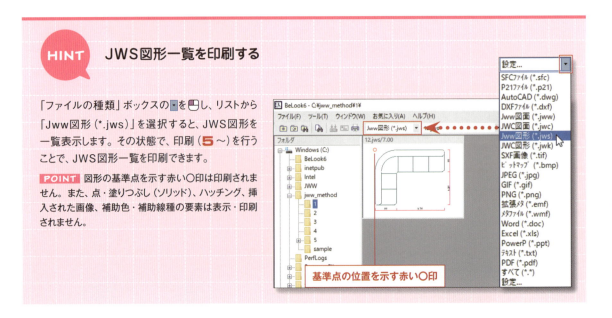

CHAPTER | 6

ソフトウェアの
インストールと
ダウンロード

Jw_cad Version8.03aのインストール・バージョンアップ／付録CD-ROMに収録されたソフトウェアのインストール／本書で紹介したソフトウェアのダウンロード方法について解説します。

Jw_cadをインストール・バージョンアップする

Jw_cadのバージョンの確認とバージョンアップについて

Jw_cadを新しくインストールする場合もバージョンアップする場合も操作手順は同じです。通常、バージョンアップに際し、旧バージョンのJw_cadをアンインストール（削除）する必要はありません。インストールを行うことで、旧バージョンのJw_cadが上書きされ、新しいバージョンになります。そのとき、旧バージョンで使用していた各種設定はそのまま引き継がれます。

なお、バージョンの異なる複数のJw_cadを1台のパソコンで利用すると、不具合の原因になります。そのような使い方はしないでください。

▼ 使用しているJw_cadのバージョンの確認

Jw_cadを起動し、メニューバー［ヘルプ］-「バージョン情報」を選択して開く「バージョン情報」ダイアログで、「Version」番号を確認します。

バージョン番号が「8.03a」よりも小さい数値のJw_cadは付録CD-ROMに収録されたJw_cadよりも古いバージョン

POINT バージョン番号が「8.03a」より大きい数値の場合は、次ページ「Jw_cadのインストール・バージョンアップ」は行わずに、p.265「Jw_cadの各種設定」をご確認ください。

付録CD-ROM収録のJw_cadバージョン8.03aをインストール、またはバージョンアップする手順を説明します。

 付録CD-ROMにJw_cadバージョン8.03aのインストールファイル「jww803a.exe」を収録

Jw_cadの
インストール・バージョンアップ

1 パソコンのCDドライブに付録CD-ROMを挿入し、CD-ROMを開く。

2 CD-ROMに収録されている「jww803a (.exe)」を🖱🖱。

3 「ユーザーアカウント制御」ウィンドウの「はい」ボタンを🖱。

4 「Jw_cad-InstallShield Wizard」ウィンドウの「次へ」ボタンを🖱。

5 使用許諾契約書を必ず読み、同意したら「使用許諾契約の条項に同意します」を🖱して選択する。

6 「次へ」ボタンを🖱。

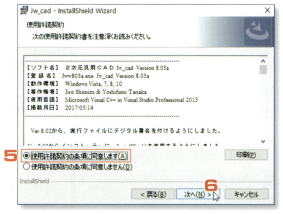

7 「Jw_cadのインストール先：」が「C:¥JWW¥」であることを確認し、「次へ」ボタンを🖱。

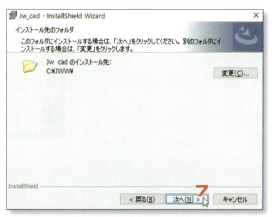

8 「インストール」ボタン🖱。

9 「InstallShieldウィザードを完了しました」と表示されたら「完了」ボタンを🖱。

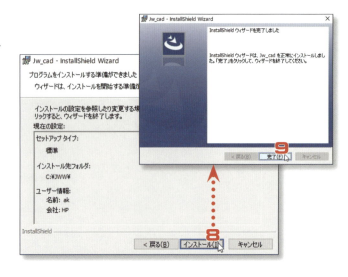

Jw_cadのショートカットを作成

1 「スタート」ボタンを🖱。

2 スタートメニュー「J」欄の「Jw_cad」フォルダーを🖱。

3 「Jw_cad」フォルダー下に表示される「jw_cad」を🖱。

4 表示されるメニューの「その他」を🖱。

5 さらに表示される「ファイルの場所を開く」を🖱。

6 「Jw_cad」ウィンドウの「Jw_cad」を🖱。

7 表示されるメニューの「送る」を🖱。

8 さらに表示されるメニューの「デスクトップ（ショートカットを作成）」を🖱。

9 デスクトップにJw_cadのショートカットアイコンが作成されるので、ウィンドウ右上の☒（閉じる）を🖱してウィンドウを閉じる。

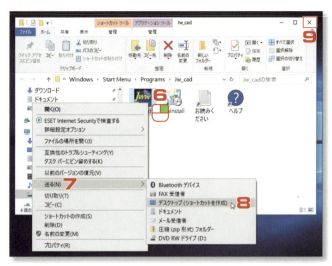

264

Jw_cadの各種設定

本書では、以下の設定がされていることを前提としています。

1 Jw_cadを起動する。
2 メニューバー[表示]を🖱。
3 表示されるメニューでチェックが付いている「Direct2D」を🖱。

POINT 「Direct2D」は大容量データを扱う際に有効な設定ですが、パソコンによって表示状態に不具合が出ることがあるため、ここではチェックを外します。

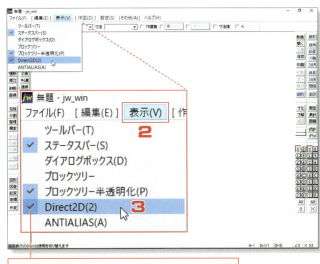

初期値では「Direct2D」にチェックが付いている

4 メニューバーの[設定]-「基本設定」を選択する。

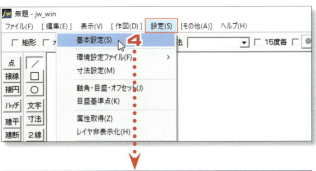

5 「一般(1)」タブの「クロックメニューを使用しない」のチェックがないことを確認。
6 「消去部分を再表示する」にチェックを付ける。
7 「ファイル読込項目」の3項目にチェックを付ける。
8 「用紙枠を表示する」にチェックを付ける。
9 「入力数値の文字を大きくする」、「ステータスバーの文字を大きくする」にチェックを付ける。
10 「画像・ソリッドを最初に描画」にチェックを付ける。
11 「新規ファイルのときレイヤ名…」にチェックを付ける。
12 「OK」ボタンを🖱。

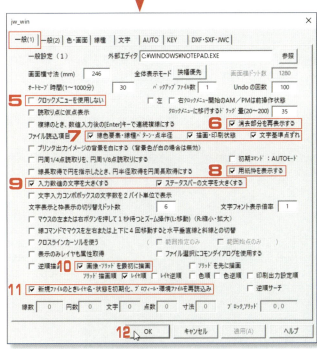

必要に応じて、メニューバー[表示]-「ツールバー」を選択して、表示するツールバーの設定を行ってください。

265

付録CD-ROMに収録されたソフトをインストールする

付録CD-ROM収録のソフトウェア

付録CD-ROMの「software」フォルダーには、本書で紹介したソフトウェアが収録されています。

パソコンのCDドライブに付録CD-ROMを挿入し、CD-ROMの「software」フォルダーを開き、必要なソフトウェアのインストールを行ってください。

POINT CubePDFは、32bit用と64bit用があります。お使いのWindowsの「システムの種類」に合わせてインストールしてください。

Windowsの「システムの種類」の確認方法 →p.269 HINT

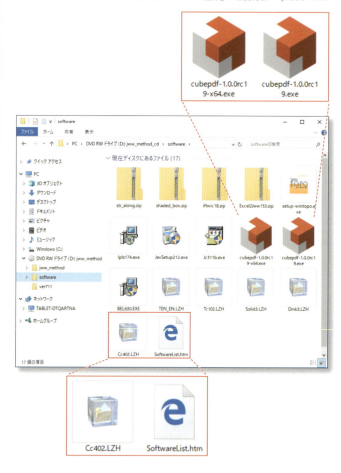

POINT 上図のLZHファイルのアイコンは、Lhaplus for Windows（→p.276）が関連付けられている場合のアイコンです。また、HTMファイルのアイコンはMicrosoft Edgeが関連付けられている場合のアイコンです。使用しているソフトウェアによってアイコンが違うことがあります。

付録CD-ROM「software」フォルダーに収録されたソフトウェアをインストールする手順を説明します。

266

▶p.32「METHOD 6」 Excel to Jw_winのインストール

Excel to Jw_winの使用にはMicrosoft Excelが必要です。ここではOffice 2019がインストールされているパソコンの画面で説明します。他のバージョンの場合も同様にインストールしてください。

1 CD-ROMの「software」フォルダーの「Excel2Jww153(.zip)」を🖱🖱。

2 「Excel2Jww153.zip」ウィンドウが開き、内部のファイルが表示されるので「ExcelToJw_win153.xla」を🖱。

3 表示されるメニューの「コピー」を🖱。

4 フォルダツリーでCドライブの「Program Files (x86)」フォルダーを🖱🖱。

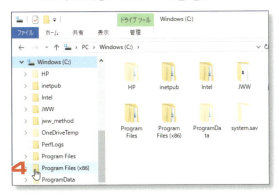

POINT Windowsおよびインストールされているofficeが32bit版の場合は、「Program Files」フォルダーを選択してください。

5 その下にツリー表示される「Microsoft Office」フォルダーを🖱🖱。

6 さらに下にツリー表示される「Office16」フォルダーを🖱。

POINT フォルダー名「Office16」の「16」はインストールされているofficeのバージョンによって異なります。

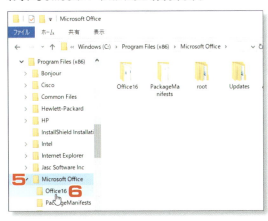

7 「Office16」フォルダー内の何もない位置で🖱。

POINT 「Library」フォルダーがある場合は、「Library」フォルダーを🖱してください。

8 表示されるメニューの「貼り付け」を🖱。

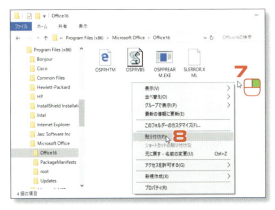

9 下図のウィンドウが表示された場合は、「続行」ボタンを🖱。

ファイル「ExcelToJw_win153.xla」が、6で指定のフォルダーに展開されます。以上でインストールが完了です。p.33のアドインの設定を行い、利用してください。

267

▶p.46「METHOD 10」CubePDFのインストール

ここでは64bit版のインストール画面で説明しますが、32bit版も同様です。

1 CD-ROMの「software」フォルダーの「cubepdf-1.0.0rc19-x64（.exe）」を🖱🖱。

POINT 32bit版のWindowsでは「cubepdf-1.0.0rc19.exe」を選択してください。
　　　Windowsの「システムの種類」の確認方法 →次ページ HINT

2 「ユーザーアカウント制御」ウィンドウが開いたら「はい」（または「許可」）ボタンを🖱。

3 セットアップウィンドウの「使用許諾契約書」の内容を確認し、「同意する」を🖱して「次へ」ボタンを🖱。

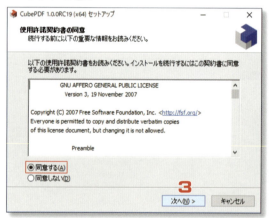

4 「次へ」ボタンを🖱。

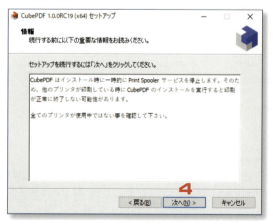

5 「次へ」ボタンを🖱。

6 「次へ」ボタンを🖱。

7 「ホームページの設定」「お気に入りの設定」を適宜変更し、「次へ」ボタンを🖱。

POINT 上図のウィンドウではなく次ページの**8**のウィンドウが開く場合は、そのまま**8**の操作を行ってください。また、**7**の操作後、**9**のウィンドウが開いた場合は、そのまま**9**の操作を行ってください。

8 「ソフトウェア使用許諾契約書」を読み、承諾したら「利用許諾に同意してインストールする」にチェックを付け、「次へ」ボタンを🖱。

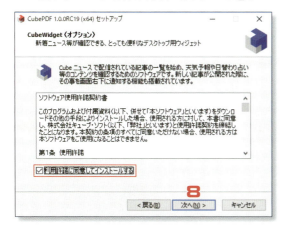

9 「インストール」ボタンを🖱。

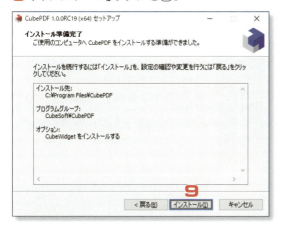

10 「完了」ボタンを🖱。

以上でインストールが完了です。CubePDFのユーザーズマニュアル（取扱説明書）のPDFファイルが開きます。

 Windowsのエディション、システムの種類（32bit/64bit）を確認する方法

Windows 10/8での操作で説明します。

1 「スタート」ボタンを🖱。

2 表示されるメニューの「システム」を🖱。

3 開いた「設定」ダイアログの「システムの種類」で、64bitか32bitかを確認する。

4 「Windowsの仕様」の「エディション」で、Windowsのエディションを確認する。

POINT Windows 7の場合は、「スタート」ボタンを🖱し、スタートメニューの「コンピュータ」を🖱⇒表示されるメニューの「プロパティ」を🖱の手順で「システムのプロパティ」ダイアログを開きます。

269

▶p.20「METHOD 3」 WIC Susie Plug-inのインストール

1 CD-ROMの「software」フォルダーの「iftwic18(.zip)」を🖱🖱。

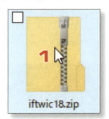

2 「iftwic18.zip」ウィンドウが開き、内部のファイルが表示されるので、「iftwic.spi」を🖱。

3 表示されるメニューの「コピー」を🖱。

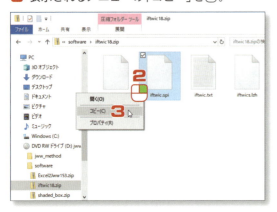

4 フォルダツリーでCドライブの「JWW」フォルダーを🖱。

5 「JWW」フォルダー内の何もない位置で🖱。

6 表示されるメニューの「貼り付け」を🖱。

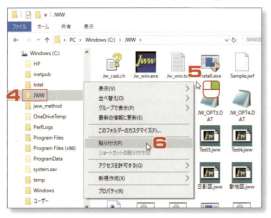

以上でインストールが完了です。「iftwic.spi」が「JWW」フォルダーに貼り付けられます。

▶p.110「METHOD 29」 JexPadのインストール

1 CD-ROMの「software」フォルダーの「JexSetup212(.exe)」を🖱🖱。

2 「ユーザーアカウント制御」ウィンドウが開いたら「はい」(または「許可」)ボタンを🖱。

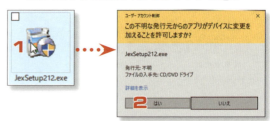

3 「次へ」ボタンを🖱。

4 「JexPadをインストールしてます」ダイアログのインフォメーションを読み、「次へ」ボタンを🖱。

5 利用契約を読み、承諾したら「上記文書について承諾します。」にチェックを付け、「次へ」ボタンを🖱。

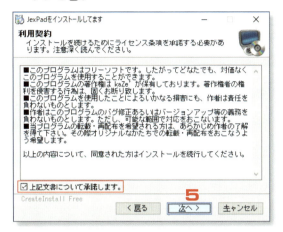

6 「次へ」ボタンを🖱。

7 「完了」ボタンを🖱。

POINT 7の結果、JexPadが起動した場合は、メニューバー［設定］-「編集用アプリケーションの登録」を選択し、8以降の操作を行ってください。

8 続けて開く「編集用外部アプリケーションの登録」ウィンドウで「参照」ボタンを🖱。

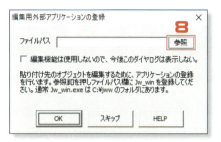

9 「ファイルを開く」ダイアログの「ファイルの場所」が「JWW」フォルダーになっていることを確認する。

POINT 他の場所になっている場合は、「ファイルの場所」ボックスの▼を🖱し、Cドライブ「Windows（C：）」を🖱し、表示される「JWW」フォルダーを🖱🖱で開いてください。

10 「Jw_win（.exe）」を🖱で選択する。

11 「開く」ボタンを🖱。

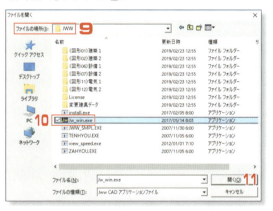

12 「ファイルパス」ボックスに「C:¥JWW¥Jw_win.exe」が入力されていることを確認し、「OK」ボタンを🖱。

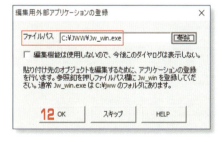

以上でインストールが完了です。JexPadが起動し、デスクトップにはJexPadのショートカットアイコンが作成されます。

▶p.24「METHOD 4」WinTopoのインストール

1 CD-ROMの「software」フォルダーの「setup-wintopo (.exe)」を🖱🖱。

2 「ユーザーアカウント制御」ウィンドウが開いたら「はい」(または「許可」)ボタンを🖱。

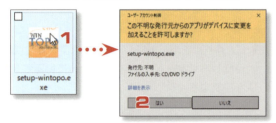

3 「Setup」ウィンドウの「Next」ボタンを🖱。

4 内容を確認して同意したら「I accept the agreement」を🖱し、「Next」ボタンを🖱。

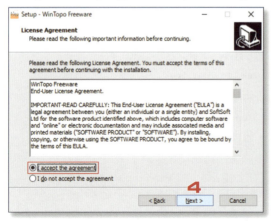

5 「Next」ボタンを🖱。

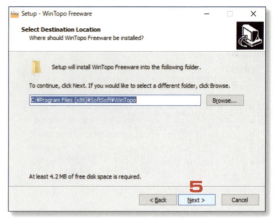

6 「Install」ボタンを🖱。

7 「Finish」ボタンを🖱。

以上でインストールが完了です。デスクトップに下図の2つのアイコンが作成され、WinTopoが起動します。

※「METHOD 4」で使用しているのは「WinTopo Freeware」です。

▶p.64「METHOD 15」JacConvertのインストール

1 CD-ROMの「software」フォルダーの「Jc311b(.exe)」を🖱🖱。

2「ユーザーアカウント制御」ウィンドウが開いたら「はい」(または「許可」)ボタンを🖱。

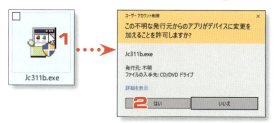

3「はい」ボタンを🖱。

4「インストール」ダイアログの「次へ」ボタンを🖱。

5「デスクトップにショートカットを作成する」にチェックを付ける。

6「次へ」ボタンを🖱。

7「完了」ボタンを🖱。

以上でインストールが完了です。デスクトップにショートカットが作成されます。

▶p.258「METHOD 88」
BeLookのインストール

1 CD-ROMの「software」フォルダーの「BEL630（.EXE）」を🖱🖱。

2 「ユーザーアカウント制御」ウィンドウが開いたら「はい」（または「許可」）ボタンを🖱。

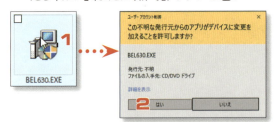

3 セットアップウィンドウの「はい」ボタンを🖱。

POINT 「Microsoft VisualC…ダウンロードサイトを開きますか？」と表示された場合は、「はい」ボタンを🖱してダウンロードをしたうえで、**1**からやり直してください。

4 「次へ」ボタンを🖱。

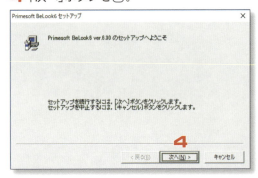

5 「次へ」ボタンを🖱。

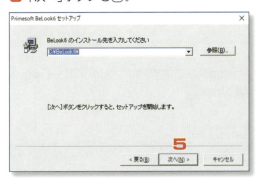

6 「完了」ボタンを🖱。

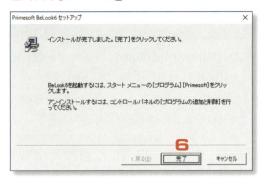

以上でインストールは完了です。
デスクトップにショートカットを作成しましょう。

7 「スタート」ボタンを🖱。

8 「P」欄の「Primesoft」フォルダーを🖱。

9 表示される「Primesoft BeLook6」を🖱。

10 表示されるメニューの「その他」－「ファイルの場所を開く」を🖱。

11 「Primesoft BeLook6」を🖱。

12 表示されるメニューの「送る」－「デスクトップ（ショートカットを作成）」を🖱。

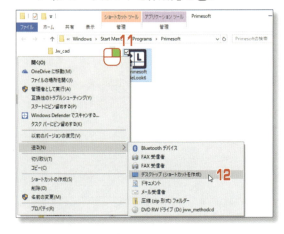

デスクトップにショートカットが作成されます。

▶p.174「METHOD 55」
外部変形「文字貼付け>円・楕円」のインストール

1. CD-ROMの「software」フォルダーの「str_along (.zip)」を🖱🖱。

2. 「str_along.zip」ウィンドウが開き、その内部が表示されるので、「str_along」フォルダーを🖱。

3. 表示されるメニューの「コピー」を🖱。

4. フォルダツリーでCドライブの「JWW」フォルダーを🖱。
5. 「JWW」フォルダー内の何もない位置で🖱。
6. 表示されるメニューの「貼り付け」を🖱。

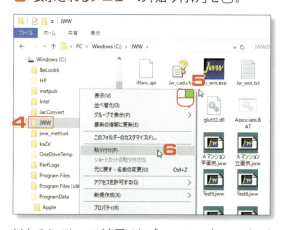

以上でインストールが完了です。「str_along」フォルダーが「JWW」フォルダーに貼り付けられます。

▶p.176「METHOD 56」
外部変形「影付き四角枠（Shaded Box）」のインストール

1. CD-ROMの「software」フォルダーの「shaded_box (.zip)」を🖱🖱。

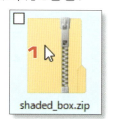

2. 「shaded_box.zip」ウィンドウが開き、その内部が表示されるので、「shaded_box」フォルダーを🖱。

3. 表示されるメニューの「コピー」を🖱。

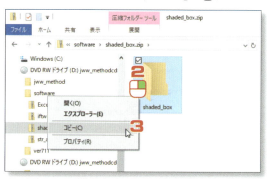

4. フォルダツリーでCドライブの「JWW」フォルダーを🖱。
5. 「JWW」フォルダー内の何もない位置で🖱。
6. 表示されるメニューの「貼り付け」を🖱。

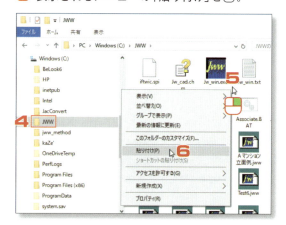

以上でインストールが完了です。「shaded_box」フォルダーが「JWW」フォルダーに貼り付けられます。

▶p.242「METHOD 81」
Lhaplusのインストール

1. CD-ROMの「software」フォルダーの「lpls 174（.exe）」を🖱🖱。

2. 「ユーザーアカウント制御」ウィンドウが開いたら「はい」（または「許可」）ボタンを🖱。

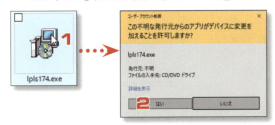

3. セットアップウィンドウの「情報」を読み、「次へ」ボタンを🖱。

4. 「次へ」ボタンを🖱。

5. 「インストール」ボタンを🖱。

6. 「完了」ボタンを🖱。

7. 「Lhaplusシェル初期設定」ダイアログが開くので、「関連付け（解凍）」ボックスの「ZIP」のチェックを外す。

POINT 本書ではZIPファイルはWindowsの標準機能を使って展開するため、7でチェックを外します。

8. 「OK」ボタンを🖱。

以上でインストールが完了です。

276

▶p.214「METHOD 71」
外部変形「線色入れ換え」と「線種入れ換え」のインストール

Lhaplus（→前ページ）で解凍（展開）します。

1 CD-ROMの「software」フォルダーの「Cc402（.LZH）」を🖱。

2 表示されるメニューの「解凍」を🖱。

3 さらに表示されるメニューの「出力先を指定して解凍」を🖱。

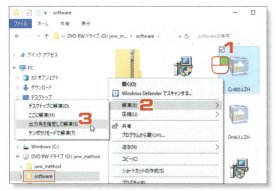

4 「Lhaplus」ダイアログが開くので、「解凍先」フォルダーとして「c:¥jww」を入力し、「OK」ボタンを🖱。

「JWW」フォルダー内に「Cc402」フォルダーを作って解凍（展開）され、解凍先フォルダーを開いたエクスプローラーが開きます。続けて、別の方法で「Tc102」を同じ「Cc402」フォルダーに解凍しましょう。

5 「software」フォルダーの「Tc102.LZH」を🖱。

6 表示されるメニューの「解凍」を🖱。

7 さらに表示されるメニューの「テンポラリモードで解凍」を🖱。

8 「Lhaplus（テンポラリモード）」ダイアログが開くので、「一般設定」タブの「解凍設定」の「指定したフォルダ」ボックスの…ボタンを🖱。

9 「フォルダ参照」ダイアログで、Cドライブの「JWW」フォルダー下の「Cc402」フォルダーを選択し、「OK」ボタンを🖱。

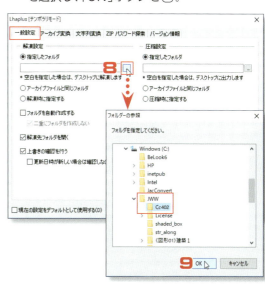

10 「Lhaplus（テンポラリモード）」ダイアログに戻るので、「フォルダを自動作成する」のチェックを外す。

11 「OK」ボタンを🖱。

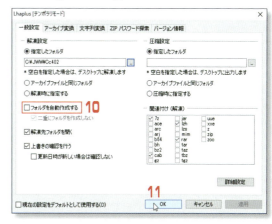

以上でインストールが完了です。「Tc102.LZH」内のファイルが「JWW」フォルダー内の「Cc402」フォルダーに解凍（展開）され、エクスプローラーで解凍先のフォルダーが開きます。

▶p.158「METHOD 49」
外部変形「ソリッド中抜」のインストール

Lhaplus（→p.276）で解凍（展開）します。

1 CD-ROMの「software」フォルダーの「Solid 3（.LZH）」を🖱。

2 表示されるメニューの「解凍」を🖱。

3 さらに表示されるメニューの「出力先を指定して解凍」を🖱。

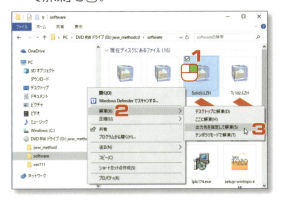

4 「Lhaplus」ダイアログが開くので、「解凍先」フォルダーとして「c:¥jww」を入力し、「OK」ボタンを🖱。

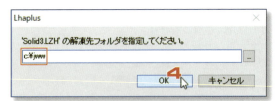

以上でインストールが完了です。「JWW」フォルダー内に「Solid3」フォルダーを作って解凍（展開）され、エクスプローラーで解凍先のフォルダーが開きます。

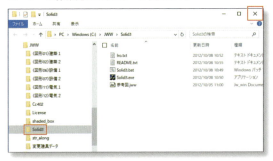

▶p.180「METHOD 58」
外部変形「断面記号」のインストール

Lhaplus（→p.276）で解凍（展開）します。

1 CD-ROMの「software」フォルダーの「Dmk 3（.LZH）」を🖱。

2 表示されるメニューの「解凍」を🖱。

3 さらに表示されるメニューの「出力先を指定して解凍」を🖱。

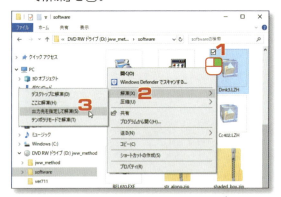

4 「Lhaplus」ダイアログが開くので、「解凍先」フォルダーとして「c:¥jww」を入力し、「OK」ボタンを🖱。

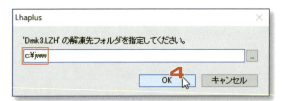

以上でインストールが完了です。「JWW」フォルダー内に「Dmk3」フォルダーを作って解凍（展開）され、エクスプローラーで解凍先のフォルダーが開きます。

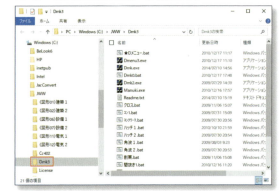

▶p.206「METHOD 68」
外部変形「点←→微小・円変換」
のインストール

Lhaplus（→p.276）で解凍（展開）します。

この外部変形は、「JWW」フォルダーにファイルだけを（フォルダーを作成せずに）解凍する必要があります。

1 CD-ROMの「software」フォルダーの「TEN_EN（.LZH）」を🖱。

2 表示されるメニューの「解凍」を🖱。

3 さらに表示されるメニューの「テンポラリモードで解凍」を🖱。

4 「Lhaplus（テンポラリモード）」ダイアログが開くので、「一般設定」タブの「解凍設定」の「指定したフォルダ」ボックスに「c:¥jww」を入力する。

5 「フォルダを自動作成する」のチェックを外す。

6 「OK」ボタンを🖱。

以上でインストールが完了です。「TEN_EN.LZH」内のファイルが「JWW」フォルダーに解凍され、エクスプローラーで解凍先のフォルダーが開きます。

本書で紹介したソフトを Webサイトから ダウンロード・インストールする

付録のソフトウェアリストからダウンロード

通常は、Webブラウザのアドレスバーに URLを入力することでダウンロード先のWebサイトを開きます。ただし、本書では、URLの入力の手間を省くため、付録CD-ROMの「software」フォルダーに各ソフトウェアのダウンロード先URLのリスト「SoftwareList.htm」を収録しています。付録CD-ROMの「software」フォルダーを開き、「SoftwareList.htm」を🖱️🖱️すると、Webブラウザが起動し、下図のリストが表示されます。

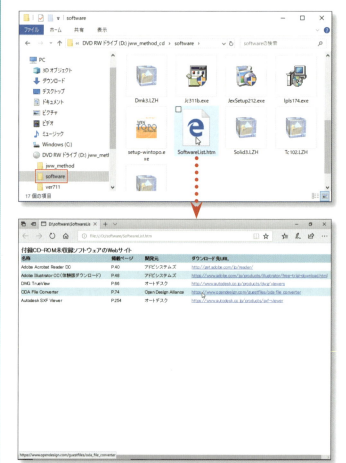

ダウンロードしたいソフトウェアのダウンロード先URLを🖱️してください。記載されたURLのWebサイトが開きます。

⚠️ 本書の内容は、執筆時点（2019年4月）の情報に基づいて制作されています。これ以降にURLやWebサイトの画面、その他、情報の内容が変更されている可能性がありますのでご了承ください。また、ダウンロード・インストール方法に変更があった場合、変更後のダウンロード・インストール方法についてのお問合せは受け付けておりません。

POINT ここでは、ブラウザとして、Windows 10に標準搭載の「Microsoft Edge」を使用している前提で説明します。使用しているWebブラウザによって操作が異なります。

本書で紹介したソフトウェアのうち、付録CD-ROMに収録していないものはWebサイトからダウンロードして利用してください。ここでは、「METHOD 18」（→p.74）で紹介した「ODA File Converter」と、「METHOD 86」（→p.254）で紹介した「Autodesk SXF Viewer」をダウンロード・インストールする例で説明します。

 付録CD-ROMの「software」フォルダーに「SoftwareList.htm」を収録

280

ODA File ConverterをWebサイトからダウンロード・インストールする

1「SoftwareList.htm」を開き（→前ページ）、「ODA File Converter」のダウンロード先のURLを🖱。

2 Webブラウザが起動し、**1**で🖱したURLのWebサイトが開くので、右側のスクロールバーを下に移動し、「ODA File Converter for Windowsx64」（32bit版Windowsの場合は「ODA File Converter for Windows x86」）を🖱。

システムの種類（32bit/64bit）の確認方法 →p.269

3 画面下に表示される「実行」ボタンを🖱。

4「ODAFileConverter_title」ダイアログが開くので、「Next」ボタンを🖱。

5「Next」ボタンを🖱。

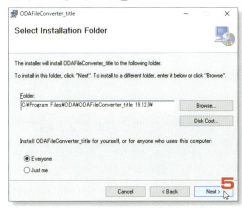

6「Next」ボタンを🖱。

POINT「実行」ボタンを🖱することで、ダウンロードが完了すると自動的にインストールプログラムが起動します。

7 「ユーザーアカウント制御」ウィンドウが開いたら、「はい」ボタンを🖱。

8 「Close」ボタンを🖱。

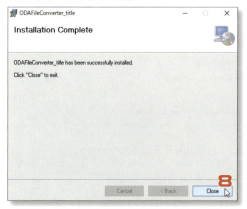

インストールが完了し、デスクトップに下図のショートカットアイコンが作成されます。

Autodesk SXF ViewerをWebサイトからダウンロード・インストール

1 「SoftwareList.htm」を開き（→p.280）、「Autodesk SXF Viewer」のダウンロード先のURLを🖱。

2 Webブラウザが起動し、1で🖱したURLのWebサイトが開くので、右上の「無償ビューワー」を🖱。

3 画面下に表示される「開く」ボタンを🖱。

POINT 「開く」ボタンを🖱することで、ダウンロードが完了すると自動的にダウンロードしたファイルを開きます。

4 ダウンロードした圧縮ファイルが展開されるので、その中の「ASV2014Build8219」フォルダーを🖱🖱して開く。

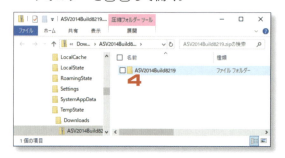

5 開いたフォルダー内の「ASV_2014.exe」を🖱🖱。

6 「ユーザーアカウント制御」ウィンドウの「はい」ボタンを🖱。

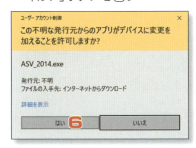

7 「AUTODESK SXF VIEWER 2014」の「InstallShield Wizard」が開くので、「次へ」ボタンを🖱。

8 「ソフトウェア使用許諾契約」を読み、同意したら「同意する」を選択し、「次へ」ボタンを🖱。

9 「次へ」ボタンを🖱。

10 「インストール」ボタンを🖱。

11 「完了」ボタンを🖱。

インストールが完了し、デスクトップに下図のショートカットアイコンが作成されます。

INDEX

数字・記号

□（矩形）コマンド ·· 153
2.5D ·· 128、130
　── アイソメ-3D DXF出力 ······················ 129

アルファベット

Adobe Acrobat Reader ························· 40、250
　── PDFファイルを開く ····························· 41
　── 印刷 ··· 42
　── コピー ·· 29
　── ズーム操作 ··· 43
　── スナップショット ································· 37
　── 注釈ツール ······································· 250
　── 取り消し線 ·· 251
　── 表示を回転 ··· 41
　── フリーハンドで描画 ·························· 252
　── 文字の記入 ······································· 251
Adobe Illustrator ·· 48
　── DXFに書き出し ·································· 51
　── PDFファイルを開く ····························· 49
ASCII（アスキー） ·································· 60、76
AutoCAD ··· 16、66
Autodesk SXF Viewer ······················ 254、282
BAK ·· 16
BeLook ··· 258、274
BINARY（バイナリー） ······················ 60、63、76
BMP ····························· 17、20、39、114、247
CubePDF ·· 46、268
　── JPEGファイルに書き出す ········ 47、104
　── PDFファイルに書き出す ················· 98
　── セキュリティ保護 ···························· 102
　── 複数の図面を1つのPDFファイルに ··· 101
DOC・DOCX ··· 17
DXF ·· 16
　── DXFファイルとして保存 ········ 119、123
　── DXFファイルを開く ················· 60、121
　── JWWファイルに変換 ························· 65
　── バージョン変換 ··································· 76
DWG ·· 17、66
　── DXFファイルに変換 ··························· 75
　── モデル空間とペーパー空間 ············· 67
DWG TrueView ··· 66
　── DWGを下位バージョンに変換 ········ 77
　── DXFを開く ··· 121
　── 印刷 ··· 71、72
　── ズーム操作 ······························· 68、69
Excel ··· 17、37

　── Excelの図・画像をコピー ················ 37
　── Excelの表をコピー ··························· 32
　── アドイン設定 ······································ 33
Excel to Jw_win ································· 32、267
JacConvert ······································ 64、273
JexPad ·································· 109、110、248、270
JPEG（JPG） ······· 17、21、45、47、97、104、238、247
JW$ ·· 16
JWC ··· 16、237
JWK ······································ 16、53、55
JWS ······································ 16、53、54
JWW ·· 16
Lhaplus ··································· 242、243、276
LZH ·· 17、242
　── LZHの解凍 ···························· 243、277
ODA File Converter ··························· 74、280
OLE ··· 28、108
P21 ··· 16
PDF ··· 17、97、238
　── PDFの一部をコピー ························· 37
　── PDFのテキストをコピー ················· 29
　── PDFファイルの作成 ················· 98、102
　── PDFをDXFに変換 ····························· 48
　── PDFをJPEGに変換 ·························· 46
　── PDFを印刷 ·· 42
　── PDFを開く ··· 41
　── セキュリティ保護 ····················· 41、102
　── 注釈を記入 ······································ 250
PNG ······································· 17、20、247、256
SFC ·· 16
Susie plug-in ·· 20
SXF ···································· 16、80、254
　── SFCファイルとして保存 ················ 127
　── SFCファイルを開く ··························· 79
　── SXFタイプの寸法図形 ··················· 212
　── SXFファイルの特徴 ·························· 80
SXF対応拡張線色・線種 ··········· 80、173、214、221
　── 標準線色・線種に一括変更 ········· 214
TABキーによる属性取得 ············ 170、224、225
TIFF（TIF） ···17、20
TXT ·· 17
WIC Susie Plug-in ······························· 20、270
Windowsの種類の確認 ································· 269
WinTopo ······································· 24、272
Word ··········· 17、28、108、110、248
　── Wordのテキストをコピー ················ 29
XLSX・XLS ·· 17
ZIP ··· 17
　── ZIPファイルの作成 ·························· 244
　── ZIPファイルのダウンロード ············ 239
　── ZIPファイルの展開 ························· 240

あ行

圧縮ファイル ························· 17、240、242、244
網掛け ·· 148、168

移動	138、190	共有フォルダーの設定	235
── 回転角	134	曲線属性	150、165、191、204
── 倍率	132、195	── 曲線属性解除	205
── 文字も倍率	195	距離測定	193
印刷	82	切取コマンド	201
── 印刷プレビュー	94、171	雲マーク	179
── カラー印刷	82、84	クリップボード	29、36、56、170、257
── ファイル連続印刷	93	クロックメニュー	12、265
── レイヤグループごとの連続印刷	95	──🖱↓AM6時【属性取得】	209、218、221、224
印刷時のみ網掛け・塗りつぶし	169	──🖱↓PM6時【全】【属性取得】	161
印刷色と線幅の設定	83、85	コピーコマンド	58
埋め込み文字	86	個別線幅	218
エクスプローラー		── 基本幅に一括変更	219
── ZIPファイルの作成	245	コモンダイアログ	230、231
── 拡張子表示設定	15	コントロールバー	10
── 起動	15		
── 共有フォルダーの設定	235	**さ行**	
── ネットワークドライブの割り当て	233	自動保存ファイル	16
円環ソリッド	160	縮尺	10、211
円ソリッド	154	── 実寸固定・文字サイズ変更	189、199
円半径の確認	225	── 図寸固定	197
		ショートカットの作成	264
か行		白抜き文字	172
外部変形		スキャナ	18
── 影付き四角枠	176、275	スクリーンショット	256
── 線色入れ換え・線種入れ換え	214、277	図形	52
── ソリッド中抜	158、278	── JWSとJWK	53
── 断面記号	180、278	── 作図属性	55
── 点↔微小・円変換	206、279	── ファイル名変更	227
── 文字貼付け＞円・楕円	174、275	ステータスバー	10
拡張子	14、15	図面ファイルの表示順切り替え	229
画像の移動	132、136、138	寸法図形	212
画像の複写	138	── 寸法図形解除	213
画像表示のしくみ	23	線記号変形コマンド	178
画像ファイル	17、20	線属性ダイアログ	90、167、219、220
画像ファイルとして保存	38、104、256	線属性バー	10
画像編集コマンド		属性取得	224
── 移動	136	測定コマンド ─ 距離測定	193
── 画像挿入	20、21	ソリッドコマンド	150、152
── 画像同梱	22	── 色取得	163
── 画像フィット	133	── 色設定・色の作成	163
── 画像フィット（回転する）	135	── 円環ソリッド	160
── 画像分離	57、114、115	── 円外側	143、155
── トリミング	140、142	── 円・連続線指示	143、151、154、161
── トリミング解除	141	── 外周点を指示	152、153
画面倍率・文字表示設定	10、30、87	── 曲線属性化	150、165
仮点の消去	185	── 線形・円周ソリッド	130
基本設定		── 弓形	155
── DXF・SXF・JWC	61、79、119、127、172	ソリッドに重なる要素を表示	152、156
── 一般（1）	63、142、152、156、172、203、231、265	ソリッド（塗りつぶし）	130、158、160
── 一般（2）	89	── 色変更	165、166
── 色・画面	83、85、98、119、127、148、219	── 円ソリッド	154
── 線種	91	── 中抜き	156、150、168
── 文字	173	── 任意色ソリッドと線色ソリッド	162
旧バージョン形式で保存	116	── 任意色値の取得	170

た行

タイトルバー	10
ダウンロード	236、280
ツールバー	10
データ整理コマンド	190
テキスト	17、48
テキストのコピー	28
点コマンド － 全仮点消去	185
点マーカ	212
閉じるボタン	10

な行

塗りつぶし	「ソリッド」の項目を参照
ネットワークドライブの割り当て	233

は行

バージョンアップ	263
バージョン情報	262
バックアップファイル	16
ハッチングコマンド	144
── 基点変	145
── 種類	144
── 種類（1線）	145
── 種類（図形）	148
── 範囲指定	145、147
── 範囲選択	146
貼付コマンド	35、58、201
── 作図属性	59、201
範囲コマンド	
── 全選択	185、190、195、203
── 属性選択 － 曲線属性指定	205
── 属性選択 － 指定線種指定	221
── 属性選択 － ソリッド図形指定	166
── 属性選択 － 補助線指定	185
── 属性変更 － 書込レイヤグループに変更	211
── 属性変更 － 指定線種に変更	91、222
── 属性変更 － 指定線色に変更	167
── 属性変更 － 全属性クリアー	205
── 属性変更 － 線幅変更	219
範囲選択 ── 除外範囲	207
ファイル	14
ファイル一括変換	124
ファイル選択ダイアログ	
── ネットワーク上のフォルダーを表示	233
── 表示順変更	229
── ファイル名変更	227
── リスト表示	228
複写コマンド	138、139
── Y方向	139
── 倍率	139
部分図	80、193
── 部分図解除	210
── 部分図編集	209
ブロック	193、202
── ブロック解除	203、210
── ブロックツリー	203
ペイント	
── 起動	38、246
── トリミング	38
── 名前を付けて保存	39、247、257
── 貼り付け	38、257
── 開く	247
ベクター	24、48
補助線の一括消去	185

ま行

メール	96
── ファイルの添付	245
メニューバー	10
文字コマンド	
── 移動	136
── 書込文字種	30、173
── 行間	31
── 貼付	30、31
── 連	88
文字サイズの確認	225
文字の輪郭を白抜き	173
文字枠・スペースを表示	30、87

や行

ユーザー定義線種	59、220

ら行

ラスター	18、24、44
ランダム線	90、91
レイヤ	
── 書込レイヤ	11、79、157
── 書込レイヤに作図	54
── 表示のみレイヤ	84
── プロテクトレイヤの解除	184
レイヤ一覧	11、84、170
レイヤグループ	210
── 書込レイヤグループ	11、86、95、192、200
── 表示のみレイヤグループ	95
レイヤグループ一覧	11、95
レイヤグループバー	10、11、95
レイヤ設定－全レイヤ編集	79、184、210
レイヤバー	10、11、95
レイヤ名	118
── 印刷時にのみ網掛け・塗りつぶし	169
── 高さ指示	130

送付先 FAX 番号 ▶ 03-3403-0582　メールアドレス ▶ info@xknowledge.co.jp
インターネットからのお問合せ ▶ http://xknowledge-books.jp/support/toiawase

FAX質問シート
Jw_cad 8を仕事でフル活用するための88の方法(メソッド)

p.2の「本書をご購入・ご利用になる前に必ずお読みください」と以下を必ずお読みになり、ご了承いただいた場合のみご質問をお送りください。

- 「本書の手順通り操作したが記載されているような結果にならない」といった本書記事に直接関係のある質問のみご回答いたします。「このようなことがしたい」「このようなときはどうすればよいか」など特定のユーザー向けの操作方法や問題解決方法については受け付けておりません。
- 本質問シートで、FAX またはメールにてお送りいただいた質問のみ受け付けております。お電話による質問はお受けできません。
- 本質問シートはコピーしてお使いください。また、必要事項に記入漏れがある場合はご回答できない場合がございます。
- メールの場合は、書名と当質問シートの項目を必ずご入力のうえ、送信してください。
- ご質問の内容によってはご回答できない場合や日数を要する場合がございます。
- パソコンや OS そのもの、ご使用の機器や環境についての操作方法・トラブルなどの質問は受け付けておりません。

ふりがな
氏　名　　　　　　　　　　　　　　　年齢　　　　歳　　　性別　男 ・ 女

回答送付先（FAX またはメールのいずれかに○印を付け、FAX 番号またはメールアドレスをご記入ください）

FAX ・ メール

※送付先ははっきりとわかりやすくご記入ください。判読できない場合はご回答いたしかねます。電話による回答はいたしておりません。

ご質問の内容　　※ 例）203 ページの手順 7 までは操作できるが、手順 8 の結果が別紙画面のようになって解決しない。

【 本書　　　　　　　ページ　～　　　　　　ページ 】

ご使用の Jw_cad のバージョン　　※ 例）Jw_cad 8.03a （　　　　　　　　　　　　　　　）
ご使用の OS のバージョン（以下の中から該当するものに○印を付けてください）
Windows 10　　　　8.1　　　　8　　　　7　　　　その他（　　　　　　　　　　　　　　　）

● 著者

Obra Club（オブラ クラブ）
設計業務におけるパソコンの有効利用をテーマとしたクラブ。
会員を対象にJw_cadに関するサポートや情報提供などを行っている。
http://www.obraclub.com/
ホームページ（上記URL）では書籍に関するQ&Aも掲載

《主な著書》
『Jw_cadのトリセツ』
『CADを使って機械や木工や製品の図面をかきたい人のためのJw_cad製図入門』
『はじめて学ぶJw_cad 8』
『Jw_cadの「コレがしたい！」「アレができない！」をスッキリ解決する本』
『やさしく学ぶSketchUp』
『やさしく学ぶJw_cad 8』
『Jw_cad電気設備設計入門』
『Jw_cad空調給排水設備図面入門』
『Jw_cadで神速に図面をかくための100のテクニック』
　（いずれもエクスナレッジ刊）

Jw_cad 8を仕事でフル活用するための88の方法（メソッド）

2019年 6月24日　初版第1刷発行
2020年11月19日　　　第2刷発行

著　者	Obra Club
発行者	澤井 聖一
発行所	株式会社エクスナレッジ
	〒106-0032　東京都港区六本木7-2-26
	https://www.xknowledge.co.jp/

● 問合せ先
編　集　前ページのFAX質問シートを参照してください。
販　売　TEL 03-3403-1321 ／ FAX 03-3403-1829 ／ info@xknowledge.co.jp

無断転載の禁止
本誌掲載記事（本文、図表、イラスト等）を当社および著作権者の承諾なしに無断で転載（翻訳、複写、データベースへの入力、インターネットでの掲載等）することを禁じます。

©2019　Obra Club